Katrin Sewerin

Ach du dickes Ei!

Meine Kinder, die Hühner und ich

Eine Familiengeschichte

Mit Illustrationen von Josephine Mark

Besuchen Sie uns im Internet:
www.knaur.de

Originalausgabe September 2019
© 2019 Knaur Verlag
Ein Imprint der Verlagsgruppe
Droemer Knaur GmbH & Co. KG, München
Alle Rechte vorbehalten. Das Werk darf – auch teilweise – nur mit
Genehmigung des Verlags wiedergegeben werden.
Redaktion: Gisela Fichtl
Covergestaltung: Isabella Materne
Coverabbildung: Josephine Mark
Satz: Adobe InDesign im Verlag
Druck und Bindung: CPI books GmbH, Leck
ISBN 978-3-426-21461-9

2 4 5 3 1

Inhaltsverzeichnis

Ausgerechnet Hühner 7
Raus aus den Federn! 11
Zarte Annäherungsversuche 19
Unerwünschter Besuch 29
Ach, du schickes Ei! 33
Gefahr am Himmel 38
Mission impossible 44
Hahn im Wahn 57
Küken im Bett 65
Familienzwist im Hühnerstall 88
Friede, Freude, Grillhähnchen 93
Eierlei 102
Germany´s next Top-Chicken 109
Da fliegen die Federn 117
Hühner unter Hausarrest 133
Klein, aber o weh 151
Wäschewechsel 162
Nicht ganz dicht 168
Gluckenglück 190
Wir sind dann mal weg 205
Gockel gut, alles gut 212

Nachwort 221
Literatur 222
Danksagung 223

Ausgerechnet Hühner

Ich hätte lügen sollen. Dass ich plötzlich eine Tierallergie habe – gegen *alles*, was kreucht und fleucht. Artenübergreifend. Nur nicht gegen unseren Hund. Aber der ist ja auch ein Pudel. Der haart nicht. Der pupst nur. Es wäre so viel einfacher gewesen, sich eine Ausrede aus den Fingern zu saugen als jetzt das. Andere Eltern machen das doch auch. Ich hätte auch schlichtweg »Nein, gibt's nicht!« sagen können. »Keine weiteren Tiere. Basta!« Aber wäre das glaubwürdig gewesen? Ich meine, ich bin Tierärztin. Haben Tierärzte nicht das Haus voller Tiere? Und wir? Wir haben gerade mal einen einzigen Hund. Na ja, wenn's nach mir ginge, hätten wir mindestens zwei Hunde wie früher. Meinetwegen sogar Emmas Herzenswunsch, einen Golden Retriever, auch wenn der überall im Haus seine Haare verteilt. Doch da ist ja noch mein Mann, und dem ist der Trubel jetzt schon zu groß. Ins Haus kommt ihm nichts mehr. Wegen Urlaub *und so*. *Und so* heißt: Arbeit, Dreck, Verpflichtungen. Eigentlich verstehe ich ihn sogar. Trotzdem: Ich kann meinen Kindern schlecht Wünsche abschlagen. Und gegen Tiere kann ich naturgemäß wenig einwenden. Wäre auch seltsam, an meiner Stelle. Also habe ich meinen Mann überredet.

Und nun liege ich wach und könnte mich ohrfeigen. Meine erste Nacht mit Hühnern! *Hühner!* Ausgerechnet Hühner! Doch das war die einzige Alternative zu einem »Haustier«, bei der mein Mann noch mitgemacht hat: Sie machen drinnen keinen Dreck, sind nützlich, und der Nachbar kann sie während des Urlaubs versorgen, wenn wir zwei Wochen hinter unserem Hund her durch die Berge keuchen, statt faul am Strand zu liegen. Strand mag er nicht, der Hund. Keiner hatte geahnt, dass Emma begeistert aufschreien würde, als wir ihr verkündeten, Hühner seien die einzige Option für ein neues Tier. Ein Huhn ist mindestens so weit von einem Golden Retriever entfernt wie der Nord- vom Südpol, und daher hatten wir, ehrlich gesagt, damit gerechnet, dass Emma dankend ablehnt und der Kelch an uns vorübergeht. Diese Strategie ist nicht aufgegangen.

Nun sind sie da, die Hühner, seit heute Abend. Sicher ist, dass sie hier wenigstens gut ins Bild passen. Freilaufendes Federvieh gehört doch zur Landidylle wie das Salz an die Salzstangen. Schließlich leben wir seit ein paar Jahren auf einem ehemaligen Bauernhof, umgeben von Feldern, Wiesen und Wäldern, fernab vom Schuss. Die nächsten Lebewesen sind ein paar Kühe, die der »Nachbar« auf der Weide neben unserem Küchenfenster grasen lässt. An manchen Tagen ist der Postbote der einzige Draht zur Zivilisation. Da tut es schon mal gut, beim Frühstück, wenn das Fenster offen ist, die Kühe schmatzen zu hören. Die äußeren Umstände sind also – zugegeben – *hühnerkompatibel* und geradezu perfekt. Nachbarn, die sich an ihnen stören könnten, gibt´s nicht.

Der Mond scheint durchs Fenster in unser Schlafzimmer, und ich betrachte nachdenklich meinen Mann. Werner ist ein Prachtexemplar, aber ich wette, er ist total *hühnerinkompatibel!* Landidylle kann er genießen, frische Eier auch, aber sich um Hühner kümmern? Geht gar nicht! Dabei soll der Mensch, genetisch gesehen, ziemlich viel mit dem Huhn gemeinsam haben – na ja, Werner kräht nicht. Der schnarcht nur. Der Einzige, der bald krähen wird, ist Momo, unser Hahn, der seit ein paar Stunden mit seinen drei Damen im Hühnerdomizil neben unserem Haus nächtigt. Und Momo ist das Problem. Werner hatte gesagt: »Kein Hahn! Nur Hennen! Kommt mir nicht mit einem Hahn zurück!« Und ich hatte ihm hoch und heilig versprochen: »Natürlich, kein Hahn, wo denkst du hin?« Denn den richtigen Hahn zu finden ist genauso schwer wie den richtigen Ehemann. Beides ist selten von Erfolg gekrönt. Das habe ich Werner wiederum nicht gesagt.

Hätten wir keine kleinen Kinder, wäre ein Hahn auch kein Problem. Im Gegenteil. Ein Hahn in einer Hühnerherde ist eine Bereicherung, denn man hat viel mehr zu beobachten. Aber nun kann ich nicht schlafen. Das Krähen am frühen Morgen ist gar nicht mal das, was ich am meisten fürchte. Ich stelle mir weit schlimmere Szenarien vor. Wie die Kinder das Weite suchen, wenn der Hahn auf sie zustürmt, um seine Hennen vor ihnen zu beschützen. Wie er ihnen in die Augen pickt und ihre Arme zerkratzt. Gruselig! Dabei sollten die Hühner doch gerade *für* die Kinder sein. Ein entspannendes Hobby. Die Kinder, zumindest Emma mit ihren beinahe elf Jahren sollte sie allein versorgen. Verantwortung übernehmen, wie man so schön sagt, sich mit den Tieren beschäftigen statt mit dem Fernseher oder dem Handy. Wieso habe ich mich nur vom Züchter breitschlagen lassen und bin mit drei Hennen und einem *Hahn* nach Hause gekommen? Emma und Tom hofften natürlich gleich auf Küken und lagen mir genauso wie der Züchter in den Ohren: »Bitte, bitte, einen Hahn!« Wer kann meinen beiden Goldstücken schon widerstehen? Tom ist fast vier und sieht mit seinem blonden Wuschelkopf aus wie ein Schelm par excellence. Und unsere zierliche Emma mit ihren blonden, langen Haaren hat uns alle fest im Griff. Ein süßer Blick aus ihren unterschiedlich farbigen Augen – eins blau, eins braungraublau – und schon tun wir, was sie sagt. Dem Züchter gegenüber hatte ich meine Bedenken natürlich geäußert, und er hat mir versprochen, dass wir den Hahn – sollte es Schwierigkeiten geben – zurückbringen dürfen. Allerdings ist das mit dem Einhalten von Versprechen ja so eine Sache. Und wer will außerdem, dass es so weit kommt? Zu einem ausgepickten Auge!

Irgendwann fallen mir meine noch intakten Augen dann doch zu. Zwei Stunden später reißt mich der Wecker aus meinen unruhigen Träumen. Schlaftrunken überlege ich, was denn heute ansteht, und komme zu dem Schluss, dass Sonntagmorgen ist. Zeit zum Nichtstun. Aber wieso denn bloß der Wecker? Ach ja. Die Hühner! Die Hühner wollen raus. Ich könnte mich erneut ohrfeigen, zumal es seit Toms Geburt das erste Mal ist, dass er mich nicht vor sechs Uhr geweckt hat und ich endlich, endlich länger hätte schlafen können! Wären da nicht die H... – ich will's gar nicht aussprechen. Bockig drehe mich noch einmal um. Nach all der Grübelei heute Nacht bin ich viel zu müde, um aufzustehen. Kurz bevor ich wieder einschlafe, stürmen Emma und Tom ins Zimmer. »Mama, wir wollen zu den Hühnern!« Sie ziehen und zerren an der Bettdecke, ich halte dagegen. Aber sie wissen ganz genau, wie sie mich wach kriegen: Tom kitzelt mich am Fuß, Emma pustet in mein Ohr. Das nennt man wohl Teamarbeit. Wenn meine Kinder doch immer so harmonisch interagieren würden. Ich habe keinerlei Chance, und nach erfolglosem Gemecker quäle ich mich aus dem Bett und ziehe mir was über. Ein kurzer Blick auf meinen Mann: Der schläft unbeeindruckt und schnarcht zufrieden vor sich hin. Vermutlich hat er die nächsten zwei Stunden Ruhe, während ich mit den Kindern draußen bin. Für ihn sind die Hühner ein echter Glücksfall.

Raus aus den Federn!

Alle nehmen Grün. Das fügt sich perfekt in die Landschaft ein. Auch Werner hatte gesagt: »Nimm Grün. Alles andere sieht nicht gut aus.« Jetzt aber leuchtet mir ein quietschgelber Hühnerstall entgegen und blendet meine Augen, die noch nicht mal ganz auf sind. Grün ist nur das Drumherum: die Wiesen, die Kiefern und die paar Blätter der Laubbäume, die sich noch nicht herbstlich bunt verfärbt haben. Damit Werner sich nicht aufregt, habe ich ihm sofort, nachdem er den Karton geöffnet und erschrocken die Hand vor die Augen gerissen hatte, erklärt: »Ein Unikat eben. Du liebst doch Unikate. Schau mich an.« Dagegen *kann* er nichts einwenden, und ich habe dazu extra so verführerisch wie möglich mit den Augenlidern geklimpert. Trotzdem hat Werner »Von wegen!« gesagt. Damit meinte er sicher den Stall. Ganz bestimmt meinte er den Stall. Alles andere wäre abwegig. Natürlich ließ ich unerwähnt, dass der Stall ein Restposten im Angebot war. Aber da keiner einen Stall in dieser grellen Farbe kaufen will und sie deswegen nicht mehr produziert wird, haut das mit dem Unikat ja sogar hin. Vor allem hört sich in Werners Ohren Unikat besser an als Restposten. Er mag Restposten nicht. Das klingt für ihn so nach Ramsch. Dabei kann hier von Ramsch wirklich nicht die Rede sein. Im Gegenteil. Der Stall ist hochmodern. Wie ein Ufo, das in unserer Wildnis gelandet ist, leuchtet die Hühnerbehausung.

Tom und Emma sind vorgelaufen und machen sich am

Hühnerstall zu schaffen. Als ob sie meine Gedanken lesen könnte, ruft Emma: »Wir können ja Sonnenblumen drum rum pflanzen!« Sie war schon immer sehr kreativ. Und schon sehe ich den Stall in einem ganz anderen Licht: ein Feld voller Sonnenblumen und dazwischen ein paar Hühner! Wenn ich malen könnte, würde ich das direkt als Motiv nehmen. Bevor ich mich's versehe, hat Tom die Hühnerstalltür geöffnet, eine Schiebetür, die man über einen Hebel betätigt, den man geschickt drehen und ziehen muss. Genau das Richtige für Tom, den Praktiker, der keinem Knopf, keinem Hebel widerstehen kann. Und von solchen Mechanismen gibt's am Stall mehr als genug. Als Nächstes ist die Kotschublade dran, dann die Klappe zum Nest. »Kein Ei drin!«, ruft Tom. Ich meine, ich kann es verstehen. Der Stall ist nicht nur babyentenquietschgelb, sondern auch noch aus Plastik. Er ähnelt einem Kinderspielhäuschen. Logisch, dass Tom begeistert ist. Vielleicht ist sein Rumgefuchtel am Stall ja der Grund dafür, dass kein Bewohner dieses *tiny house für Hühner* verlässt, und das Federvieh vorsichtshalber drinbleibt in dem winzigen, erhöhten Luxusapartment.

Das Schlafzimmer ist klein bemessen, damit die Hühner im Winter den Raum mit ihrer Körperwärme aufheizen können. Der komplett isolierte Stall hat ein geräumiges Nest, das sogar Omas und Opas ohne Bücken und Ächzen von außen öffnen können, und es gibt eine Kotschublade, sodass man den Stall, ohne in Ohnmacht zu fallen, an der frischen Luft reinigen kann. Aber das Beste für alle Beteiligten ist: ausgerechnet das Plastik! Werner hatte mir ja prophezeit, dass die ganze Arbeit mit den Hühnern früher oder später an mir hängen bleiben wird. Erstens, weil er grundsätzlich nichts mit der Versorgung zu tun haben werde – so seine Klarstellung von vornherein –, und zweitens, weil die Kinder spätestens nach drei Wochen das Interesse verloren haben werden – so seine

Überzeugung. Klar, dass ich Werner das Gegenteil beweisen muss. Schon allein, damit er nicht recht behält. Also hilft nur eins: Das Hühnerprojekt *muss* klappen! Und damit es klappt, muss alles so einfach wie möglich sein – insbesondere für mich (*falls* Werner eben doch recht behalten sollte). Dazu zählt die Bekämpfung der roten Vogelmilbe. Die kann nämlich verdammt lästig werden und das ganze Projekt ernsthaft gefährden. Aber ich habe nicht vor, wertvolle Stunden mit Chemie und Atemschutzmasken zu verbringen, nur um diese fiesen Biester loszuwerden, die wie Vampire nachts den Hühnern ihr Blut stehlen. Daher hausen unsere vier Hühner nun nicht in einem schnuckeligen Holzschuppen, sondern in einem Plastikgehäuse. Denn das mögen nicht mal die Milben. Und darauf kommt es an. Außerdem kann man unseren Hühnerstall nach Belieben mit dem Gartenschlauch ausspritzen – genau die richtige Beschäftigung für kleine Kinder an heißen Sommertagen. Da schlage ich gleich zwei Fliegen mit einer Klappe. Der Stall ist rundum effektiv. An das quietschgelbe Schlafhäuschen ist sogar ein drei Quadratmeter großer raubtiersicherer Gitterauslauf (*Run* genannt) mit Trink- und Futterstation (das Esszimmer) angegliedert, in den sich nicht mal ein halb verhungerter Marder hineinquetschen könnte.

Aber das scheinen unsere Hühner nicht zu wissen, denn sie wagen sich immer noch nicht hinaus. Misstrauisch lugt Henni aus der Tür, zieht den Kopf aber schnell wieder zurück. Ich rufe Tom zur Ruhe. »Bitte mal keine Knöpfe am Stall betätigen«, sage ich. Die Hühner müssen sich erst an alles gewöhnen. Geduld ist gefragt. In Toms Alter eine Herausforderung. Ich schicke ihn Körner holen. So hat er was zu tun. Emma redet derweil beruhigend auf die gefiederte Gesellschaft ein. Sie schildert, wie verlockend schön es hier draußen ist, und beschreibt, wie auf der Kuhwiese nebenan der sonnendurchflutete Nebel aufsteigt, dass die Tautropfen auf den Grashalmen wie Edelsteine glitzern und dass außer einem harmlosen Feldhasen und zwitschernden Vögeln keine Tiere unterwegs sind. Damit meint sie Fuchs und Co., von denen keine Spuren zu sehen sind. Sie redet von unserem kleinen Wäldchen, dessen bunte Blätter herbstliche Stimmung verbreiten, und von der Weite, die unseren ehemaligen Bauernhof umgibt. »Hier dürft ihr überall herumlaufen«, lockt sie. Sie preist die Würmer, Schnecken und Käfer, das frische Gras und den Löwenzahn so eloquent an, dass den Hühnern eigentlich das Wasser im Schnabel zusammenlaufen müsste. Aber alles vergeblich. Sogar Henni hat sich wieder ins Innere des Stalles zurückgezogen. Ich gähne. Genauso gut könnte ich jetzt im Bett liegen. Trotzdem kann ich nicht umhin zu sehen, wie wunderschön so ein Sonntagmorgen bei uns auf dem Land ist – wenn man sich erst mal aus den Federn gequält hat: kein Trecker, kein Auto, nur der Wind und die Vögel in den Bäumen.

Tom kommt aus der Scheune. »Reicht das?«, schreit er herüber. Er schleppt gleich den ganzen Sack Hühnerfutter nach draußen. Ganz schön stark, der Junge. Ich muss einschreiten. Wir einigen uns auf zwei Becher Körnerfutter, einen für Emma, einen für Tom. Aber entweder unsere Hühner haben keinen Hunger, oder wir müssen uns etwas anderes einfallen lassen. Unsere Tiere wollen uns immer noch nicht mit ihrer Anwesenheit beglücken. Und da hat Tom eine Idee. Er läuft zum Schuppen und holt Werners Mistgabel. Die bohrt er in die Wiese, rüttelt hin und her und zieht kurze Zeit später mit den Fingern einen Regenwurm aus der Erde, der sich nach oben gearbeitet hat. »Den Trick habe ich von Papa!«, strahlt er stolz. Jetzt will Emma auch mal. Bald haben sie einen ganzen Spielzeugeimer voller Würmer, die sich wie glitschige Aale darin kringeln. Ich kämpfe mit einem Würgereiz. »Versucht's jetzt mal mit einem Wurm«, schlage ich vor und schlucke krampfhaft, aber Tom kippt gleich den ganzen

Eimer im Auslauf vor der Hühnerleiter aus – nach dem Motto: Viel hilft viel.

Mal wieder ist es Henni, die als Erste den Kopf aus der Tür streckt und neugierig auf das Gewimmel am Boden schielt. Sie reckt ihren Hals Stückchen für Stückchen weiter hinaus. Jetzt will auch Isabella wissen, was los ist. Zwei Hühner schauen nebeneinander aus dem Stall – süß. Ich mache ein Foto mit dem Handy. Endlich wagt sich Henni ganz an die Öffentlichkeit. Majestätisch steigt sie die Leiter hinab – fehlt nur ein Orchester, das diesen historischen Moment gebührend untermalt. Weniger vornehm, sondern ausgesprochen gierig pickt sie in den Würmerhaufen und schlingt einen Wurm nach dem anderen hinunter. Das guckt sich Isabella nicht länger tatenlos mit an und dackelt hinterher. Gemeinsam schaufeln sie sich das Zeug in Windeseile in den Kropf, bis der Berg Würmer verschwunden ist. Gefühlt dauerte das zwei Sekunden. Das wäre sicher einen Eintrag ins Guinness-Buch der Rekorde wert – Rubrik: Regenwürmer-Wettessen. Ich behaupte, da kann (und will) kein Mensch mithalten. Nun sind immerhin fünfzig Prozent unserer Hühner draußen. Die anderen fünfzig Prozent kuscheln sich noch im Stall aneinander. Unsere romantischen Franzosen eben, die Henne Layla und der Hahn Momo, beides Vertreter der Rasse Marans.

Die Kinder besorgen Nachschub. An einer anderen Stelle versuchen sie noch mal ihr Glück mit der Mistgabel. Währenddessen mache ich es mir auf unserer Gartenbank gemütlich und beobachte Henni und Isabella, wie sie vorsichtig ihre Umgebung erkunden. Das Tor des Runs, ihres angegliederten Mini-Auslaufes, habe ich geöffnet. Zuerst wagt Henni sich auf die große, eingezäunte Wiese neben unserem alten Bauernhaus, die nun die Hühnerbehausung beherbergt. In ihrem schwarzen Gefieder trägt Henni königlich goldene Streifen im Halsbereich. Edel. Isabella folgt ihr, aber sie bleiben beide in Stallnähe. Verständlich, es ist ja alles noch fremd. Sie picken hier und scharren da, aber dort, wo Isabella scharrt, wächst innerhalb kürzester Zeit nichts mehr. Meine Güte, hat die Power in den Füßen! Schon sieht man nur noch einen weißen Fleck (Isabella) auf schwarzer Erde. Jetzt verstehe ich, was in der Rassebeschreibung von Sussexhühnern mit »scharrfreudig« gemeint war – mit Isabella haben wir da wohl in dieser Hinsicht ein typisches Exemplar erwischt (wobei »scharrwütig« passender wäre). Wenn wir mit Layla rassemäßig auch so einen Volltreffer gelandet haben, wird sie dasjenige Huhn sein, das unsere Kinder glücklich macht. Marans legen nämlich echte Schokoladeneier! Na ja, nur die Schale ist schokoladenfarben – der Inhalt nicht. Ich muss innerlich grinsen. Der Züchter hielt meine Frage, ob die Eier auch nach Schokolade schmecken, doch tatsächlich für ernst gemeint! Dabei dürfte selbst Kleinkindern klar sein, dass Hühner keine Schokolade produzieren. Und die meisten wissen sogar, dass Hennen auch ohne Hahn Eier legen.

Dennoch sitzt da ein männlicher Vertreter seiner Art in unserem gelben Stall herum und denkt nicht ans Rauskommen. So langsam werde ich ungeduldig. Dafür hat Layla sich Richtung Ausgang gearbeitet und beäugt die Leiter kritisch. Mal setzt sie einen Fuß vor, zieht ihn wieder zurück, dann probiert sie es mit dem anderen Fuß. Ein ewiges Hin und Her. Die Kinder kommen mit einer weiteren Portion Regenwürmer angelaufen. Just in dem Moment flattert Layla waghalsig im Sturzflug die Leiter hinunter und landet auf der offen stehenden, wenig stabilen Tür des Runs, auf der sie schwankend zu balancieren versucht. Sie kippelt, was das Zeug hält, um bei dem Gewackel der Tür das Gleichgewicht nicht zu verlieren. Emma greift beherzt ein, rettet sie gerade noch rechtzeitig und setzt sie sicher auf dem Boden ab. Puh, da geht uns allen ordentlich die Düse. Ein gebrochenes Hühnerbein hätte mir gerade noch gefehlt!

Jetzt hab ich's. Diese dumme Leiter! Momo, die Memme, hat noch mehr Muffensausen davor als Layla. Zum Glück ist Emma erfinderisch. Während Tom nicht aufhören kann, Würmer zu suchen, sammelt Emma passende Stöcke. Die befestigt sie mit Klebeband an jeder Plastiksprosse, und schon haben die Hühner mehr Halt beim Treppensteigen. Tom streut neue Würmer vor die perfektionierte Hühnerleiter – dennoch tut sich nichts. Tom ist enttäuscht, Momo guckt nicht mal aus der Stalltür raus. Jetzt reicht's. Nicht nur Momo droht hier zu verhungern. Mein Magen fängt ungemütlich an zu knurren. Ich habe jedenfalls nicht vor, ewig zu warten, bis Monsieur sich die Ehre gibt, seinen Palast zu verlassen. Ein kühner Griff und schwups hat Momo echtes Gras unter seinen Füßen. *Iiiih, das Gras ist feucht!* Er zieht die Füße bis zum Bauch. Also wirklich. Was für ein Weichei. Während ich ihn argwöhnisch mustere und nach verborgenen Hinweisen potenzieller Angriffslust suche, fällt mir auf, dass sein französisches Outfit in den deutschen Nationalfarben Schwarz-Rot-Gold glänzt. Ich ahne, Momo ist ein Hahn voller Widersprüche – es beginnt schon bei der offiziellen Bezeichnung seines Gefieders. Die nennt sich *gold-weizenfarbig*, aber ist Weizen etwa mehrfarbig? Momo gesellt sich zu seiner Herzensdame Layla. Ihr schwarzes Gefieder schimmert je nach Lichteinfall grünlich. Sehr schick, finde ich. Ihre Beine wirken ein bisschen kurz geraten. Sieht putzig aus. Die beiden Franzosen sind derart schüchtern, dass sie es vorziehen, im raubtiersicheren Run zu verweilen. Henni und Isabella streifen derweil fleißig unter den Obstbäumen auf der Wiese herum – immer schön auf der Suche nach Fressbarem.

Und das habe *ich* nun auch vor: mich auf die Suche nach Nahrung zu begeben. Ein Blick auf die Uhr: Ups! Kein Wunder, dass mein Magen protestiert. Wie halten die Kinder nur so lange durch? Es ist inzwischen so spät, dass Werner bestimmt schon liebevoll den Frühstückstisch gedeckt hat. Wir schließen das Tor des Zaunes hinter uns, damit die Hühner nicht in die umliegenden Weiden und Wälder entwischen, denn sie kennen sich hier ja noch nicht aus. Nicht, dass sie sich noch verlaufen und ihren Stall nicht wiederfinden, obwohl der ja unübersehbar wie ein Stern am Himmel blinkt. Erwartungsvoll öffne ich die Terrassentür zur Küche und schnuppere, ob es nach Kaffee und frisch aufgebackenen Brötchen duftet. Fehlanzeige. Der Esstisch ist gähnend leer. Keine Teller, kein Besteck. Genauso wenig wie Momo den Stall verlassen wollte, wollte Werner offensichtlich sein Bett räumen. Was für männliche Gesellen habe ich mir da angelacht! Emma stellt die Butter auf den Tisch, Tom zählt das Besteck ab. Und während ich mich um Brot und Aufschnitt kümmere, freue ich mich schon auf unser erstes eigenes Frühstücksei.

Zarte Annäherungsversuche

Alles hat seine Ordnung – wenn es nicht gerade unser Küchentisch ist, denn da deponiert Tom gerne das komplette Inventar seines Kinderzimmers, und Emma erledigt hier, mitten im Gewusel, ihre Hausaufgaben am liebsten. Dafür kann man sich bei uns auf die zeitliche Ordnung im Tagesablauf absolut verlassen (sehr zu meinem Bedauern): Sonntagmorgens wacht zuerst Tom auf, unmittelbar danach zwangsläufig ich, eine Weile später Emma und kurz vor Sonnenuntergang (gefühlt): Werner. Wer behauptet eigentlich, dass Ordnung in jeder Hinsicht wünschenswert ist? Ich wäre morgens wenigstens hin und wieder gerne mal an dritter und am liebsten an vierter Stelle statt wie üblich an zweiter. Bei den Hühnern verstehe ich ja noch den Sinn der gesitteten Reihenfolge, wer wann am frühen Morgen das Schlafzimmer verlässt. Jedes Mal schreitet zuerst Henni die Hühnerleiter hinunter, danach Isabella, im Anschluss Momo (und so was soll der »Anführer« seiner Damen sein!) und zuallerletzt Layla, die als Einzige immer noch mehrere Anläufe braucht, bevor sie behutsam die mit Ästen verstärkten Sprossen nimmt. Immerhin stürzt sie sich nicht mehr suizidgefährdet hinunter. Der Vorteil dieses geordneten Ablaufs: kein Gedränge am Ausgang wie bei der Love Parade, keine rasanten Überholmanöver auf der Hühnerleiter, keine Abstürze mit Einsatz des Hühner-Notarztwagens. Aber von alldem kann bei uns Federlosen ja nicht die Rede sein, wenn wir uns träge im Bett wälzen. Auf unsere nutzlose Aufsteh-Reihenfolge in unmenschlicher Frühe könnte ich gut und gerne verzichten. Werner ist da anderer Meinung. Wen wundert's. Aber, da Tom mich sowieso weckt, muss ich mich wenigstens nicht darüber ärgern, die Hühner bei Tagesanbruch aus dem Stall lassen zu müssen. Leider ist dieses Übel nur eine Frage der Zeit. Sonnenauf- und -untergang haben ja auch ihren Rhythmus, und mir graut davor, wenn die Sonne *vor* Tom aufsteht!

Aber jetzt stehe ich mit Tom erst mal am Hühnerstall und atme die klare Herbstluft ein. Es ist der zweite Sonntagmorgen, an dem wir Hühnerbesitzer sind. Eine festgelegte Routine, wer die Hühner wann versorgt, haben wir nicht, denn bei uns verläuft kein Tag wie der andere. Meist bin ich es, die die Hühner morgens vor Schule, Kindergarten und Arbeit rauslässt. In der Regel versorgt Emma die Tiere mittags nach der Schule und bringt sie abends »ins Bett«. Nachmittags schaut Tom oft gemeinsam mit Emma oder mir bei unserem Kleinvieh vorbei, und wenn die Kinder nachmittags unterwegs sind, übernehme ich ihren Part. Der Wind trägt vereinzelt ein Muhen und Klappern aus Nachbars Kuhstall herüber, der dreihundert Meter von uns entfernt steht. Ein Tratsch über den Gartenzaun wie im Wohngebiet ist nur möglich, wenn der Bauer bis zu uns herüberstiefelt. Im Sommer stecken seine Kühe gerne mal ihre Nasen durch die Haselnusshecke und schielen auf unsere Teller, wenn wir draußen essen – eingehüllt von diesem aromatischen Duft, den ich so liebe: Kuhdung. Werner moniert zwar regelmäßig »Es stinkt!«, aber ich korrigiere beständig: »Wer hat schon eine so *gesunde* Landluft, Schatz?« Und dann essen wir einvernehmlich weiter.

Über unseren Plastikstall und unsere gerade mal vier Hühner würde jeder eingefleischte Landwirt wahrscheinlich mitleidig schmunzeln. Ich dagegen freue mich gerade darüber, wie schnell unsere Hühnerschar sich an die Plastikleiter gewöhnt hat. Und an uns. Tom hält eine Hand voller Weizenkörner hin, und Henni und Isabella picken bereits gemeinsam. Layla nähert sich vorsichtig von der Seite und überlegt erst noch eine Runde, ob sie es ebenso wagen sollte. Das kennen wir nun schon von ihr, immer am Zögern und Zweifeln. Schließlich fressen tatsächlich alle Damen aus Toms Hand. Er kichert. »Das tut gar nicht weh, Mama! Es kitzelt!« Momo schleicht unschlüssig um Tom herum. Immerhin zieht er die Füße im taunassen Gras nicht mehr bis an den »Bauchnabel«. Ein weiterer Fortschritt auf der Maransseite, stelle ich zufrieden fest. Momo würde auch gerne naschen, aber dazu fehlt ihm (noch?) eine Portion Mut. Wie soll der bloß mal unsere Hennen beschützen? Aber vielleicht kommt das ja noch, wenn seine männlichen Hormone in die Gänge kommen – er kräht ja noch nicht mal (dabei ist er immerhin acht Monate alt). Layla steckt ihren Schnabel in den Wassernapf, hält den Kopf hoch und lässt das Wasser gluckernd die Kehle hinunterrinnen. »Die gluckst ja richtig! Pass auf, gleich rülpst sie noch!« Tom lacht sich schlapp. Keine Ahnung, warum kleine Jungs Geräusche, die vorne und hinten rauskommen, so amüsant finden. Die anderen Hühner trinken jedenfalls sittlich, ohne einen Ton von sich zu geben. Und sie spritzen einen netterweise auch nicht nass wie Layla, die im Anschluss ihren Kopf schüttelt und das restliche Wasser auf die Umgebung verteilt.

»Haben die Flöhe?«, fragt Tom, weil alle Hühner beginnen, sich zu putzen. Mit dem Schnabel ziehen sie jede Feder einzeln vom Anfang bis zum Ende durch. »Ich hoffe nicht!«, rein zufällig kratze ich mich hinter dem Ohr. »Hühner *waschen* sich mit dem Schnabel. So werden sie Dreck und Parasiten los. Sie ordnen die Federäste und verteilen die wasserabweisende Fettschicht, damit das Gefieder schön fluffig bleibt und die Hühner besser fliegen können.« Und Letzteres tun unsere neuen Mitbewohner nun auch, denn sie haben Emma entdeckt, die wach geworden ist und verschlafen in unsere Richtung schlurft. Alle Hennen stürzen lauthals quasselnd auf sie zu. Es sieht zum Piepen aus: Sie strecken den Hals weit nach vorne, rennen, geben mit den Flügeln Gas und heben ein Stückchen ab, rennen, fliegen, rennen, fliegen und bremsen kurz vor Emmas Füßen abrupt ab. Jugendlicher Übermut. Unsere Hühner sind ja noch nicht erwachsen. Das sieht man am Kamm. Er ist noch nicht so groß und rot wie bei einer legereifen Henne. Momo trottet, scheinbar überfordert von so viel Frauen-Power, gemäßigt hinterher. Dafür sieht Emma nach dieser stürmischen Begrüßung jetzt richtig wach aus – Müdigkeit verflogen – und beugt sich munter zu ihren Hühnern runter. Henni steht direkt vor ihr, schaut sie schräg mit einem Auge an und schnattert regelrecht. Man könnte meinen, wir hätten eine Gans oder Ente gekauft. Tom hält sich die Ohren zu: »Henni ist ja lauter als ich!« Das stimmt meist leider nicht, aber sie ist auf jeden Fall die mitteilungsfreudigste unserer Hennen. »Und Layla singt!«, findet Tom, denn sie produziert in ihrer Aufregung seltsame hohe, lang gezogene Töne, unterbrochen von einer Serie abgehackter Silben. Und natürlich bekommen die Hühner das, worauf sie spekuliert haben. Der Grund der Aufruhr: Leckerbissen! Emma hält den Hühnern Löwenzahn hin, den sich alle – außer Momo – gierig bei ihr abzupfen. Nicht, dass Momo uns vor lauter Angst noch verhungert!

Ich traue meinen Augen kaum. Werner kommt aus dem Haus. Im Schlafanzug. Es ist noch nicht mal Mittag. In der Hand hält er die Kompostschüssel. »Delikatessen für die Hühner!«, verkündet er stolz. »Recycling von unseren Essensresten. Genial, oder?« – »Lass mal sehen, was du hast«, sage ich bloß. Avocados sind zum Beispiel tabu. Aber die sind gar nicht dabei. Dafür Unmengen Paprikakerne. »Was sollen die

Hühner denn mit diesem Müll?«, frage ich entrüstet. Werner ignoriert meine Empörung und schmeißt den Hühnern die Paprikakerne einfach vor die Nase. Eins zu null für Werner. Alle Kerne weg. Wer hätte das erwartet? Dabei ist es ja an sich kein Wunder. Paprikakerne sehen aus wie Körner. Und Hühner lieben sie. Genauso wie anscheinend Fliegen, denn Isabella hat einen dicken Brummer entdeckt und hüpft wie ein überdimensionierter Flummi geschickt in die Luft, um ihn zu erwischen. Ulkig. Tom fängt natürlich sofort an, es Isabella nachzumachen. Er springt auf und ab und erhascht imaginäre Fliegen.

»Guck mal, was du machst!«, schimpft Emma. Tom hält inne und sieht, was geschehen ist. Die Hühner haben das Weite gesucht und verstecken sich unter ihrem gelben Stall. Die Farbe verätzt mir die Netzhaut inzwischen gar nicht mehr. Man gewöhnt sich an alles. An hektisches Gehüpfe sind unsere Tiere jedoch noch nicht gewöhnt. »Ups«, sagt Tom. Ich muss was klarstellen. »Hühner sind Fluchttiere. Wenn sie sich erschrecken, bringen sie sich schnell in Sicherheit. Ihr solltet euch langsam bewegen, sie kennen uns ja noch gar nicht richtig.« Ich bin überrascht. Sonst sind oft zehn Ermahnungen nötig, bis ich mir endlich Gehör verschafft habe. Aber Tom sieht ja, wie ängstlich die Hühner unterm Stall hervorschauen. Er geht in die Hocke und versucht ganz ruhig, seine neuen Kumpels mit Futter wieder anzulocken. Es dauert etwas länger als sonst, aber die Hühner fassen zum Glück Vertrauen und wagen sich wieder heran. Als Tom aufsteht, um ihnen auch noch Regenwürmer zur Entschädigung zu suchen, macht er vorsichtige, bedächtige Bewegungen. »Toll«, lobe ich ihn.

Nach dem Mittagessen gehen wir drei noch mal zu den Hühnern. Heute gab es Brokkoli als Beilage. Schauen wir mal, ob ihnen die übrig gebliebenen Strünke schmecken. Es ist ein sonniger Herbsttag. Die Bäume unseres kleinen Waldes leuchten in den verschiedensten Farben um die Wette, und es ist beinahe sommerlich warm. Emma öffnet die Pforte zu der umzäunten Wiese, auf der unser Hühnerstall samt raubtiersicherem Auslauf steht. Aber niemand von uns kann irgendein Huhn entdecken. Sie sind wie vom Erdboden verschluckt. Kein Huhn scharrt und pickt irgendwo herum. Emma fängt besorgt an zu suchen. Mich durchzuckt es frostig bis in die Zehenspitzen. Hoppla, *so* war das ja gar nicht vorgesehen! Die Hühner sollten ins Herz der *Kinder!* Schließlich war es ursprünglich Emmas Wunsch, noch ein Haustier zu bekommen – einen *eigenen* Hund. Denn unser Hund gehört auf jedem Papier offiziell mir. Was nichts zur Sache tut. Finde ich. Anders als Emma. Sie will einmal von Anfang an alles mit ihrem Tier alleine machen. Was sicher meine Schuld ist. Als Emma noch nicht zur Schule ging, durfte sie in meiner Praxis Welpen an Kinder sozialisieren. Unter strengsten Sicherheitsvorkehrungen durfte sie sogar aggressiven Hunden beibringen, dass Kinder im Grunde genommen doch ganz nett sind. Dadurch hat Emma sich zu einer prima Hundeflüsterin entwickelt und würde das am liebsten am eigenen Hund ausleben. Stattdessen suchen wir jetzt das, was die Alternative zum Wunsch-Hund geworden ist: die Hühner. Ich meine, wahrscheinlich haben alle Tierärzte so etwas wie eine genetische Veranlagung zur Tierliebe. Trotzdem habe ich nicht damit gerechnet, dass mir dieses Federzeug dermaßen ans Herz wachsen würde. Aber dieses kalte Zucken, das mir gerade durch Arme und Beine fährt, ist ein eindeutiges Indiz dafür, dass die Hühner wie durch Kapillarkräfte in mein Innerstes gezogen sind.

Tom wuselt über die Wiese, nimmt jeden Busch auseinander und – welch Erleichterung – entdeckt sie. Sie sind noch da. Platt liegen sie auf der Erde, hinter einem Johannisbeerstrauch, die Beine abgestreckt. Wenn wir es mittlerweile nicht besser wüssten, bekämen wir den nächsten Schock des Lebens. Auf den ersten Blick sehen die Hühner nämlich verdammt tot aus. Oder halb vergiftet. Dabei betreiben sie lediglich Wellness. Eng aneinandergekuschelt wälzen sie sich in einer Kuhle, schlagen sich mit den Flügeln den Sand um die Ohren und lassen sich die Sonne auf den Bauch scheinen. Layla, unsere Transuse, döst mit geschlossenen Augen. Eine gemütliche Runde. Sehr einladend. Ich warte auf den Moment, wo Tom es ihnen nachmacht. Nachvollziehen könnte ich es, aber ihn mitten am Tag in die Badewanne zu stecken, darauf habe ich gerade keine große Lust.

Da ist doch was. Ein seltsames Geräusch. Eine schnurrende Katze im Anmarsch? Ob die leichte Beute machen will, weil unsere Hühner gerade wie immobilisiert sind? Das kommt ja gar nicht infrage. Keiner frisst unsere Hühner. Weder Werner noch ein anderes Tier. »Hört ihr das auch?«, frage ich die Kinder. Wieder. Dieses Schnurren. Die Kinder schauen sich um. Aber nirgends ist eine Katze. Wir besitzen auch keine Katzen (Werner möchte nicht, dass sie unseren Bestand an Singvögeln dezimieren). Aber vom Nachbarhof schaut ab und zu die eine oder andere bei uns vorbei, und alle paar Jahre wirft eine verwilderte Katze Junge in unserem Schuppen oder Holzstapel. »Ich weiß es«, sagt Emma, »Isabella schnurrt, immer wenn sie sich den Hals im Sand reibt!« Und tatsächlich. Ich höre genau hin: Isabella schnurrt genüsslich wie eine Katze. Das ist ja ein Ding! Denn das ist ziemlich selten. Tom schnurrt jetzt natürlich auch. Mit dem ganzen Sand in ihrem ursprünglich weißen Gefieder sieht Isabella aus wie ein Ferkelchen, das sich suhlt. »Das dauert aber lange«, wundert sich Tom, zumal die Hühner nicht, wie sonst inzwischen üblich, auf uns zugesprungen sind, sondern weiter gelassen in ihrem Loch herumlungern. Dabei sehen sie sogar, dass wir etwas Leckeres dabeihaben. Und doch haben die Hühner die Ruhe weg. Das kann noch länger dauern. Zwanzig bis dreißig Minuten Sandbaden sind schon drin, wenn sie nicht unterbrochen werden. Ich spreche aus Erfahrung. Das Sandbadeverhalten von Hühnern in verschiedenen Haltungssystemen zu untersuchen war ein Teil meiner Doktorarbeit – Schnurren gehörte nicht dazu.

Ob ich den Kindern erzählen soll, dass Hühner in industriellen Haltungsanlagen kaum richtig sandbaden können, obwohl das für ihre Gesundheit und ihr Wohlbefinden wichtig ist? Durch das Sandbaden entfernen sie nämlich Fette und Parasiten aus dem Gefieder, aber in Käfigsystemen fehlt angemessenes Material, sodass die armen Tiere sogar verzweifelt versuchen, sich das Futter aus dem Trog durch die Käfigstangen ins Gefieder zu manövrieren und sich auf harten Metallstäben reiben. Und in Bodenhaltung müssen sie praktisch in ihren Exkrementen baden, wenn sie nicht schon vorher von den Massen ihrer Artgenossen vertrieben werden. Da gibt es nämlich nicht nur vier entspannte Hühner wie unter unserem Johannisbeerstrauch, sondern eine mindestens vierstellige Anzahl Burn-out-gefährdeter Hühner. Es ist ein beglückender Anblick, unsere aneinandergeschmiegten Zweibeiner bei ihrem Beautyprogramm zu beobachten. Es macht ihnen nichts aus, wenn sie einen Flügel, ein Bein oder den Sand des anderen abbekommen. Die Sonne scheint. Es herrscht Friede, Freude, Eierkuchen. Ich beschließe, diesen Moment nicht durch grausame Berichte zu ruinieren. Den Brokkoli nehmen wir unverrichteter Dinge wieder mit. Wir wollen das Glück nicht stören und kommen später noch mal wieder.

Apropos Glück – *natürlich* machen Kinder glücklich –, aber Hühner haben Kindern gegenüber einen kleinen Vorteil: Hühner gehen abends *von alleine* und *ohne Murren* und *frühzeitig* ins Bett. Davon träumt jede Mutter. Wir müssen abends nur noch den Hühnerstall schließen – und gut. Kein Ermahnen, kein Überreden, kein Vorlesen, keine Tricks. Wenn man möchte, kann man sich den Moment sogar zunutze machen: zur Zähmung der »wilden Hühner«! Wenn die Hühner abends auf den Sitzstangen vor sich hin schlummern, ist genau die richtige Gelegenheit dafür. Der Züchter meinte, wir sollten sie jeden Abend im Stall streicheln, damit sie sich daran gewöhnen, angefasst zu werden. Wenn sie einmal müde sind, bleiben sie sitzen – so seine These. Und das testen Emma und ich jetzt – Tom ist schon im Bett (Werner hat vorgelesen). Emma hockt im Run und streckt ihren Arm durch die Schiebetür in den Stall. Ich habe das gelbe Dach aufgeschoben und erreiche die Hühner bequem von oben mit der Hand, doch Henni rückt pikiert zur Seite – schöne Grüße an den Züchter! Fantastische Idee! Funktioniert nicht mal mittelmäßig!

Bei Isabella und Layla stoßen wir auf mehr Entgegenkommen. Die beiden halten tatsächlich still wie fromme Lämmchen. Und sie fühlen sich mindestens genauso kuschelig an. »Und jetzt Momo«, sagt Emma. Ich kriege große Augen. »Bloß nicht!« Denn ich habe das im Gespür, der ist ein Wolf im Schafspelz. Oder ein Angstbeißer. Auf jeden Fall gefährlich. Man sollte Hähne lieber nicht handzahm machen, sonst könnten sie jeglichen Respekt vor Menschen verlieren. Und wir womöglich ein Auge. Emma murrt in sich hinein. Sie findet Momo so süß. Gerne würde sie ihn mal ausgiebig herzen. »Übrigens«, sagt sie, als sie sich damit abgefunden hat und sich auf das andere Bein hockt, weil das eine bestimmt schon eingeschlafen ist, »man muss sie gar nicht abends im Stall streicheln! Zähmen geht anders viel besser!« Interessante These. Fragt sich nur, wie. Hühner sind ja in der Regel keine Knuddeltiere wie Hunde. Füttern und gleichzeitig streicheln vielleicht? Was Besseres fällt mir nicht ein. Emma muss mich aufklären. »Ich habe Layla heute ganz lange am Schnabel gestreichelt! Sie liebt das!« Echt? Du meine Güte! Am harten Schnabel? Das stellt man sich ja in etwa so angenehm vor wie Zehennagel-Kraulen. Und das soll was bringen? Ich überlege – aber warum eigentlich nicht? Schließlich haben Hühner einen ausgeprägten Tastsinn im Schnabel – im Gegensatz zum menschlichen Zehennagel (dessen Existenz man sich erst bewusst wird, wenn die Bierkiste draufrumst). Nicht umsonst die Debatten um das bisher übliche, doch grausame Schnabelkürzen bei Küken. So unangenehm Verletzungen am Schnabel sind, so wohltuend wird wohl Streicheln an dieser Stelle sein. Gute Idee! Bevor Emma die Schiebetür schließt und sich rückwärts auf allen vieren aus dem Run schiebt, demonstriert sie mir ihren persönlichen Schnabel-Streichel-Zähmungs-Trick. Layla scheint es wirklich zu genießen. Ihre Augenlider fallen langsam zu, ihr Kopf sackt immer tiefer, und sie driftet ab ins Land der Hühnerträume. Zeit, das Dach leise zuzuschieben. »Gute Nacht, ihr lieben Hühner«, flüstert Emma im Weggehen.

Lieb sind bis jetzt tatsächlich alle, selbst unserem Spezialfall Momo lässt sich diesbezüglich nichts anhängen. Aber auch Henni ist, sagen wir mal so, *speziell:* laut, wenig zutraulich, ihre wahre Identität ein Rätsel. Sie ist eine zierliche, hübsche Henne mit überwiegend schwarzem Gefieder. Eigentlich sieht sie fast wie ein ganz normales Legehuhn aus. Der Züchter hat doch tatsächlich behauptet, sie sei ein seltenes Altdeutsches Landhuhn. Dabei existiert eine solche Rasse überhaupt nicht. Aber Henni schon – auch wenn sie sich bei Streichelversuchen regelmäßig verdünnisiert. Vielleicht kommen wir eines Tages ja noch hinter ihr wahres Ich.

Unerwünschter Besuch

Unsere Einfahrt ist schätzungsweise vierzig Meter lang. Ein Schotterweg, gesäumt von alten Eichen, Kastanien, Linden und Ahornbäumen. Auf der einen Seite der Einfahrt erstrecken sich die Bäume zu dem schon erwähnten urigen Wäldchen, auf der anderen Seite liegt die zweitausend Quadratmeter große, umzäunte Wiese mit dem leuchtenden Hühnerstall samt Run und einigen Obstbäumen sowie Sträuchern. Neben und hinter dem ehemaligen Bauernhaus befindet sich ein alter, von einer Buchenhecke umwachsener Obstgarten mit kleinem Teich. Der separat eingezäunte Teil um die Terrasse herum ist als Spielplatz für die Kinder gedacht. Und all das ist umgeben von Kuhweiden. Naturerlebnisse gibt es bei uns in Hülle und Fülle: Rehe, die durch unseren Garten streifen, Babykröten, die – wenn man nicht aufpasst – durch die Terrassentür in die Küche hüpfen und sich unauffindbar verstecken, Feldhasen, die manchmal sogar genau an Ostern vor dem Fenster des Kinderzimmers vorbeihoppeln. Ich vermute, darum hatte der Osterhase bei unseren Kindern eine echte Chance. Ganz im Gegensatz zum Weihnachtsmann. An ihn hat hier niemand lange geglaubt. Die Kinder haben eben noch keinen Weihnachtsmann gesehen, der mit seinem Gefährt durch unseren Garten rauscht – den Hasen haben sie dagegen in flagranti bei der Arbeit ertappt. Unsere Kinder wachsen so naturverbunden auf, dass sie den sechs Quadratmeter großen Sandkasten mit weißem Sand von Anfang an verschmäht haben: eine absolute Fehlinvestition. Tom und Emma bohren ihre Fingernägel lieber in die schwarze Erde daneben. Da ist heftiges Schrubben mit der Nagelbürste genauso erfolgreich wie der gut gemeinte Bau des teuren Sandkastens. Fast an jedem Baum hängt ein Nistkasten, den Werner vor jedem Frühjahr säubert, damit eine neue Brut komplikationslos ablaufen kann.

Wir alle lieben die Natur. Aber es gibt ein *Aber*. Ein riesengroßes *Aber*. Und das *Aber* heißt nicht Nando, unser Riesenpudel. Nando ist gleichmäßig geschoren, ohne Pudelfrisur, die wir zum Fürchten fänden. Nando sieht aus wie ein schwarzes Schaf – und genauso lammfromm ist er. Er mag die Hühner. Was leider nicht auf Gegenseitigkeit beruht. Immer wenn Nando sie begrüßen möchte und näher als vierzig Zentimeter an sie herankommt, nehmen sie ihre zwei Beine in die Hand und gackern aufgeregt. Nando guckt mich dann fragend an. Und ich bilde mir ein, dass er in dem Moment nicht nur verdattert, sondern ziemlich enttäuscht aussieht. Aber die Hühner trauen ihm noch nicht über den Weg. Nando ist halt groß. Und schwarz. Und mit dem Wolf verwandt. Ein klarer Nachteil. Das echte *Aber* heißt: Habicht. Oder Mäusebussard. Beide mögen zwar auch Hühner, aber auf eine erheblich andere Art. Dass es hier so viele Exemplare gibt, ist uns erst bewusst, seit Layla, Henni, Isabella und Momo bei uns eingezogen sind. Die vier genießen inzwischen das Privileg, überall – außer im »Kindergarten« und auf den Kuhweiden – laufen zu dürfen. Das klappt gut, denn mittlerweile kennen sie sich hier aus, finden diverse Wege zurück und lassen sich jederzeit durch Schütteln einer Dose Mehlwürmer dorthin dirigieren, wo wir sie haben wollen – raus aus dem Gemüsegarten. Wenn ich sie rufe, kann ich mich drauf verlassen, dass sie hören. Ein tolles Gefühl. Es freut mich ungemein, denn sie hören besser auf mich als so manch anderes Familienmitglied (welches, sage ich anstandshalber nicht). Scharren die Hühner friedlich im Laub, raschelt es so rhythmisch, wie die Wellen im Meer rauschen – Strandurlaub unnötig. Wir haben das Meer direkt vor der Tür. Sehnsüchtiges Wälzen von Urlaubskatalogen mit Hochglanzbildern von nun an unnötig. Das hier ist besser. Denn hinzu kommen noch die tänzerischen Bewegungen: Vortreten, Scharren, Zurücktreten, Picken, immer wieder von vorne. Hühner-Beobachten hat eine hypnotisierende Wirkung. Es ist wie Yoga unter freiem Himmel. Sogar besser (weniger anstrengend!).

Leider gefällt nicht nur mir das. Wie gesagt, auch die Raubvögel haben Gefallen an unseren Hühnern gefunden. Gestern war es knapp. In letzter Sekunde habe ich unsere Gartenbewohner gerettet. Die Terrassentür stand auf, und ich hörte unvermittelt ein tierisches Kreischen, das mir ohne Umweg ins Knochenmark fuhr. Mir war sofort klar, dass etwas absolut nicht stimmte, und ich preschte nach draußen. Ein Mäusebussard saß auf dem Zaun der Wiese und wollte gerade in Richtung unserer Hühner abheben, die sich starr und steif gegen den Zaun quetschten. Ich wusste gar nicht, dass ich so schnell rennen kann. Hinterher war ich heiser vom Brüllen, meine Beine zitterten, und meine Hände brannten vom lauten Klatschen. Aber Hauptsache, der Übeltäter war weg. Mein Aufstand hat ihm nicht so gefallen. Seitdem sind wir ständig auf der Hut. Werner hat zur Abschreckung gleich eine Uhu-Attrappe auf dem Zaun befestigt. Ein großes, übernetztes Hühnergehege steht in Vorbereitung. Und die Kinder erkennen den Mäusebussard inzwischen an seiner Stimme. Sobald sie ihn in der Ferne rufen hören oder über der Wiese kreisen sehen, gibt es kein Halten mehr. Mit ohrenbetäubendem Getrommel und Geschrei vertreiben sie den Feind ihrer Freunde.

Ach, du schickes Ei!

Werner ist enttäuscht. Er köpft sein moralisch kaum vertretbares Frühstücksei vom Discounter, streut eine Prise Salz auf das blasse Eigelb und murrt: »So rechnet sich der Stall ja nie. Ich muss immer noch Eier kaufen.« Ich nicke und verschweige, dass unsere drei Damen in ihrem Leben wohl nie so viele Eier legen werden, dass sich der Stall, das Futter und die Arbeit rentieren. Wenn sie denn überhaupt mal legen würden. Beide Kinder wollen natürlich das erste Ei entdecken: Mehrmals am Tag schauen Tom und Emma nach, ob einem Huhn endlich eines aus dem Popo geflutscht ist. Meist artet das in ein Wettrennen aus, wer zuerst beim Stall ankommt, aber Emma hat längere Beine. Das führt unvermeidlich zu Tränen auf Toms Seite. Wenn die Hühner mit dem Eierlegen also mal in die Pötte kämen, würde das die Lage deutlich entspannen. Mir kribbelt es auch schon in den Fingern, und ich inspiziere regelmäßig das Nest, fühle mich wie vier oder fünf. Wie ein Mädchen, das ungeduldig seinen Geburtstag und die Geschenke erwartet. Ahnungsvolle Vorfreude. Ich hätte nie gedacht, dass man sich *so* auf ein Ei freuen kann. Ein *Ei!* So ändern sich die Zeiten. Manchmal geht sogar Werner suchen. Schließlich war das ja der ausschlaggebende Punkt, warum er den Hühnern zugestimmt hat. Einem leckeren Rührei kann er nicht widerstehen. Aber seit vielen Wochen ist die Enttäuschung groß, wenn außer Heu nicht mal eine Feder im Nest liegt.

Na gut, inzwischen ist Winter, und wir haben kein Licht am Stall. Solange die Tage kurz sind, ist mit Eiern sowieso kaum zu rechnen. Trotzdem. Unsere Hühner haben längst das Alter, in dem sie im ersten Lebensjahr mit dem Legen angefangen haben sollten. Wir haben sogar Fotos vom Kamm der Hühner gemacht und verglichen mit denen vom Anfang. Fazit: Da hat sich was getan. Die Kämme sind größer und röter geworden. Das erste Ei müsste sich also so langsam auf den Weg machen. Und Isabella haben wir schon mehrmals dabei erwischt, wie sie unsere alte, kleine Holzhundehütte inspiziert hat. Möchte sie etwa dort ein Ei legen?

Nach dem Frühstück will Tom es wissen. Er ist am kleinsten und quetscht sich in das Holzhäuschen, das er komplett ausfüllt. Hoffentlich kommt er wieder raus. Ich höre, wie er den Blätterhaufen durchwühlt, der sich dort angesammelt hat. Ich glaube zwar nicht, dass Hühner Eier unter Blättern verstecken. Schließlich sind sie keine Eichhörnchen, die alles vergraben. Aber wer weiß, vielleicht schieben sich Blätter über das potenzielle Ei, wenn der Wind in die Hütte weht. Wäre doch schade, das erste Ei zu übersehen. Tom sagt irgendetwas in der Hütte, aber ich kann ihn von da drinnen nicht verstehen. Zuerst sehe ich ein paar blaue Gummistiefel, die rückwärts aus der Hütte kommen, dann Toms Popo, der in einer gefütterten Matschhose steckt, und schließlich hat sich der ganze Junge ans Tageslicht geschält. Mit enttäuschter Miene. »Wieder nichts«, mault er und demonstriert mir seine leeren Hände. »Hmm«, brumme ich, »und im Nest?« Tom rennt zum Stall. Währenddessen ertönt ein Geräusch wie von einer kaputten Hupe. Einmal. Zweimal. Das war doch Momo. Seine ersten Krähversuche! Selbst Krähen will gelernt sein. Hoffentlich bewahrheitet sich, dass Übung den Meister macht. Ein drittes Hupen. Als Tom sich nicht mehr vor Prusten kringelt, öffnet er die Nestklappe. »Eine weiße Feder!«, ruft er mir zu. »Isabella muss im Nest gewesen sein!« Immerhin. Die Spannung steigt.

Am nächsten Morgen haben die Kinder dennoch keine Lust, nach Eiern zu suchen. »Es ist ja doch nie eins da«, mosert Emma und blättert eine Seite in ihrem Sternenschweif-Buch um. Und auch Tom zieht es vor, gemütlich auf dem Sofa zu liegen und *Shaun das Schaf* auf Kika zu schauen. Werner genießt diesen Sonntagvormittag schnarchend unter seinen Federn und träumt höchstens vom hofeigenen Frühstücksei. Dann ziehe ich mir eben meine Hühnerstiefel, Hühnerjacke, Hühnerhose und Hühnermütze an und stelle mich allein der Kälte. Es ist Anfang Januar. Brrrr. Das Gras ist gefroren und knirscht unter meinen Füßen. Ich kann meinen Atem sehen. Die Meisen streiten sich am Futterhäuschen, und ich entdecke Spuren von Rehen, die auf unserem Grundstück geäst haben. Das Wasser der Hühner ist schon wieder teilweise gefroren, obwohl ich es erst vor zwei Stunden aufgefüllt habe. Ich schlage die Eisschicht auf und schütte den Napf auf dem Boden aus. Sofort kommen die vier angelaufen und trinken das ausgekippte Wasser, das über die Erde läuft, obwohl es bitterkalt sein muss. Dabei bringe ich doch extra warmes Wasser mit der Gießkanne – Hühnertee gegen das Frösteln. Doch das ist erst mal für die Katz. Konnte ich mir denken. Wir haben uns mittlerweile schon an diese ulkige Eigenschaft der Hühner gewöhnt: Jedes Mal, wenn man ihr altes Wasser auskippt (um ihnen frisches zu geben), kommen sie aus den hintersten Winkeln herbeigesaust, nur um das Wasser zu trinken, das über den dreckigen Boden rinnt. So als seien sie am Verdursten, tierschutzwidrig in der Wüste ohne einen Tropfen Wasser eingesperrt gewesen. Eine hygienische Katastrophe. Aber ich muss jedes Mal wieder schmunzeln über diese Marotte. Manchmal scharren sie auch in der Pfütze und sehen hinterher aus wie der gestiefelte Kater. Ich gieße das dampfende Wasser in den Napf und hoffe, dass es wenigstens nicht so schnell gefrieren wird. Zur Beschäftigung streue ich ein paar Weizenkörner aus, und postwendend flitzen die Hühner aufgeregt hin und her. Sie geben dabei ganz besonders glückliche Geräusche von sich und verputzen jedes einzelne Körnchen. Weizen ist eine ihrer Lieblingsspeisen.

Mit meinen Gedanken beim Wetter öffne ich die Nestklappe. Was, wenn der erste Schnee fällt? Wie werden die Hühner damit klarkommen? Irgendwie tun sie mir ja leid, so ohne Heizung hier draußen. Wenigstens werden die Tage schon etwas länger, und die Hühner haben mehr Zeit zum Fressen, bis die nahrungslose Nacht anbricht. Erst als ich routinemäßig die Nestklappe wieder schließen möchte, fällt mir im Heu etwas Helles auf. Ein Ei! Unser allererstes Ei! Damit habe ich ja kaum noch gerechnet. Ich nehme es in die Hand, es ist noch ein bisschen warm, ganz, ganz glatt, perfekt oval geformt und cremefarben. Es ist so was von prächtig, ein Kunstwerk der Natur! Ich habe wirklich noch nie ein so tadelloses Ei gesehen. Wetten, die anderen Familienmitglieder werden ebenso große Augen machen und es bewundern.

Als ich ins Haus komme, steckt Emmas Nase noch tiefer im Buch, und Tom ist in die Welt der Sesamstraße abgetaucht. So erklärt sich, warum ich die erste Aufmerksamkeit ausgerechnet von Werner bekomme, der inzwischen sein Bett geräumt hat. »Wurde aber Zeit!«, sagt er und holt bereits den Eierpikser. Endlich bekommen Emma und Tom auch mit, was los ist, und düsen herbei. »Wow« und »Boah« und »Oooh« staunen sie und tasten das Ei ehrfürchtig ab. Und plötzlich – wie aus dem Nichts – bricht Tom in Tränen aus: »Ich wollte es doch zuerst finden! Uuuuuuuhuuuu!« Hätte ich doch das Ei im Nest liegen lassen! Oder die Kinder nach draußen kommandiert! Jetzt ist es zu spät, ich kann nur noch versuchen, die Situation irgendwie zu retten. »Wisst ihr was, wir kochen das Ei und probieren, wie lecker es ist!«, schlage ich vor. Das findet Tom gut und wischt sich mit dem Handrücken die Tränen vom Gesicht. Ich drücke ihn an mich, und zu viert stehen wir erwartungsvoll um den Herd und kochen *ein* Ei. Was schon ein bisschen schräg ist. Nach viereinhalb Minuten ist es so weit. Wir vierteln gerecht unser eines Ei. Das Eigelb ist nicht gelb, sondern knallorange – kein Vergleich zu einem farblosen Supermarkt-Ei! Und obwohl man Eier eigentlich ein paar Tage liegen lassen soll, damit sich das Aroma ausbreitet, schmeckt unser taufrisches Ei jetzt schon einfach ... HIMMLISCH! »Aber wer hat das Ei denn nun gelegt?«, fragt Tom und putzt sich den orange verschmierten Mund ab. »Keine Ahnung. Du kleiner Detektiv wirst das sicher herausfinden!«, sage ich. Tom nickt begeistert.

Gefahr am Himmel

Durch das geöffnete Schlafzimmerfenster dringt kalte Luft und ein »Kikeriki«. Dann noch eins. Ich blinzele den Schlafsand aus den Augen und schiele Richtung Fenster. Hach. Es ist noch dunkel draußen, ich darf weiterschlafen – schöööööön! Ich kuschle mich wieder zurück, den Luxus genießend, wieder einschlafen zu dürfen, nachdem man mich geweckt hat. Tom ratzt nämlich noch tief und fest – es ist noch vor sechs und *meine* Chance! Ich ziehe die Decke über die Nase und drehe mich auf die Seite. Wieder ertönt ein »Kikeriki«, schön kräftig und tief, frei von Krächzen, keine Spur von Hupen. Gemütlich hier im Bett, wenn Momo draußen inzwischen wie ein Profi kräht, während noch nicht mal unser Nachbar Bruno beim Melken im Stall herumklappert. Momos Morgengruß macht die Landidylle komplett, sinniere ich schlaftrunken und wundere mich kein bisschen darüber, obwohl ich mich anfangs doch vor dem Krähen gefürchtet hatte. Momos Konzert schaukelt mich langsam zurück ins Land der Träume. Meine Freundin Corinna taucht verschwommen darin auf. Als Marketingexpertin will sie mir ihr neues Konzept aufquatschen: *Chicken mindfulness auf dem Lande.* (In echt würde sie niemals Deutsch und Englisch mischen.) Wenn Corinna uns besucht, steht sie oft gnadenlos früh auf, um zu sehen, wie die Sonne hinten neben den zwei Eichen aufgeht und den Nebel, der über den Feldern schwebt, durchflutet. Sie liebt die Ruhe, die Weite und die Landschaft bei uns. Ihr Konzept (das ich ihr nicht nur im Halbschlaf zutrauen würde): Urlaub auf dem Lande (bei uns!), Schlafengehen (im Zelt) und Aufstehen mit den Hühnern, Wecker: Hahn (Momo), Frühstück: frische Semmel mit Kräuterbutter aus dem Bauerngarten (nach Omas Art) und ein weiches Frühstücksei aus dem Hühnerstall (selbst gesammelt, im Flechtkorb), Programm: Hühnerbeobachten (das *neue* Yoga). Läuft, würde ich sagen (bzw. träumen).

Aber zunächst läuft Tom ins Zimmer und reißt mich aus meinen skurrilen Zukunftsvisionen, in denen Touristen mit Burn-out unseren Hof überschwemmen. Tom glüht mir schon aus der Entfernung entgegen. Ich reiße meine Augen auf und finde, dass er ziemlich blass um die Nase wirkt. Im Schlepptau kommt Emma hinterher. Auch sie ist weiß wie meine Bettdecke. Wird heute wohl nichts mit Kindergarten, Schule und Arbeit. Ich organisiere alles um, parke meine kranken Kinder vor dem Fernseher, messe Fieber und versorge sie mit Tee und leichtem Frühstück. Emmas Übelkeit vergeht schnell wieder, während Tom sich auf dem Sofa eine Runde gesundschlafen möchte. Emma soll eine Portion frische Luft schnappen und die Hühner versorgen. Schon kurze Zeit später höre ich, wie sie die Tür aufstößt und zurück ins Haus gelaufen kommt. Sie stürmt in die Küche und bringt einen Schwall kalter Winterluft mit herein. »Mama, komm mal raus! Alle Hühner gackern! Total laut! Alle! Die hören gar nicht mehr auf!« Und schon ist sie wieder weg. Ich freue mich, dass sie anscheinend wieder fit ist, so fix, wie sie auf den Beinen unterwegs ist. Aber was haben denn jetzt die Hühner?

Fest steht, dass sie eine ausgeklügelte Sprache haben. An die dreißig Laute sind beschrieben. Meine Kinder können inzwischen den Warnlaut für Gefahr von unten auf dem Boden (z. B. Fuchs) und den Warnlaut für Gefahr von oben aus der Luft (z. B. Habicht) unterscheiden. Wir Menschen würden eine Menge Worte und viel Zeit für solch überlebenswichtige Informationen verlieren, nach dem Motto *Passt mal eben alle auf, ich habe da oben in der Luft etwas fliegen sehen, ich glaube, es war ein Habicht, duckt euch am besten starr hin! Vielleicht könnte es aber auch besser sein, euch schnell zu verstecken, je nachdem, wo ihr momentan seid!* Wären wir Menschen Hühner, wären wir längst ausgestorben. Wir quatschen viel zu lange und viel zu viel. Die Sprache der Hühner ist genial: Mit einem einzigen Lautmuster fassen sie all unser Gerede effektiv zusammen, und jedes Herdenmitglied weiß sofort Bescheid. Aber solch ein Orchester, von dem nun auch ich Zeuge werde, haben wir hier noch nicht erlebt. Emma hat nicht übertrieben. Es ist wirklich laut. Sogar Momo macht mit bei diesem Aufruhr mit gestreckten Hälsen und maschinenartigem Gegacker. Isabella versucht, gleichzeitig das Bio-Pelletfutter aus dem Napf zu futtern, und verschluckt sich fast dabei.

»Warum machen die das?« Emma steht ratlos vor der Aufführung. Es muss einen außergewöhnlichen Grund geben, etwas Besonderes muss passiert sein. »Schau mal ins Nest«, gebe ich als Tipp, weil ich so eine Ahnung habe. Emma öffnet die Nestklappe. »Ein Ei!«, schreit sie, um das Hühnerkonzert zu übertönen. Ich gehe zu ihr. Und tatsächlich. Mitten in der Mulde des duftenden Heus liegt ein wunderschönes Ei: Unsere vier Hühner verkünden gerade die Ei-Ankunft wie die Geburt eines Kindes. »Es klingt stolz«, sagt Emma. Den genauen Sinn derartiger »Ei-da-Gacker-Konzerte«, die Hühner regelmäßig von sich geben, haben Wissenschaftler noch nicht eindeutig herausgefunden. Wahrscheinlich diente das Gackern ursprünglich dazu, die Henne (mithilfe des Hahns) vom Nest zur Herde zurückzuführen.

Emma schnappt sich das Ei und läuft damit zum Haus, schleudert sich vor der Tür die Stiefel von den Füßen und flitzt zu ihrem Bruder, ich schnaufe hinterher. Tom muss unbedingt erfahren, was draußen los ist. Er liegt noch auf dem Sofa, eingekuschelt in eine Decke. »Tom!«, ruft Emma, doch Tom hält sich die Ohren zu und dreht sich weg. Er stöhnt leise. »Tom?«, frage ich. Tom öffnet die Augen. Sie sind glasig. Der Griff an die Stirn fühlt sich immer noch wie eine Kochplatte an. »Mach mal aaah!«, sage ich. Sieht jetzt bilderbuchmäßig nach Scharlach aus. Der geht gerade im Kindergarten um. Natürlich ist Mittwoch, aber wenn wir Glück haben, ist noch einer in der Kinderarztpraxis, bevor sie am Nachmittag schließt. Ich rufe sofort an. Und wir haben wirklich Glück, wir können noch kommen, aber bitte unverzüglich, denn gleich macht der Kinderarzt Feierabend. Es bleibt keine Zeit, die Hühner einzusperren, und wir verfrachten Tom schnell auf den Kindersitz meines Skodas. Der Arzt bestätigt meinen Verdacht, Tom bekommt ein Antibiotikum, und um zwei Minuten nach zwölf Uhr verlassen wir die Kinderarztpraxis.

Als wir auf unsere Einfahrt einbiegen, erkenne ich etwas Weißes auf der Hühnerwiese. Im ersten Moment hoffe ich, dass es bloß eine Tüte ist, doch gleichzeitig weiß ich, dass das nicht stimmt. Ich gebe Gas, ruckele unsanft über den Schotterweg ohne Rücksicht auf die Federung des Autos. Ich hupe wie verrückt, bremse abrupt und sehe, wie im Schatten etwas davonfliegt. Bei laufendem Motor springe ich aus dem Wagen und hechte auf die Wiese. Auf einmal ist alles so still, dass es in den Ohren wehtut. Als würden die Vögel schweigen, als wäre der Wind vom Erdboden verschluckt, und die Welt bestünde nur noch aus Weiß und Rot. Weiß, die restlichen Federn von Isabella, und rot, ihr aufgerissenes Fleisch, das Blut, das über Federn, Gras und Erde rinnt. Ein spitzer Schrei durchbricht die unheimliche Stille. »Neeeeeiiin!«, schrillt es aus meiner Kehle. Ein zweiter Schrei, noch spitzer und heller als meiner, hallt über den Hof – Emma ist hinterhergekommen. Ich wünschte, ich hätte ihr dieses Bild ersparen können. Sie beugt sich über ihr Lieblingshuhn und wimmert erbärmlich. Mein Arm schmiegt sich um ihre Schulter, und so hocken wir gemeinsam da, Wange an Wange.

Aber wo ist eigentlich Tom? Ich schaue über meine Schulter und bin erleichtert, dass er noch im Auto sitzt, sein Kopf hängt schief zur Seite. Er schläft immer noch – ein Segen für ihn. »Emma«, flüstere ich, »wo sind die anderen Hühner?« Emma reibt sich die Augen und steht auf. Sie blickt sich um. »Oh nein!«, jammert sie. »Wir finden sie bestimmt«, versuche ich, sie – und mich – zu beruhigen. Gemeinsam machen wir uns auf die Suche und lassen Isabella gezwungenermaßen allein zurück. Für sie kommt jede Hilfe zu spät. Jetzt gilt es zu retten, was zu retten ist. Henni entdecken wir schon nach kurzer Zeit. Unweit von Isabella liegt sie gut getarnt auf einem Fleck schwarzer Erde. Aber sie bewegt sich nicht. »Henni!«, ruft Emma. Als wir näher kommen, bemerke ich, wie sich ihr Brustkorb minimal hebt und senkt. Sie lebt! Regungslos lässt sie sich zum ersten Mal von mir auf den Arm nehmen. Das Tier ist traumatisiert. Garantiert nicht schön, den Überfall eines Mäusebussards (vermutlich) auf ihre Kollegin miterleben zu müssen. Ich trage sie in den raubtiersicheren Auslauf.

Layla und Momo sind immer noch verschwunden. Wir suchen die beiden unter jedem Busch, schauen in jeden Baum, rufen ihre Namen, wir fahren mit dem Auto die Umgebung ab und fragen Fahrradfahrer, die unsere Landstraße entlangradeln, aber niemand hat einen Hahn und eine Henne gesehen. Völlig verzweifelt fahren wir zurück, und da mir nichts anderes einfällt, kontrolliere ich noch einmal jeden Winkel bei uns. Emma hat zwar schon in der Hundehütte nachgeschaut, aber ich gucke sicherheitshalber noch einmal rein. »Hier sind sie! Ganz weit hinten drin!«, jubele ich. Beide sind genauso starr vor Angst wie Henni. Versteckt hinter Layla quetscht sich Momo an die Rückwand. Was für ein Held! Seine Beschützerambitionen gleich null. Wahrscheinlich hat er sich sogar als Erster in Sicherheit gebracht. Wieder ein Schrei, aber nicht mehr so spitz, Emma juchzt vor Erleichterung. Trauer, Verzweiflung und Freude liegen heute dicht beieinander. Ein Wechselbad der Gefühle. Ich bin froh, dass Tom das Drama verschlafen hat. Und gut, dass Werner heute früher nach Hause kommt. Keine Ausreden mehr, kein Aufschieben, jetzt werden Nägel mit Köpfen gemacht: Unsere restlichen Hühner werden noch heute vor Isabellas Beerdigung in ihr neues Außengehege umziehen. Das meiste ist ja schon vorbereitet.

Und weil Emma beim Abendessen untröstlich vor ihrem unberührten Teller kauert, murrt Werner ob der bevorstehenden Arbeit kein bisschen. Die Räder unter dem gelben Stall erweisen sich endlich als nützlich. Werner zieht vorne, ich schiebe von hinten, bis der Stall unter viel Gehuckel über Löcher und Maulwurfshügel in dem über hundert Quadratmeter großen umzäunten Bereich angekommen ist. Mehr kann ich nicht helfen. Ich muss mich um den kranken Tom kümmern. Den Rest müssen die beiden allein erledigen. Werner überspannt zusammen mit Emma das Abteil mit einem Netz – eine nervige Fummelarbeit, wie ich mir vorstellen kann. Meine Nerven liegen heute auch blank genug. Müde flöße ich Tom sein Antibiotikum ein und lasse meinen Kopf neben ihm auf sein Kissen sinken. Arme Isabella. Vermutlich ist ihre Farbe ihr zum Verhängnis geworden. Weiß sticht ins Auge. Insbesondere dem Bussard. Braune und schwarze Hühner wirken eher wie Maulwurfshügel für ihn, wenn er über einer Wiese kreist, aber Weiß fällt auf. Hätten wir bereits in unserer hühnerlosen Zeit bemerkt, dass Raubvögel bei uns in der Gegend ihr Unwesen treiben, hätten wir bei der Farbauswahl unserer Gartenbewohner auf Tarnfarben geachtet. Hartes Lehrgeld.

Mission impossible

Es regnet. Den frisch aufgefüllten Wassernapf ignorieren unsere Hühner. Layla, Momo und Henni sind damit beschäftigt, jedes einzelne Tröpfchen vom Zaun zu trinken. »Wie süß das ist!«, findet Emma, denn die Hühner halten dabei ihren Kopf so niedlich schief. Ich frage mich, wann das Wetter wieder besser wird. Denn Momo ist krank. Er hat Durchfall. Ich hätte ihm ja zugetraut, dass er sich vor Angst »in die Hose macht« – nach dem Erlebnis mit dem Raubvogel –, aber er hat Würmer. In seinen dünnen Hinterlassenschaften hat sich heute einer seiner Mitbewohner gekringelt. Da braucht man nicht mal ein Mikroskop. Die Hühner müssen entwurmt werden. Der Haken an der Sache: das Wetter. Und die Eigenart der Hühner, lieber Wassertropfen und aus Pfützen zu trinken als aus dem Wassernapf, in den ich ein Entwurmungsmittel geben möchte. Damit das Mittel richtig dosiert werden kann und tatsächlich wirkt, müssen andere Wasserquellen ausgeschlossen werden. Zurzeit unmöglich. Auch die Hühner stehen inzwischen ziemlich unmotiviert da. »Guck mal, Mama!«, sagt Emma und wischt sich den Regen aus der Stirn. »Die machen eine Wasserrutsche!« Ich verstehe nicht, was sie meint, aber Emma enthüllt mir ihre Erkenntnis. Die Hühner lassen ihren Schwanz hängen, damit das Wasser ihren Körper nicht durchnässt, sondern einfach vom Kopf bis zum Schwanz und dann auf den Boden hinunterläuft. Ich nicke anerkennend – Emma, meine kleine Verhaltensforscherin. Und da die Wetterprognose für die nächsten Tage nicht besser ist, muss ich die Hühner wohl notgedrungen übers Futter entwurmen, was etwas umständlicher ist. Verständlich, dass Züchter und Hobbyhalter lieber vorbeugend wurmfeindliche Hausmittel anwenden: ab und zu Apfelessig und Oreganoöl ins Wasser und hin und wieder eine gesunde Mischung für den Darm – beispielsweise aus Kürbiskernen, Knoblauch, Zwiebeln, Rettich, Hagebutten und geriebenen Möhren. Das werde ich demnächst auch einfach mal testen – die Hühner sind bestimmt begeistert. Als Zweites beschließe ich, dass unsere Hühner einen größeren Unterstand bekommen – Regenrutsche und überdachter Run hin oder her. Bei Dauerregen verschmähen sie bestimmt nicht den Luxus eines weiteren Trockenraumes. Nur wie, was und wo weiß ich noch nicht.

Bevor Emma und ich das Hühnergehege verlassen und ins Haus gehen, schauen wir routinemäßig ins Nest. Komisch. Ein Ei. Dabei hatte ich fest damit gerechnet, dass das Nest die nächste Zeit leer bleibt. Denn bei Stress stellen Hühner die Eierproduktion ein. Und die Strapaze mit dem Bussard war ein traumatisches Erlebnis – purer Stress. Ich ziehe zwei Schlussfolgerungen. Erstens: Das Rätsel um die Herkunft der Eier, die wir bisher genießen durften, hat sich auf tragische Weise gelöst: Henni muss unsere Eierlegerin sein. Isabella kommt leider nicht mehr infrage, und Laylas Eier müssten dunkel wie ein Schokoei aussehen. Unsere Eier sind jedoch cremefarben, und ein Ei gleicht dem anderen, stammt also immer vom selben Huhn – von Henni. Gleichzeitig hat sich die Frage zu Hennis Identität geklärt. Sie muss tatsächlich ein bemitleidenswertes Höchstleistungshuhn sein, das legt und legt ... Komme, was wolle. Jeden Tag produziert sie ein Ei – mehr geht nicht, weil die Eibildung etwa 24 Stunden dauert. Dass solch eine Legeleistung kein Spaziergang ist, kann man sich gut vorstellen. Ein Ei zu bauen kostet eine Menge Energie sowie Kalzium für die Schale. Das trägt dazu bei, dass die Knochensubstanz, die als Kalziumreservoir dient, bei Legehühnern oft in Mitleidenschaft gezogen wird und es vermehrt zu Knochenbrüchen kommen kann. Zum Vergleich: Das südasiatische Bankivahuhn, vermutlich der Hauptahn unserer Hühner, legt in der Regel fünf bis sechs Eier pro Gelege – hochgezüchtete Legehühner um die dreihundert im Jahr. Solch ein Auslaugen des Körpers ist nicht gerade lebensverlängernd. Darum hatten wir uns für Rassehühner entschieden. Die haben nämlich eine geringere Legeleistung, dafür aber eine höhere Lebenserwartung als sogenannte Lege- bzw. Hybridhühner, die hauptsächlich von der Industrie genutzt werden. Anscheinend hat man uns aber doch ein Legehuhn untergejubelt, wobei auch schon Rassehuhn-Zuchtrichter interessiert über Hennis Genetik philosophiert und Thesen zu potenziellen Elterntieren aufgestellt haben – also wer weiß. Arme Henni. Hoffentlich wird sie trotz großer Eierproduktion alt.

Unseren Hühnern soll es eben so gut wie möglich gehen. Darum perfektionieren wir das neue Gehege Schritt für Schritt. Am Nachmittag hat es aufgehört, gegen die Fensterscheiben zu prasseln. Tom, dem es schon besser geht, und Emma durchstöbern unser Wäldchen auf der Suche nach dicken, geraden Stöcken. Die besten Exemplare stecken sie auf den Zaun im Gehege, und schon haben die Hühner mehrere Möglichkeiten zum sogenannten Aufbaumen. Hühner lieben es, tagsüber zu einem Päuschen und nachts zum Schlafen erhöht zu sitzen. So sind sie vor Bodenfeinden geschützt und haben keinen Kontakt mit ihren Ausscheidungen. Unsere drei Gartenbewohner nutzen die Gelegenheit sofort. Sie springen auf die Stangen, putzen sich eine Weile und ruhen sich danach eine Runde aus. Dabei plustern sie sich auf, gähnen und schließen die Augen bzw. ein Auge, wie Tom amüsiert feststellt.

Hühner können nämlich zur Hälfte schlafen und zur Hälfte wach sein: Rechtes Auge zu = linke Gehirnhälfte schläft, linkes Auge auf = rechte Gehirnhälfte hält Wache. Sehr praktisch. So schaffen Hühner, wovon Männer nur träumen können (Sorry, Werner und Co.!): Multi-Tasking. Sie können mit einem Auge den Luftraum auf Feinde überwachen und mit dem anderen Auge Futter am Boden suchen. Futtersuchen, das möchten unsere Hühner nach der Muße auf ihren neuen Sitzstangen nun auch. Die Nahrungssuche ist ihre Lieblingsbeschäftigung, die den Großteil des Tages in Anspruch nimmt. Da kann der Trog noch so voll sein, ihre Mahlzeit suchen sich unsere Federtiere lieber höchstpersönlich zusammen und das bitte schön in Freiheit. Da sieht man mal, wie groß das Bedürfnis der Hühner ist, die Umgebung zu erkunden und sich ihren Imbiss selbst zusammenzustellen.

Dabei ist ihr Gehege wirklich groß. Sie haben weit mehr Platz als die meisten anderen Hühner. Das Gehege ist strukturiert, es gibt Büsche, die Deckung und Schatten bieten, verschiedene Stellen mit Sitzstangen, noch wächst überall Gras, und sogar Laub zum Durchwühlen ist da – was will Huhn mehr? Dennoch ist es ihnen hier schon langweilig, weil jede Ecke bereits ausführlich durchgekämmt ist. Hühner sind erstaunlich neugierig und voller Tatendrang. Deswegen stehen sie nun vor dem Tor und protestieren in voller Lautstärke. Es klingt nach »Lasst uns raus!«. Die Gefahren da draußen sind ihnen gerade scheinbar egal – sie zetern ungedämpft. Tom und Emma können das kaum mit ansehen. Ein Blick zum Himmel – die Luft ist rein. Ich nicke *Ihr dürft sie laufen lassen*. Emma öffnet das Törchen. Die Hühner sind begeistert, dass wir ihrem Betteln nachgeben. Sofort huschen sie raus und sind augenblicklich still, vollkommen versunken beim Scharren in der Freiheit. Aber sie sind nicht allein. Sie stehen unter Begleitschutz. Tom und Emma mutieren zu Herdenschutzhunden. Akribisch passen sie auf, dass sich ja kein Raubtier nähert. Wehe, ein Habicht wagt es, über der Wiese zu kreisen. Sofort wären sie in Alarmbereitschaft und würden den Feind ihrer Freunde vertreiben. Für den Fall der Fälle liegt eine Dose Mehlwürmer griffbereit, sodass wir die Hühner zurück in Sicherheit locken können.

Aber von einem Raubvogel fehlt heute jede Spur. Dafür gibt es andere Auffälligkeiten. »Mama, guck mal«, sagt Emma traurig, »Henni läuft immer alleine rum!« Tom stimmt ihr zu: »Ja, Mama, Layla und Momo laufen die ganze Zeit nebeneinander und die arme Henni ganz allein!« »Henni braucht eine Freundin!«, behauptet Emma. Klar, dass Tom sie unterstützt. »Jeder braucht einen Freund! Henni auch! Henni ist *mein* Huhn! Und Henni soll froh sein!«, fordert Tom. »Und Isabella war *mein* Huhn und jetzt habe ich nur noch Layla, aber Tom hat Momo *und* Henni! Das ist auch ungerecht!«, findet Emma. »Die Hühner sind doch für alle da!«, entgegne ich. Aber dieses Argument zählt bei meinen Kindern nicht. Sie nehmen es ganz genau damit, wem was bzw. welches Huhn gehört. Deswegen haben wir die Hühner ja auch, weil Nando mir gehört und ein weiterer Hund nicht infrage kam. *Habe ich hier eigentlich auch noch was zu sagen?*, frage ich mich. Ich gebe zwar insgeheim zu, dass Layla und Momo tatsächlich permanent wie ein trautes Ehepaar gemeinsam abhängen und Henni wie das fünfte Rad am Wagen in größerem Abstand allein unterwegs ist, aber stört sie das wirklich? Und muss es gleich ein neues Huhn sein?

Wenn ich genauer drüber nachdenke, sehe ich ein ganz anderes Problem, und das ist – wie könnte es anders sein – Momo. Hühner leben in kleinen Gruppen, die meist aus einem Hahn und mehreren, zum Beispiel zehn Hennen bestehen. Wenn Momo irgendwann anfängt, Henni und Layla zu begatten – zu »treten«, wie das bei Geflügel heißt –, wird ihr Gefieder über kurz oder lang total zerfleddert und stellenweise kahl aussehen, weil sich Momos Tretakte nicht auf den Rücken von weiteren Hennen verteilen können und unsere beiden Damen »alles abkriegen«. Zwei Hennen für einen Hahn sind ein bisschen wenig. Und so glaube ich langsam selbst: ein, zwei neue Hühner müssen her! Am besten zwei. Das ist besser für die Integration. Wir Menschen gehen auch lieber in Begleitung auf eine Party wildfremder Leute. Die Eingewöhnung neuer Hühner allerdings ist alles andere als eine nette Geburtstagsveranstaltung. Stoßen fremde auf alteingesessene Hühner, entsteht anfangs Tumult. Gut, wenn man dann einen Kumpel dabeihat.

Meine neue Mission: Hühner kaufen. Ein Kinderspiel. Einfacher als ein Paar Schuhe für ein junges Mädchen zu erwerben – ich spreche aus Erfahrung. Ich telefoniere herum, rufe sämtliche Hühnerzüchter der Gegend an, aber niemand kann uns behilflich sein. Kein einziges Huhn steht momentan zum Verkauf. Dann halt das Internet. Da gibt es alles. Alles außer Hühner. Zu dieser winterlichen Jahreszeit herrscht Hühnertotalflaute. Die Züchter haben im Herbst ihre überzähligen oder »ungeeigneten« Tiere verkauft (oder aufgegessen) und beginnen erst im Frühjahr damit, neue Eier auszubrüten. Arme Henni! Wird wohl vorerst nichts mit einer Freundin. Tom und Emma sind enttäuscht. Sie vermissen Isabella, und sie fühlen mit Henni. Wenigstens kommen Oma und Opa für ein paar Tage zu Besuch – ein bitter nötiger Lichtblick für die Kinder.

Als Opas silberner Wagen über unsere Einfahrt rollt, springt Tom vor der Tür ungeduldig von einem Bein auf das andere, und auch Emma steht schon in den Startlöchern. Die Autotür geht auf, es gibt kein Halten mehr. »Oma! Opa!«, juchzen die Kinder, stürmen los und fliegen ihren Großeltern in die Arme. Oma flüstert den Kindern etwas ins Ohr. Tom und Emma lassen Oma sofort los und laufen zum Kofferraum.

Tom drückt den Knopf, die Klappe geht hoch. Bestimmt hat Oma den Kindern eine Überraschung mitgebracht. Sie kommt nie ohne Geschenke. Aber die Kinder stehen ratlos vor einem Karton. Kein Spielzeug. Kein Geschenkpapier, das sie zerreißen können. Auf einmal wackelt der öde Karton, und ich bin mir sicher, ich habe darin ein Geräusch gehört. »Was ist da drin?«, will Tom sofort wissen. »Oma, du hast doch nicht etwa …?«, fragt Emma mit leuchtenden Augen. Oma zuckt ahnungslos mit den Schultern und grinst. »Nur ein kleines Stückchen öffnen«, rät sie. Und auch mir schwant etwas. Oma hat doch nicht das Unmögliche möglich gemacht?! Erwartungsvoll spähen wir drei durch einen Spalt im Karton. »Ein Huhn!«, ruft Tom und hüpft vor Freude in die Luft. Emma dagegen steht der Mund offen. Ganz leise fällt sie Oma erneut in die Arme. Ich klappe den Deckel ein Stückchen hoch, und mir fallen fast die Augen aus dem Kopf, weil dieses Tier so was von edel und elegant – einfach wunderschön ist! Ich gucke Oma an. Sie merkt, wie ich staune, und erzählt gleich, ohne dass ich nachhaken muss. »Ich habe lange bei Rita gebettelt, bis sie mir eins ihrer Hühner abgegeben hat. Eine Barnevelderin.« Man sieht Oma an, dass sie ein bisschen stolz auf sich ist – zu Recht. Ich bin es auch. Das hat sie richtig gut hingekriegt. Noch dazu so ein Super-Huhn.

Und Momo findet es auch super, dass wir die schöne Bibi (so hat Emma ihr Huhn gleich getauft) ins Hühnergehege setzen. Aber Bibi ist zunächst in einer Hundebox – Momo versucht, sie durch die Stäbe hindurch zu beeindrucken. Zum ersten Mal werden wir Zeuge davon, dass er richtig charmant sein kann. Bei seinen bisherigen Damen hielt er das wohl nicht für nötig, doch jetzt legt er sich richtig ins Zeug. Er tanzt um die Box herum und zeigt sein hübsches Gefieder. Und dann will er Bibi zu sich locken: Wie anständige Hähne das so machen, gibt er diese typischen Laute von sich, die bedeuten »Komm schnell her, hab was Leckeres für dich gefunden!«. Dabei nimmt er seinen besonderen Fund in den Schnabel und lässt ihn immer wieder demonstrativ fallen. Ich gehe näher hin, um zu gucken, was er Bibi anbieten möchte. Das wird wohl nichts. Was denkt der sich? Ein Wurm, ein Käfer, eine Fliege, das wäre toll, aber ein Stück Pflaster, das Tom vom Zeigefinger abgefallen ist?! Hallo, geht's noch??? Darum interessieren sich Layla und Henni auch nicht für Momos Lockrufe – sie sehen schon, dass er nur eine Attrappe hat. Manche Hähne nutzen die Gelegenheit, wenn sie die Hennen zu sich zitiert haben, und vergewaltigen sie. Henni und Layla: Ihr seid schlaue Mädels. Sehr vorausschauend. Dabei haben wir Momo immer noch nicht dabei erwischen können, dass er eine seiner Damen besteigt. So weit ist er sicher noch gar nicht. Hormonmäßig halt ein Nachzügler. Aber auf Bibi wirkt's. Sie will raus.

Je mehr Lockrufe er von sich gibt, desto aufgeregter tigert sie vor ihrem Törchen hin und her.

»Mama, mach auf! Mach auf!«, bettelt Tom. »Die Arme! Lass sie raus! Bitte, Mama!«, jammert Emma. Sie kann es nicht ertragen, ein Tier eingesperrt zu sehen. »Wir sollten sie lieber noch eine Weile drin lassen, damit sich alle aneinander gewöhnen. Sonst gibt es Streit«, erkläre ich. »Ach, Mama! Bitte, bitte, bitte! Bibi soll raus!«, liegt Tom mir in den Ohren. Ich wiederhole meine Erklärungen, aber die Kinder nölen weiter. So richtig Lust auf dieses Gezeter habe ich momentan nicht, außerdem: Wozu haben wir schließlich Momo? Hähne schlichten das Gezicke der Hennen, wenn es untereinander zu heiß hergeht. Es sollte in unserem Fall also nicht allzu schlimm werden. Wir haben ja einen männlichen Streitschlichter. »Bitte, Mama, Bibi möchte doch raus!«, säuselt Emma, und schon gleitet meine Hand zum Törchen der Box und drückt es auf, während ich meine leisen Zweifel an Momos Kompetenzen schlichtweg ignoriere.

Bibi schreitet, wie es sich für eine Dame von Welt gehört, hinaus – eine echte Barnevelderin. Ihr schokofarbenes, teils schwarzes Gefieder ist von hellbraunen, wie gepinselten V-Mustern durchzogen, dazu gelbe Beine und orange Augen. Ein schickes Mädel, importiert aus einer deutschen Großstadt, genetisch gesehen jedoch ein niederländisches Landei – genau passend für uns hier auf dem Feld an der Grenze zu den Niederlanden. Momo hat sich gleich zu ihr gesellt, Henni und Layla gucken skeptisch aus der Entfernung. Und dann – urplötzlich – fliegen Federn, Staub wirbelt durch die Luft und senkt sich langsam wieder zu Boden. Zum Vorschein kommt Henni, mit einer Daune, die ihr noch verwegen aus dem Schnabel hängt. Bibi ist nicht mehr da, wo sie vor einer Sekunde noch war. Sie hat sich unter einen Busch am hinteren Ende des Geheges gebeamt, eine ihrer hübschen Federn hängt schlapp aus ihrem Rückengefieder. Momo steht tatenlos mitten im Gehege. Das tolle Steinchen, das er Bibi soeben anpreisen wollte, lässt er wortlos zu Boden plumpsen. Oma hält sich die Hand vor den Mund und murmelt etwas von »Ojemine oje«. Tom umklammert mein Bein, und Emma schimpft mit Henni. Henni schert das nicht die Bohne. Sie gönnt sich erst mal ein Schlückchen Wasser zur Erfrischung. Layla schaut verdutzt aus der Röhre und entschließt sich, einfach ein bisschen im Laub weiterzuscharren. Und ich streue zur Ablenkung eine Portion Körnermix aus. Fressen beruhigt das Gemüt. Die Wogen müssen geglättet werden. Leider glätten sie sich nicht sonderlich.

Henni und ein bisschen auch Layla haben Bibi fest im Blick: Wehe, sie nähert sich einem Körnchen! Sofort macht Henni einen Hechtsprung in ihre Richtung und sorgt für den geforderten Mindestabstand. Na, dann streue ich eben weitflächig wie beim Karneval. Damit Bibi irgendwo in irgendeiner Ecke hinter irgendeinem Busch irgendein Hühnerbonbon abbekommt. Nächste Maßnahme: Wir stellen sämtliche Gefäße, die wir im Haus finden können, überall verteilt im Gehege auf: die eine Partie gefüllt mit Wasser, die andere Hälfte der Näpfe mit Futter. Auf diese Weise kommt Bibi nicht zu kurz, und die Hühner können sich aus dem Weg gehen. Für Bibis leibliches Wohl ist also gesorgt.

Oma und die Kinder gehen zurück ins Haus, trinken eine warme Tasse Tee, und ich bleibe noch ein Weilchen draußen bei den Hühnern, um die Lage zu sondieren. Allmählich kriecht die Kälte an meinen Beinen hoch, und meine Finger werden steif. Die Dämmerung hält Einzug, und Anfang Februar wird es dabei nicht gerade wärmer. Layla, Momo und Henni haben sich bereits in ihr gelbes Schlafzimmer begeben. Layla gibt wie jeden Abend ihre typischen lang gezogenen Laute von sich, bis alle ihre Stelle gefunden haben. Henni wählt heute einen anderen Schlafplatz als sonst. Sie setzt sich in die Tür und versperrt den Eingang. Wie ein Wachhund starrt sie auf die Leiter, wo Bibi versucht, sich hochzuarbeiten. Henni ist konsequent. Sobald Bibi die zweite Stufe nimmt, verteilt Henni Hiebe. Mit dem Schnabel. Wenn das nicht reicht, stürzt sie sich die Leiter runter und verscheucht ihre »Freundin«. So konsequent Henni ist, so eisern ist Bibi. Bibi hat nicht vor, die Nacht allein zu verbringen, den Gefahren wie auf dem Präsentierteller ausgeliefert. Sie will zur Gruppe gehören und in den Stall. Auch uns Menschen ist es extrem wichtig »dazuzugehören« – Bibi geht es nicht anders. Sie gibt nicht auf. Immer wieder steigt sie die Leiter hinauf und landet jedes Mal wieder auf dem Boden der Tatsachen.

Ich brauche Verstärkung, denn meine Versuche, Bibi zu fangen, scheitern, weil Bibi noch kein bisschen zahm ist und Reißaus nimmt, sobald meine Hände dichter als eine Armlänge in ihre Nähe kommen. Aber zusammen mit Emma, die ich herbeordert habe, wird es wohl möglich sein, für Nachtruhe zu sorgen. Emma schiebt Henni zurück in den Stall, sodass der Eingang frei ist. Danach öffne ich von oben das Dach und halte Henni einfach fest, damit sie an Ort und Stelle bleibt. Wir warten, bis Bibi sich ins Schlafzimmer schleust, und Emma betätigt fix den Schieber, um die Tür zu schließen. Geschafft – alle drin, keiner kann raus! Wir hören noch kurz Gerumpel im Inneren des Stalles, aber dann ist schon Ruhe. Alle haben sich mit der Situation abgefunden. Aber womöglich nur bis zum nächsten Morgengrauen. Nun heißt es auch für meine Kinder: Ab ins Bett! Und für mich: Ab ins Bad! In ein duftendes, beruhigendes und wärmendes Lavendelbad in der Wanne!

»Wenn ich das gewusst hätte!«, sagt Oma am nächsten Tag im Hühnergehege und rauft sich die Haare. »Hätte ich das Huhn doch bloß da gelassen, wo es war!« Und ich wünschte, wir hätten noch ein zweites Gehege, um Bibi mit einem Zaun von den anderen zu trennen und alle behutsam aneinander zu gewöhnen. Nur Nando steht sorgenfrei vor dem Gehege und wedelt. »Oh, wie lieb der Süße ist!«, sagt Emma und streichelt Nando durch den Zaun. Er darf leider nicht mit rein, weil Henni, Momo und insbesondere Layla immer noch Bammel vor ihm haben. Dabei liegen sie mit ihrer Sorge völlig falsch. Nando ist eine Seele von Hund. Wenigstens Bibi ist von Nandos Gutmütigkeit überzeugt. Und so kommt es, dass Nando das Tier ist, das sich am meisten über Bibis Anwesenheit freut. Bibi kommt nämlich nah genug zu ihm an den Zaun und bleibt still stehen, sodass Nando endlich mal eine intensive Huhn-Geruchsprobe ziehen und das Wesen Huhn in Ruhe aus der Nähe beliebäugeln kann. Nando sehnt sich nach tierischer Gesellschaft auf unserem Hof. Er ist mit seinem Kumpel, einem wilden Schäferhund-Mix aus dem Tierheim, groß geworden und hatte rund um die Uhr ein Fellbündel zum Toben, Schnuppern und Kuscheln, bis sein Gefährte vor ein paar Jahren das Zeitliche gesegnet hat. Mittlerweile würde Nando wahrscheinlich sogar mit einem Huhn vorliebnehmen – Hauptsache, er hat wieder ein Tier an seiner Seite.

Aber Henni sieht das mit Bibi ganz anders. Sie gönnt ihr noch nicht mal ein Sandbad. Bibi ist dank Hennis Attacke aus ihrer Kuhle aufgesprungen und verlässt mal wieder den Posten, der Sand rieselt ihr noch aus den Federn. Henni guckt ihr triumphierend hinterher. »Fies!«, ruft Emma entrüstet. »Das ist echt gemein von Henni! Die hat schon sandgebadet und will Bibi einfach nur vertreiben! Henni ärgert sie die ganze Zeit!« Ich widerspreche nicht. »Wie manchmal in der Schule, oder?«, frage ich. Emma überlegt. »Ein bisschen schon«, sagt sie nachdenklich. »Letztens hat Matthias der Lisa den Füller weggenommen, aber danach einfach weggeschmissen. Er hat ihn gar nicht benutzt. Das war eigentlich genauso.« »Hmhm, und Tom erlebt das im Kindergarten bestimmt oft ähnlich«, murmele ich. Noch schlimmer wird es, als Bibi bei uns zum ersten Mal ein Ei legen möchte. Kaum ist Bibi im Nest, jagt Henni sie raus. Hennis nicht gerade lobenswerte Ambitionen sind, ihr ein ruhiges Plätzchen zum Eierlegen zu verwehren. Emma versperrt den Eingang zum Nest, sobald Bibi drin ist, doch ein paarmal huscht Henni sogar durch Emmas Beine, bis Bibi es nach mehreren Anläufen tatsächlich irgendwie schafft, ihr Ei loszuwerden. Das kann ja heiter werden, denke ich. Schließlich können wir keine Rund-um-die-Uhr-Betreuung für Bibi leisten. Die Hühner nehmen mittlerweile zwar schon einen immer größeren Raum in unserem Leben ein, aber außerhalb gibt es da noch Arbeit, Schule, Kindergarten und andere Verpflichtungen, ganz zu schweigen von Hobbys. Bibis Ei, das eben das Licht der Welt erblickt hat, sieht ganz anders aus als Hennis. Es ist kleiner und dunkler. Bin gespannt, wie es sich im Rührei macht, das es heute Abend aufs Brot gibt.

Als ich in der Pfanne das Rührei schiebe, verzieht Tom das Gesicht und hält sich die Nase zu. »Was stinkt denn hier so?«, mosert er. Und ich dachte schon, ich bilde mir das nur ein. Emma tapert in die Küche. »Gibt's heute Fisch? Ich dachte, du machst Rührei!«, sagt sie und klingt enttäuscht. Und da muss ich sie wohl wirklich enttäuschen. Das komplette Rührei können wir wegschmeißen. Heute gibt es kein Rührei. Wegen Bibi. Ihr Ei versaut unser ganzes Abendessen. Es müffelt bestialisch nach Fisch. Ich wollte es erst nicht glauben, weil ich so einen empfindlichen Geruchssinn habe und womöglich übertreibe oder etwas anderes rieche, aber nun, da alle sich beschweren und ich noch mal nachschnuppere, weiß ich, dass Bibis Ei schlichtweg zum Himmel stinkt. Leider bleibt das so. Auch die nächsten Eier von Bibi müffeln derart, dass sogar Nando angeekelt die Nase rümpft und sich beleidigt ins Körbchen verzieht, als wir ihm ein Ei von Bibi in seinen Napf schmeißen. Auch wenn wir weit davon entfernt sind, Hennis Verhalten Bibi gegenüber gutheißen zu wollen: Könnte es sein, dass Henni ein noch empfindlicheres Näschen hat als ich? Dass sie Bibi einfach nicht riechen – nicht ausstehen – kann? Weil die ganze Bibi womöglich ähnlich stinkt wie ihre Eier?

Hahn im Wahn

Und dann geschieht es. An einem friedlichen Samstagmorgen Anfang März. Die Sonne scheint, und die ersten Krokusse blühen überall versprenkelt auf der bewaldeten Einfahrt, auf der Wiese, dem Rasen und unter den Obstbäumen. Zum ersten Mal in diesem Jahr riecht es nach Frühling, ein unbeschreiblicher, aber unverkennbarer Duft liegt verheißungsvoll in der Luft. Keine Frage: Vom Boden steigt der typische aromatische Geruch auf, auf den ich den ganzen Winter schon warte. Kälte ade! Und Momo ade! Vielleicht spielen seine Hormone verrückt, der Frühling naht ja unverkennbar. Meinetwegen. Aber trotzdem war's das. Da mache ich nicht länger mit. Emma liegt auf dem Sofa und heult. Die Hühnerschuhe hat sie noch an, den Becher Körnerfutter hat sie in die Ecke des Wohnzimmers geschleudert. Ich schiebe ihr rechtes Hosenbein hoch und stelle fest: Momo hat ganze Arbeit geleistet. Man erkennt deutlich die blutigen Kratzspuren seiner Krallen und das tiefe Loch, das er in ihren Unterschenkel gehackt hat.

Emma weiß, glaube ich, selber nicht, warum sie mehr weint: weil es so wehtut oder weil Momo fort muss. Ich versorge und verpflastere die Wunden und streichle Emma über die Haare. Tom bringt ihr ein Bild, das er extra schnell für sie gemalt hat. Werner brummt vor sich hin: »Das kommt davon. Vom Hahn war nie die Rede gewesen. Selber schuld.« Das macht mich wütend, dabei hat er an sich ja sogar recht.

Aber hilft uns der Kommentar weiter? Emma geht es dadurch jedenfalls nicht besser. Jetzt gilt es, andere Dinge zu klären. »Wie ist das denn genau passiert?«, frage ich Emma und tupfe ihr mit einem Taschentuch die Tränen weg. Emma holt Luft und rekonstruiert den Vorgang, soweit es geht. »Ich bin nur wie immer ins Gehege gegangen, mit Futter in der Hand, und dann wollte ich erst noch schnell die Eier holen und plötzlich kommt Momo von hinten um die Ecke und springt mich an und krallt sich fest! Ich hab geschrien und mein Bein geschüttelt. Mehr weiß ich auch nicht. Dann bin ich weggerannt. Aber Momo soll nicht weg!« Emma schluchzt erneut auf. Sie kennt die Absprache. Von Anfang an habe ich klargestellt: Ich lasse mich – höchst widerwillig – zu einem Hahn überreden, aber wir behalten ihn nur, wenn er friedlich bleibt, und sollte er Probleme machen, muss er gehen.

»Wir suchen ihm ein gutes Zuhause«, versuche ich Emma zu trösten. Ich behalte für mich, dass es ein schwieriges Unterfangen werden könnte, jemanden zu finden, der ihm Asyl bieten möchte. Erstens wollen alle Leute natürlich lieber Hennen als Hähne, weil die Weibchen nun mal die Eier legen. Zweitens gibt es überflüssige Hähne wie Sand am Meer, sogar im Winter im Internet, anders als das bei Hennen der Fall ist. Drittens: Wer will schon einen aggressiven Hahn, wenn es tausend andere gibt? Der Züchter, den ich als Erstes frage, will sich an sein Versprechen, Momo bei Schwierigkeiten zurückzunehmen, natürlich nicht erinnern. Ich brauche einen Plan, eine gute Idee und überlege, welche Vorzüge Momo hat – außer, dass er sich köstlich in einem Topf machen würde. Aber das kommt selbst jetzt nicht infrage – trotz allem. Viel fällt mir zu seinen Vorzügen nicht ein. Für seine Damen war er nie ein Beschützer, und ich bin irgendwie nie richtig warm mit ihm geworden. Aber immerhin ist er reinrassig und vererbt die Anlage für Schokoeier! Vielleicht gibt es einen kinderlosen Liebhaber dieser Rasse, dem Momos neue Antipathie Kindern gegenüber nichts ausmacht? Ich suche kurz im Internet nach Maranszüchtern und rufe eine Frau an, die relativ nah wohnt. Ich stelle mich seelisch schon mal auf viele Tage Durchfragen, Weiterverwiesenwerden, Rumtelefonieren und Googeln ein, während ich den tutenden Hörer ans Ohr presse und an all meine Arbeit denke, die ich eigentlich genau jetzt noch dringender erledigen müsste. Und falle bald aus den Schönwetterwölkchen, die vor unserem Küchenfenster vorbeiziehen. Wenn der Vorfall mit Emma nicht so tragisch wäre, würde ich sagen: Heute ist mein Glückstag!

Gleich die erste Züchterin, die nach fünf Mal Läuten abhebt, ist ein voller Erfolg. Dass die Frau mir durchs Telefon nicht um den Hals fällt, ist alles. Bei ihr gab es nämlich einen Einbruch. Der Foxterrier ihres Nachbarn hatte letzte Woche Hunger, Langeweile oder wahrscheinlich einfach nur Spaß an der Sache: Er hat sich Zugang in ihr Hühnergehege verschafft und den Bestand bis auf klägliche Reste dezimiert. Da kommt Momo der Züchterin wie gerufen – und »das bisschen Picken« störe sie nicht, und wenn, dann werde sie ihm das schon wieder abgewöhnen. Ich erkundige mich nach den weiteren Gegebenheiten, die auf Momo zukommen werden: Frau Hildegard ist kinderlos, und ihre Hühner haben viel Freilauf – ein Foto, per WhatsApp geschickt, bestätigt das und beruhigt mein Gewissen. Momo wird es dort gut gehen. Ich verkünde den Kindern die frohe Botschaft, dass Momos Dasein gerettet ist und ihm sogar eine Karriere als Zuchthahn bevorsteht.

Aber Tom und Emma wissen meinen Erfolg nicht zu schätzen. »Momo hat eine zweite Chance verdient! Bei uns!« Emma wischt sich ihre feuchten Augen mit dem Ärmel. Ich reiche ihr ein Taschentuch. »Der wird bestimmt wieder lieb! Der soll bleiben!«, sagt Tom voller Überzeugung. Eine Träne kullert über seine Wange. »Erst Isabella, jetzt auch noch

Momo! Und was soll aus Bibi werden, wenn Momo weg ist? Dann hat die niemanden mehr!«, heult Emma auf. Ich erkläre den Kindern, dass sie nicht mehr allein zu den Hühnern gehen können, wenn Momo hierbleibt. (Und so war das Hühnerprojekt garantiert nicht gedacht, dass ich mich allein um die Hühner kümmere!) Dass wir ständig aufpassen müssen. Dass alle immer ein bisschen Angst haben werden und dass Momo nächstes Mal womöglich noch doller angreift – Stichwort: Auge. Schließlich ist Momo ein ziemlich großer, kräftiger Kerl. Bei Tom müsste er sich nicht mal anstrengen, um es bis ins Gesicht zu schaffen. Ich schildere Momos glückliche Zukunft bei seinem neuen Frauchen in blumigen Worten und verspreche, dass er dort garantiert weder im Topf noch in der Truhe landet. Die Widerworte werden geringer. Ich meine, ein angedeutetes Nicken der Kinder wahrgenommen zu haben, und freue mich, dass sie endlich einsichtig geworden sind. Es ist leichter, sie bei dieser Aktion auf meiner Seite zu haben, als mir ständig Vorwürfe anhören zu müssen.

Emma rutscht zu Tom auf die Bank am Küchentisch und flüstert ihm etwas ins Ohr. Beide grinsen sich mit roten Augen an. »Gib fünf!«, sagt Emma. Tom schlägt ein. Emma putzt sich die Tränen mit dem Taschentuch ab und guckt mich so herausfordernd an, wie das eben mit verheulten Augen geht. »Mama! Du hast uns etwas versprochen! Damals!«, sagt sie. Ich mache große Augen. Fühle mich völlig unschuldig. »Ich? Was denn?« Ich ziehe meine Augenbrauen hoch. »Dass wir Küken von Momo kriegen!«, platzt es aus Tom. Ich spüre, die Lage ist brenzlig. »Und man kann Eier in der Maschine ausbrüten!«, gibt Tom zum Besten. Er liebt und erfindet jede Art von Maschine, und dummerweise habe ich neulich den Kindern alles übers Ausbrüten von Hühnereiern erzählt. Klar, dass Tom sich das mit der Brutmaschine gemerkt hat. »Bitte, Mama, als Andenken an Momo!«, bettelt

Emma. Ich sehe den Hoffnungsschimmer in ihren Augen, der sich durch den Trübsinn hocharbeitet. »Bitte, bitte!«, stimmt Tom ein.

Meine beiden tun mir ja leid, so bekümmert, wie sie wegen unserer Hühner sind, aber bevor ich einen Kommentar von mir gebe, den sie hinterher gegen mich verwenden, gehe ich die Fakten im Schnelldurchlauf im Kopf durch. Momos Gene gefallen mir zwar nicht derart vorzüglich, dass ich davon unbedingt noch mehr haben möchte. Aber mal der Reihe nach: Fakt 1: Niemand hat Momo in flagranti dabei ertappt, wie er eine Henne beglückt hat. Gut möglich, dass er »es« noch nicht hinkriegt (wie so einiges). Womöglich kann man so viele seiner Bruteier in die Maschine legen, bis man faltig ist ... und nichts schlüpft! Ich könnte also Ja sagen, obwohl ich Nein meine. Fakt 2: Üble Brut- und Schlupfergebnisse sind dieses Jahr bei allen Züchtern die Regel. Frau Hildegard beispielsweise hat dieses Jahr neunzig Eier in die Brutmaschine gelegt, geschlüpft ist gerade mal ein Küken! Ich könnte also Ja sagen, obwohl ich Nein meine, und dementsprechend auf das Schlechteste vertrauen. Fakt 3: Ich bin mir nicht mal sicher, ob ich meinen Kindern tatsächlich Küken versprochen habe. Gut möglich, dass es nur ihre Idee war und ich weder Ja noch Nein dazu gesagt habe. Dieser Punkt wäre also diskussionswürdig, um mich gegebenenfalls freizusprechen. Fakt 4: Kinder spüren ihre Chancen (Mama wird gerade situationsbedingt weich). Fakt 5: Küken machen Arbeit, Dreck und neue Probleme (ich sträube mich noch). Fakt 6: Wir haben nur noch zwei Hühner. Fakt 7: Küken wären süß. Fakt 8: Tom und Emma klammern sich an die Hoffnung auf Küken wie ein Äffchen an seine Mutter. Fakt 9: Es dauert drei Wochen, Hühnerküken auszubrüten, und wenn dann zum Glück (oder leider, je nach Sichtweise) nichts geschlüpft ist, sind Tom und Emma schon ein Stück über ihre Trauer hinweg – jedenfalls mehr als im Moment. Jetzt ein Ja wäre also auch im negativen Falle positiv. Fakt 10: Ich bring es nicht übers Herz. Ich kann ihnen im Moment das mit den Küken nicht aus dem Kopf schlagen. Ich kann ihnen heute nicht noch diese Enttäuschung zumuten. Punktum. Ich höre mich »Okay« sagen und spüre ein Kribbeln, das durch meine Eingeweide flattert wie ein verloren gegangener Schmetterling. »Danke, Mama!«, jubeln Tom und Emma und springen auf. Ich stelle mich fest hin und bereite mich darauf vor, dass sie mir vor Dankbarkeit mit Anlauf in den Arm springen.

Aber das tun sie nicht. Sie rennen bloß zur Haustür, weil es soeben geklingelt hat. Nando bellt und kommt mit zur Tür. Und da steht sie schon, Frau Hildegard, Momos neue Besitzerin. Nett sieht sie aus, und sie hat für jedes Kind einen Schokoladen-Osterhasen mitgebracht. Da verkraften sie Momos Abreise natürlich besser. Wir gehen mit Frau Hildegard zum Hühnergehege. Zuerst bleibt ihr Blick auf meiner neuen, etwas befremdlichen Konstruktion kleben. In zwei Reihen stehen insgesamt zehn Stühle dicht nebeneinander und sind von einer durchsichtigen Folie überzogen, die unten mit Ziegelsteinen beschwert ist. Links und rechts gibt es eine kleine, huhngerechte Öffnung, damit unsere Hühnchen bei Regen dieses angenehme Plätzchen zum Unterstellen aufsuchen können. Als ich zwischen Spinnweben und Fledermäusen auf unserem Dachboden nach Utensilien für ein Regenabteil gesucht habe, ahnte ich nicht mal in meinen kühnsten Träumen, dass dieses seltsame Gebilde, das ich aus dem sperrmüllverdächtigen Kram errichtet habe, derart stabil und beliebt (bei den Hühnern) sein würde. Mein selbst gebauter Schlecht-Wetter-Unterschlupf wird zwar niemals einen Schönheitspreis gewinnen – darum wohl auch Frau Hildegards kritischer Blick –, aber er erfüllt seinen Zweck und hat erstaunlicherweise sogar schon einem Sturm standgehalten.

Erst als Frau Hildegard Momo entdeckt, klart sich ihre Miene wieder auf. Sie ist regelrecht begeistert von ihm. Ein richtiges Prachtstück sei er, meint sie fachfräuisch. Endlich findet ihn jemand toll. Aber Momo ist nicht gleichermaßen angetan. Es erfordert einiges an Geschick und Wendigkeit, ihn so auszutricksen, dass wir ihn einfangen können, denn er ahnt unser Vorhaben und flitzt eine ganze Weile vor uns davon. Dann fällt Frau Hildegards Blick auf Bibi. »Was für eine Hübsche!«, sagt sie entzückt. Und da gebe ich ihr recht. Wir erzählen, wie schwer Bibi es unter Henni hat und dass es ihr ohne Momo wohl noch schlechter gehen wird. Frau Hildegard verzieht mitleidig das Gesicht. Und da kommt mir eine Idee. Wäre es nicht für alle besser, wenn Momo und Bibi gemeinsam zu Frau Hildegard ziehen würden? Momo müsste sich nicht allein in eine Gruppe eingewöhnen und hätte seine Herzensdame bei sich, und Bibi hätte ihren Kumpel an ihrer Seite und die Chance auf Hennen, die ihr besser als Henni gesinnt sind. Frau Hildegard findet die Idee liebenswert, und sie ist sich sicher, dass sie nicht nur Momos Verhalten, sondern auch Bibis Stinkeeier in den Griff kriegen wird – mit einer Futterumstellung. Frau Hildegard scheut scheinbar keine Mühen. Die Kinder finden den Plan mit Bibi gut. Außerdem wissen Tom und Emma, dass unser Schlafstall nicht besonders viel Platz bietet, und dort wollen sie natürlich eines Tages ihre groß gewordenen Küken unterbringen können ... Frau Hildegard verspricht sogar, dass sie Momo und Bibi für die erste Zeit in ein separates Gehege direkt neben ihren ansässigen Hühnern setzen wird, sodass sich alle in Ruhe durch den sicheren Zaun hindurch kennenlernen können. Keine Gefahr von Mobbing! Guuuuut!

Und so kommt es, dass Tom und Emma fünfzehn Minuten später je mit einem angebissenen Schokohasen auf der Einfahrt stehen und dem Wagen von Frau Hildegard hinterherwinken, aus dem Momo und Bibi uns durch eine Box im Kofferraum hindurch zum letzten Mal sehen. Momo, Momo, denke ich und fühle mich ein Stück erleichtert. Der Wagen biegt nach rechts auf die Straße und entfernt sich immer weiter. Ich lasse den heutigen Tag Revue passieren und schüttle den Kopf. Momos Verhalten war für einen Marans-Hahn eigentlich sogar ziemlich typisch – wie ich inzwischen aus diversen Selbsthilfe-Foren von leidgeplagten Gockelbesitzern weiß. Marans-Hähne können ganz schön grantig werden, besonders Menschen gegenüber. An sich kein Wunder, dass bei einigen Hähnen das Aggressionspotenzial durchschlägt: Ursprünglich hat der Mensch Hühner wohl für Hahnenkämpfe gehalten, gar nicht unbedingt zur Eiererzeugung. Verständlich, dass die männliche Kampfeslust bei Hähnen hin und wieder durchschlägt. Ein Wesens- bzw. Eignungstest für Zuchthähne sollte Standard werden, will man diese lästige Marotte aus dem Genpool beseitigen. Ich bin jedenfalls froh, dass der Marans-beladene Wagen nicht mehr zu sehen ist. Aber während das eine Auge lacht, weint das andere. Denn um die liebe Bibi tut es mir leid. Mit ihren Stinke-Eiern hätten wir leben können, nur leider Henni eben mit Bibi nicht. Ich seufze und wünsche unseren beiden Ex-Hühnern im Stillen eine glückliche Zukunft bei Frau Hildegard.

Küken im Bett

Henni steht nach jedem gelegten Ei wieder auf, um fröhlich weiter ihrem Leben zu frönen. Auch Layla hat nicht die geringste Spur von Brut- oder Mutterambitionen. Wie auch? Sie legt ja noch immer keine Eier. Tom ist das nur recht. So muss wirklich eine Maschine her, die den Brutvorgang imitiert. Aber da sage ich tatsächlich mal rigoros Nein. Wir kaufen keine Brutmaschine! Sonst sehe ich uns schon in täglichen Diskussionen darüber, dass ich Eier nachlegen soll – oder das womöglich jemand anderes heimlich übernimmt. Nicht auszudenken, was dabei auf Dauer herauskommen würde! Ein Hühner-Zoo. Wozu auch kaufen, wenn man für 50 Cent pro Ei die Eier beim Rassegeflügelzuchtverein in deren Maschine ausbrüten lassen kann? Nach einem Telefonat weiß ich, dass der örtliche Brutmeister in drei Tagen wieder einen Schwung Bruteier einlegt und unsere mit dazudürfen. Wir haben noch fünf unaufgegessene Eier von Henni, und da man Bruteier gut vierzehn Tage lang sammeln kann, platzieren wir diese schon mal in einer Eierschachtel. Weil das potenzielle Sperma theoretisch für etliche Tage reicht, packen wir die nächsten drei Eier, die Henni ohne Momo legt, noch dazu. Also haben wir acht Eier, die wir im Auto zum Brutmeister chauffieren. Gesetzt den Fall, dass Momo heimlich unter Sichtschutz seine Damen bestiegen hat, sollte man nämlich davon ausgehen, dass nicht alle Eier befruchtet sind, und falls doch, dass wahrscheinlich nicht alle Küken schlüpfen und überleben werden.

Und das Letzte, was ich möchte, ist ein Einzelküken ohne Geschwister zum Ankuscheln, Hinterherrennen und Kräftemessen. Also ist acht eine vernünftige Anzahl. Während der Fahrt versuche ich die Kinder dennoch schon mal seelisch darauf vorzubereiten, dass wahrscheinlich kein einziges Küken schlüpfen wird (wir sind ja ein paar Tage weiter, die Kinder etwas gefestigter und die sprudelnden Tränen immerhin versiegt). Tom und Emma möchten das mit den Küken natürlich trotzdem versuchen – egal, wie schlecht die Chancen stehen. »Falls nichts herauskommt«, verspreche ich den Kindern schon mal freiwillig, »kaufen wir im Herbst zwei junge Hennen. Dann haben wir wieder vier Hühner.« Nur zwei Hennen zu halten, das geht auf Dauer gar nicht. Wenn eine gerade ein Ei legt, läuft die andere mutterseelenallein herum. Das ist nichts für Hühner. Sie sind Herdentiere.

Herr Bertold zeigt uns seine Brutmaschine, die Platz für zweihundert Eier hat. Er erklärt alle Knöpfe und wie oft die Eier, entsprechend dem natürlichen Verhalten der Glucken, gewendet werden und wie Temperatur und Luftfeuchtigkeit reguliert werden. Tom hört aufmerksam zu. Ich sehe ihm an, dass er darüber grübelt, wie er so etwas Ähnliches nachbauen kann. Herr Bertold nimmt ein paar frisch geschlüpfte Küken aus der Maschine. »Ooh wie süß!«, quietscht Emma. »Niiiedlich!«, kommt es von Tom. Und auch ich bin ganz verzückt von diesen winzigen Knopfaugen und den flauschigen Federn. Die Kinder dürfen die kleinen Piepser sogar kurz in der Hand halten und strahlen wie zwei Honigkuchenpferde. Schon allein für diesen Moment hat es sich gelohnt, Hennis Eier – selbst wenn nichts daraus werden sollte – herzubringen. Anschließend zeigt Herr Bertold noch seine eigenen Hühner: Zwerg-Cochins, die wie kleine Federbälle wirken. Der Brutmeister hat für seine Zuchttiere verschiedene Abteile: ein Kükenabteil, ein Abteil für Junghähne, eins für Junghennen, mehrere winzige Zuchtvolieren zur gezielten Verpaarung, in denen ein Hahn mit einer oder mehreren Hennen gehalten wird, zwei Abteile für die erwachsenen Tiere außerhalb der Paarungszeit und einen Wechselauslauf, den alle Gruppen (bis auf die Küken) abwechselnd für ein paar Stunden nutzen dürfen. Alles ganz anders als bei uns, realisieren die Kinder, aber wir sind ja keine Züchter, jedenfalls keine richtigen. Wir verabschieden uns und dürfen nach einer Woche anrufen. Wöchentlich schiert, also durchleuchtet, Herr Bertold die ihm anvertrauten Eier, um festzustellen, ob die Eier befruchtet sind und sich die Küken weiterentwickeln. Es flattert schon wieder in meinem Bauch. Wer hätte gedacht, dass das so spannend ist?

Sieben Tage später hippelt Tom von einem Fuß auf den anderen, Emma tippelt mit den Fingernägeln auf den Tisch, und ich wähle unter Herzklopfen die Nummer des Brutmeisters. Am einfachsten wäre die Auskunft: »Tut mir leid, kein Ei befruchtet.« Wäre aber auch etwas langweilig. Ein Ei befruchtet wäre blöd. Bitte kein Einzelküken. Der Horror wäre: Acht Eier befruchtet, noch dazu alles Hähne (was aber niemand beim Durchleuchten erkennen kann). Für acht erwachsene Hühner wird der Platz bei uns im Schlafstall eng. Verdammt eng. Und mehr als einen Hahn sollte man auch nicht halten. Gibt nur Stress. Denn Hähne kämpfen oft untereinander. Herr Bertold geht ran und berichtet von seinen Sondierungsergebnissen. Er ist total von der Rolle. Das erlebe er nur selten. Tja, unverhofft kommt öfter, als man denkt. »So eine fantastische Befruchtungsquote«, schwärmt er. Ich bedanke mich mit einem leicht panischen Ton und lege auf. Emma fragt: »Mama, warum bist du so blass?« Ich setze mich und überlege, ob wir anbauen müssen. Ob es uns noch mal gelingen wird, nun wahrscheinlich eine Menge Hähne in gute Hände zu vermitteln. Denn bei acht befruchteten Eiern kann mir keiner erzählen, dass ausgerechnet wir das Glück haben und acht Hennen dabei herauskommen. Und die Option mit dem Topf kriegen wir ja nicht übers Herz. Meine Güte, wir hätten realistischerweise – wenn überhaupt – höchstens mit drei bis vier, maximal fünf Küken gerechnet! Tom und Emma halten sich an den Händen und drehen sich im Kreis. »Acht Küken! Acht Küken!«, singen sie. Ich atme tief durch und mache mir eine Tasse Tee. Abwarten und Tee trinken. Vielleicht sieht beim nächsten Schierdurchgang in einer Woche alles anders aus. Nicht alle Küken entwickeln sich immer weiter.

Beim nächsten Anruf braucht Herr Bertold eigentlich gar nichts zu sagen. Ich kann dem Klang seiner Stimme entnehmen, dass er genauso überwältigt ist wie beim ersten Anruf. Denn – wow! – *allen* Küken geht's bestens in den Eiern, sie zappeln kräftig und gedeihen wie Kopfsalat. Vielleicht haben Henni und Momo heimlich Spinat gefressen. Unsere Küken strotzen nur so vor Kraft. Nicht nur jedes einzelne Küken schafft es, sich erfolgreich aus dem Ei zu pellen: Alle schlüpfen sogar einen Tag vor der Zeit! »Sie haben es halt eilig, zu uns zu kommen«, sagt Emma. Sie kann es selber kaum erwarten, die Winzlinge abzuholen. Na, dann mal los, auf ins Abenteuer, denke ich und mache alles fertig für den großen Tag. Startklar fürs Abholen. Eine gut isolierende Styroporbox dient inklusive Wärmflasche und Stroh für ein kükengerechtes Klima während der Autofahrt. Die Strecke ist zwar kurz, die Außentemperaturen aber niedrig, und unseren Babys soll es an nichts mangeln. Die Kinder platzen fast vor Vorfreude auf die kleinen Piepser und quatschen während der Fahrt wild durcheinander. Und ich? Mir kribbelt's in der Magengegend. Mal von außen betrachtet ist unsere Kükenaktion ja ziemlich witzig gelaufen – alles wider alle Erwartungen.

»Welche Farbe haben sie?«, falle ich bei Herrn Bertold mit der Tür ins Haus. »Schwarz«, antwortet er, »alle acht sind schwarz.« Keiner von uns kann es erwarten, sie zu sehen. Obwohl die Kinder den Weg ja schon kennen und bestimmt am liebsten vorrennen würden, folgen wir drei Herrn Bertold manierlich in den Brutraum. Und dann ist es um uns geschehen. Unsere acht schwarzen Küken piepsen uns topfidel an, aus winzigen Schnäbelchen und mit dunklen Knopfaugen. Sie haben unterschiedliche weiße Flecken an der Brust und manche noch zarte, bräunliche Streifen am Hals. So zierlich, unsere Babys, dass man sie am besten nur mit einem Fingerchen streichelt! So weich! Aus unseren Augen kullern Millionen rote Herzchen. Herr Bertold setzt die Kleinen vorsichtig in unsere einzigartige Transportbox, wir steigen ins Auto, Emma hält die Box auf ihrem Schoß dermaßen gut fest, als würden wir einen Klumpen Gold transportieren (auf den sie beruhigend einredet), und ich fahre los. Unterwegs sammeln wir noch meine Freundin Corinna vom Bahnhof ein, die sich die Attraktion (Küken) und das Abenteuer (Küken) nicht entgehen lassen möchte und eigens im ICE quer durch Deutschland angereist ist.

Am folgenden Tag tut sich ihr die (absehbare) Erkenntnis auf: dass es viel schöner ist, von einem Hahn als von Tom geweckt zu werden. Darüber bin ich als Mutter natürlich ziemlich beleidigt, aber Tom kräht zu ihrem Bedauern nicht, und den Gockel gibt's zu ihrem weiteren Bedauern auch nicht mehr. Stattdessen hat Tom heute Morgen bei Corinna einen nasskalten Waschlappen als Wecker angewendet. *Das* hat Momo ja nicht gemacht, und es kollidiert auch mit Corinnas Vorstellung von Urlaubsromantik auf einem ehemaligen Bauernhof. Aber Tom findet, dass sie die Nacht über bei ihm im Zimmer zu viel geschnarcht hat.

Corinna hat gestern Abend recht pikiert geguckt, als ihr Stammplatz, unser Gästezimmer, besetzt war. Von den Küken! Ich meine, mir wäre es ja wie Corinna nur recht, wenn die

Knirpse draußen in einem eigenen Stall hausen würden und das Gästezimmer verschont bliebe und weiter von menschlichen Gästen genutzt werden könnte. Aber Ende März ist es ohne Heizquelle draußen noch viel zu kalt, und außerdem haben wir ja keinen zweiten Hühnerstall. Also hat sich das Gästezimmer in ein Kükenzimmer verwandelt. Vorab haben wir den Raum nahezu leer geräumt, nur noch ein ausrangierter Sessel und das Gästebett stehen drin, alles mit alten Tüchern abgedeckt, damit Corinna nächstes Mal wieder Gebrauch davon machen kann. Am Fenster, das bis zum Boden reicht, steht neuerdings mein Meerschweinchenstall aus Kindheitstagen, inklusive Kükenwärmeplatte und eingestreut mit trockenem Spielsand. »Die Küken besetzen das Zimmer mit der besten Aussicht im ganzen Haus!«, klagt Corinna leicht vorwurfsvoll. Schließlich hat sie sich für ihre Urlaubstage nicht vorgestellt, zwischen Lego und Papierschnipseln zu lagern, sondern meditativ in Ruhe aus dem Gästezimmerfenster ins Grüne zu blicken, einen Sonnenaufgang zu erleben und zwischendurch einem Küken beim Wachsen zuzusehen. Stattdessen können nun die Küken aus Corinnas Lieblingsfenster gucken und ihren Blick durch eine Reihe Ahornbäume, über eine schiefe Sandsteinmauer bis hin zur Kuhweide streifen lassen, auf der jeden Morgen zwei lange Fellohren im taunassen Gras hervorlugen. Und wenn die Sonne abends untergeht, tunkt sie die Kuhweide und das Gästezimmer in oranges Licht. Sehr heimelig. Die Küken interessiert das aber wenig. Sie flitzen über den Spielsand und würdigen die Aussicht keines Blickes.

Kontrolle: Das Thermometer unter der Wärmeplatte zeigt perfekte 32 Grad. Wir haben uns bewusst für eine Wärmeplatte, unter die sich frierende Küken begeben können, und gegen einen Infrarotstrahler entschieden, damit die Küken es nachts dunkel haben und zur Ruhe kommen können. Nichts ist schlimmer, als nicht vernünftig schlafen zu können ...

(armer Tom). Die Wärmeplatte steht auf vier Beinen, deren Länge dem Wachstum der Küken angepasst werden kann. Schießen die Küken in die Höhe, bekommt auch die Wärmeplatte längere Beine. Damit die Wärme nicht seitlich flöten geht, hat Emma die Wärmeplatte durch gezielte Umbaumaßnahmen in ein geschlossenes Häuschen mit Eingangstür verwandelt. Aus Styropor hat sie eine Mauer von Bein zu Bein gezogen und zum Schutz vor Pickschnäbeln mit silbernem Klebeband versiegelt. Vorne gibt es ein kleines Tor für den Eintritt in die Sauna. Auf diese Art lässt sich Strom sparen, und die Küken fühlen sich etwas geborgener, postuliere ich. Als Wassernapf für die Küken dient Toms babyblaues Playmobil-Schwimmbad. Es ist schön flach, die Küken haben keine Chance, drin zu ertrinken. Das krümelige Pelletfutter für Küken ist in meiner ehemaligen Meerschweinchenfutterschale angerichtet. Die Küken trippeln in Grüppchen herum und piepsen im Konzert. Keins schläft.

So sind Hühner. Alles machen sie gemeinsam – egal, ob schlafen, putzen, fressen, trinken, sandbaden. Emma war schon bei unseren großen Hühnern verblüfft, weil auf einmal alle fressen, nur wenn eins damit anfängt – und das selbst dann, wenn die herbeieilenden Hühner eigentlich pappsatt sein müssten. Ich habe ihr den Fachbegriff dafür genannt: allelomimetisches Verhalten. Dieses Wort hat sie sich mehrmals auf der Zunge zergehen lassen und gemerkt. Und wenn Tom auf einmal unbedingt genau das Stück Käse essen möchte, das Emma sich gerade aus dem Kühlschrank geholt hat, nennt sie ihn Allelomimetiker und guckt ihn böse an. Tom kichert dann, weil Emma dabei nicht richtig ernst bleiben kann und weil er das Wort so lustig findet. Das lenkt Emma ab, und er stibitzt sich geschickt das Stückchen Käse von der Seite. Niedlich. Die Küken. Nur das mit dem Trinken kapieren sie noch nicht. Bestimmt würde eine Glucke ihnen das jetzt vormachen. Es gibt mir einen Stich, dass sie keine Mama haben, die sich fürsorglich um sie kümmert, ihnen alles beibringt, sie behütet und beschützt, sie wärmt und hudert. Ich meine, sie haben ja eine Mama. Sogar unweit vom Fenster, aber Hennis Hormonstatus fährt momentan nicht im Muttermodus. Henni könnte den Kleinen sogar gefährlich werden, weil sie die Küken für fremde Tiere halten wird. Sie hat sie ja nicht selbst ausgebrütet. Also muttermäßig nichts zu machen.

Hilft nix. Wir müssen Mutter spielen. Emma tippt erneut mit dem Zeigefinger in das Playmobil-Schwimmbad, sie bietet ein Tröpfchen auf ihrem Zeigefinger an und setzt die Küken der Reihe nach vor das Wasser. Alles erfolglos. Da hat Tom eine Idee. Er denkt an sein Frühstück mit eingeweichtem Müsli – eine Kombination aus Flüssigkeit und Nahrung. »Super!«, rufe ich und hole feine Haferflocken. Die streue ich ins Schwimmbad, und schneller, als man gucken kann, picken unsere Küken danach. Auf diese Weise fressen und trinken sie gleichzeitig! Gott sei Dank! Nach der flüssigen Mahlzeit sind die Kleinen müde. Sie ziehen sich in ihre Sauna zurück und nicken ein. »Jeder darf ein Küken halten«, flüstere ich. Ich gebe Tom, Emma und Corinna je ein Küken und mache vor, wie sie es halten sollen. »Schaut, mit beiden Händen vorsichtig von oben und unten umschlossen«, sage ich. Auf diese Weise gewärmt und gekuschelt, schläft es sich zufrieden. Fast wie bei Mama unter den Fittichen. Wir halten ganz still und machen keinen Mucks. Ich sehe in drei glückliche Gesichter und vermute, dass ich genauso versonnen dreinblicke, während ich mein schlafendes Küken mit beiden Händen wärme. Und in dem Moment glaube ich, dass es Corinna jetzt doch egal ist, wo sie bei uns übernachtet. Ich schätze, sie würde sogar mit dem Keller vorliebnehmen, nur um das hier mit uns erleben zu können.

Doch nach einer Weile ruft die Arbeit. Denn wenn acht Küken mit der Zeit aufgehen wie ein Hefekloß, wird der Meerschweinchenstall zu klein. Dann werden sie ein bisschen mehr Freiheit und Bewegung nicht verachten, zumal Rennen, Hüpfen, Fliegen sowie Klettern wichtig für ihre Entwicklung sind. Darum setzen wir die Küken zurück in den Stall und fangen an, alles für den Freigang im Gästezimmer vorzubereiten. Tom, Emma und Corinna helfen, den Fußboden des Gästezimmers mit einem neuen Belag zu versehen. Eine dicke Schicht Zeitungspapier soll vor den Hinterlassenschaften schützen. Zum Glück haben wir bereits seit einiger Zeit alte Zeitungen gesammelt, weil wir damit die Kotschubladen des Hühnerstalles auslegen, und als wir erfahren haben, dass wir achtfachen Nachwuchs erwarten, haben uns Freunde und Bekannte wohlwollend mit zusätzlichem Material eingedeckt. Zu viert rutschen wir über den Fliesenboden und legen aus und rücken zurecht. Und fangen noch mal von vorne an, weil das Papier reißt und verrutscht. Corinna richtet sich auf, hält die Hand in den Rücken und stöhnt: »So habe ich mir meinen Urlaub ja nicht vorgestellt!« Aber sie lacht dabei. Und dann macht sie weiter. Mit insgesamt drei Rollen Tesafilm verkleben wir unseren neuen Spezialboden. Problem behoben. Doch man muss langsam und vorsichtig drübergehen, sonst reißt er wieder ... Eine Herausforderung für Tom, der voller Energie steckt.

Wir verlieben uns immer mehr. Emmas Lieblingsküken ist das mit dem bräunlichen Köpfchen. Sie nennt es Bella, in der Hoffnung, dass es eine Henne ist. Auf die nicht ganz einfache Geschlechtsbestimmung bei Küken durch Kloakentest haben wir bewusst verzichtet. Erstens, weil wir keine Chinesen sind, die das gut können, und zweitens, weil ich erst eine neue Brille brauche, um so einen mickrigen Schniedel nicht zu übersehen. Werners Augen sind zwar gut, seine Finger aber dick, und ein zerquetschtes Küken möchte ich nicht. Und Küken haben garantiert keine Lust, auf den Rücken gedreht und begrabscht zu werden. Bleibt die Federmethode. Wir haben uns tatsächlich gleich am ersten Tag die Federn an den Flügeln angeschaut und beobachten auch das weitere Federwachstum am Schwanz genau, weil es da zwischen Männchen und Weibchen Unterschiede geben kann. Aber hundertprozentig verlässlich ist das nicht, zumal wir keine reinrassigen Tiere haben, bei denen man das sicher vorhersagen kann. Obwohl man sich also noch nicht festlegen sollte, hat jeder trotzdem schon sein Lieblingsküken. Wo die Liebe halt so hinfällt (tja, es ist nicht immer vernünftig ...). Mein Lieblingsküken ist der Klettermax, und ich bin mir anhand seines Gefieders leider ziemlich sicher, dass er ein Gockel in spe ist, auch, weil er zusehends ein richtiger Brocken wird. Er klettert permanent auf unseren Armen und Beinen herum und schläft anschließend am liebsten auf meinem Schoß. Tom schwärmt für das kleinste Küken, eine Dame (?), die ähnlich zutraulich wie der dicke Klettermax ist.

Im Gegensatz zu uns kann Werner kein Küken von dem anderen unterscheiden. Selbst schuld. Er verbringt kaum Zeit mit unseren Hühnern – egal, wie jung oder alt sie sind. Da verpasst er was. Man muss sich dazusetzen und sie beobachten. Dann passiert's: Man lernt ihr faszinierendes Wesen kennen, und die Hühner nehmen einen in ihre Gemeinschaft auf. Nur füttern und wieder weggehen führt diesbezüglich zu nichts. Ich hätte anfangs auch nicht gedacht, dass man so sehr Teil einer Hühnerschar werden kann – schon gar nicht, dass es sich so toll anfühlt! Aber wie sollten die Küken Werners Herz auch erobern, wenn er nicht mal hingeht? Ich habe es mit sachlichen Infos probiert und dachte, wenigstens das müsste ihn beeindrucken. Habe von wissenschaftlichen Studien berichtet, nach denen schon frisch geschlüpfte Küken rechnen können. Addition und Subtraktion im Zahlenbereich bis fünf – null Problem für sie, sogar wenn Objekte hinter zwei Verstecken verschoben werden! Küken kriegen hin, Zahlen zu ordnen: Sie finden zuverlässig die dritte, vierte oder sechste Position in einer Reihe aus zehn. Dazu braucht man null Matheunterricht, nur ein paar Körner! So können bereits Hühnerbabys lernen, dass in einer Palette mit zehn Löchern beispielsweise immer an der sechsten Stelle der Snack zu ergattern ist. Physik und Geometrie: absolut keine Fremdbegriffe für ein Küken! Küken finden unter verschiedenen geometrischen Formen die mit Futter assoziierte Form heraus. Während sich manch menschliche Hirnwindungen beim Betrachten eines seltsamen Würfelgebildes verknoten, fällt einem Küken gleich auf, wenn etwas nicht stimmen kann. Küken bevorzugen das räumlich möglich erscheinende Gebilde gegenüber dem unmöglichen – sie nähern sich lieber der Abbildung eines korrekten dreidimensionalen Würfels als dem Bild eines Würfels, auf dem ein hinterer Balken vor einem vorderen liegt. Intelligenzmäßig muss sich kein Huhn hinter einem Affen verstecken! Hühner können in manchen Bereichen wohl sogar in einem Maße logisch denken, wie Kinder es erst mit sieben Jahren schaffen! Besiegt ein fremdes Huhn das dominante Huhn der Gruppe, ist es doch logisch, dass man als rangniederes Huhn keine Chance gegen das fremde Huhn hat. Hat ein rangniederes Huhn diese Begegnung beobachtet, spart es sich also lieber die Mühe und die Gefahren eines Kampfes und gibt von vornherein klein bei. Anders, wenn das fremde Huhn gegen das dominante Huhn verloren hat. Dann könnte das rangniedere Huhn auch eine Siegeschance haben, und es wagt einen Versuch.

»Hey«, habe ich zu Werner gesagt, weil der vor Staunen noch gar nicht aus den Schuhen gekippt war, »das erfordert auch eine Menge Selbsterkenntnis!« Da hat Werner wissend genickt, aber ich glaube nur, weil er hoffte, dass mich das zufriedenstellt und ich meine Ausführungen endlich beende. Aber von wegen! Das war ja noch lange nicht alles, denn weitere Fähigkeiten von Hühnern übersteigen die von Kleinkindern! Wer kennt das nicht? Selbstkontrolle, insbesondere Geduld, Warten-Können, das ist so eine Sache bei Kleinkindern. Eltern können ein Lied davon singen. Zum Beispiel, wenn das Kind auf dem Boden liegt und brüllt, weil es SOFORT die Schokolade von Oma will und nicht erst am Nachmittag nach dem Mittagessen. Hühner leben nicht nur im Hier und Jetzt. Sie wissen, dass einige Dinge erst später geschehen und Warten sich lohnen kann. Zum Beispiel können sie lernen, nach ziemlich genau sechs Minuten intensiver zu picken, weil dadurch dann ein feiner Schmaus freigegeben wird. Sie können sich sogar beherrschen und warten lieber länger auf einen Jackpot (nein, kein Geld, sondern eine große Futterbelohnung), als sofort eine kleine Futterbelohnung zu bekommen. (Abgesehen davon, können Hähne und Glucken sogar komplett auf Delikatessen verzichten, um sie ihren Hennen bzw. Küken zu spenden. Wahnsinn, oder?) Selbstkontrolle ist mit dem Maß kognitiver Entwicklung verbunden – ältere Kinder können sich zur Freude aller Eltern besser beherrschen. Ich habe Werner vorgeschlagen, doch mal zu testen, wer besser warten kann: unsere Hühner oder unsere Kinder. Aber als ich gerade in Fahrt kam und anfing, mögliche Versuchsaufbauten zu schildern, hat Werner nur sein Handy in die Hand genommen und sich für das morgige Wetter interessiert. Pfffr. (Guuut, okay, es war wegen seiner Kanutour am nächsten Tag. Aber macht es etwas aus, ob das Wasser von unten oder oben kommt?) Und Corinna? Sie will alle Küken mit nach Hause nehmen! Aber sie hat keinen Stall. Und kein Gästezimmer. »Da musst du wohl noch mal wiederkommen«, sage ich zwinkernd und freue mich, dass sie heftig nickt. Heute ist ihr Abreisetag. Noch einmal setzt sie sich ins Gästezimmer, beobachtet die Kleinen, die schon ordentlich gewachsen sind und richtige Federn bekommen haben, und wirft anschließend einen letzten, aber erstaunlich kurzen Blick aus dem Fenster.

Von den Küken dagegen kann sie den Blick kaum lösen. Muss sie aber, denn der Zug wartet nicht.

Während Corinna eine halbe Stunde später gen Süden rattert (ohne Küken), finde ich endlich Zeit, eine Tabelle und erste Erkenntnisse im Laptop einzutragen. Ich bilde Spalten für verschiedene Verhaltensweisen und trage jedes Detail, das ich bereits stichwortartig im Kalender vermerkt habe, ein: 1. Spalte: Küken putzen sich das erste Mal (Datum), 2. Spalte: Küken scharren zum ersten Mal (Datum), 3. Spalte: Flügelschlagen (Datum), 4. Spalte: erste Flugversuche (Datum), 5. Spalte: erste Kämpfe untereinander (Datum, wer gegen wen, Sieger, Verlierer ...), 6. Spalte: Sandbaden (Datum, Uhrzeit, Dauer), 7. Spalte: Lautgebung (wann, was). Diese Beobachtungen kann ich demnächst mit denen wissenschaftlicher Literatur vergleichen. Werner schaut über meine Schulter und schüttelt den Kopf. »Das hast du bei Tom und Emma auch gemacht: aufgeschrieben, wann sie Mama gesagt haben, wann sie laufen gelernt haben, wann sie Radfahren konnten. Erst holst du die Küken ins Haus, und jetzt wirfst du sie auch noch in einen Topf mit unseren Kindern!«, sagt er. Ich kontrolliere seine Mimik. Nein, kein Anzeichen von Schalk. Werners Augen glitzern kein bisschen schelmisch wie sonst, wenn er mich provozieren möchte. Er meint das so, wie er es sagt. Also, das ist doch die Höhe! Ich schreib doch nicht auf, wann die Küken Mama sagen! Höchstens wann sie piepsen! Außerdem verstehe ich nicht, warum Werner (oder irgendein Mensch) meine Notizen nicht interessant findet! Zum Beispiel: Küken haben eine eigene Sprache. Wann legen sie mit der Erwachsenensprache los? Ist das ein schleichender Prozess oder geschieht das von einem auf den anderen Tag? Das ist doch wirklich spannend, live zu beobachten! In mir brodelt die Verhaltensforscherin. »Das hier nennt man Feldforschung!«, entgegne ich und gucke genauso ernst wie Werner. Wenn nicht gar grantig. Aber Werner verzieht nur so merkwürdig das Gesicht. Ach egal, er hat eben andere Schwerpunkte. Und ich habe ja schließlich auch andere interessierte Zuhörer.

Tom und Emma wollen alles wissen. Genau wie ich. Und darum teile ich ihnen schon die ganze Zeit über alle bisherigen Entwicklungsschritte mit. Infolgedessen passen die beiden selbst genau auf und berichten mir, sobald sie etwas Besonderes beobachtet haben. Und schon kommt Tom in mein Arbeitszimmer gestürmt und erzählt mir aufgeregt von Belles neuster Aktion. Belle, die (oder der) so ähnlich wie Bella (die oder der) aussieht, sei eben zum ersten Mal durch das gesamte Gästezimmer geflattert und anschließend vom Bett zum Sessel und dann auf seinen Kopf geflogen. »Da hat sie sich einfach hingelegt und geschlafen!«, sagt Tom und stemmt empört die Arme in die Seite, weil es für ihn ganz schön schwer war, die ganze Zeit stillzuhalten und vor Lachen nicht zu sehr zu wackeln. »Huhn statt Hut auf dem Kopf. Auch chic«, sage ich und kann mir bildlich vorstellen, wie viel Spaß Tom an der Sache hatte.

»Aber noch lustiger ist es, wenn die Küken sandbaden«, findet Emma, die hinterhergekommen ist. Das kann man so sehen. Muss man aber nicht. Zumindest nicht, wenn man die Person ist, die das Resultat hinterher beseitigen muss. (Wer wohl?) Täglich bekommen die Racker eine flache Metallschale mit einer Portion Erde gefüllt hingestellt, schon allein, um sie mit den Keimen der Natur vertraut zu machen. Sobald sie die Erde erblicken, gibt es kein Halten mehr. Aber anstatt nur vornehm drin herumzuscharren, stürzen sich alle acht suchtmäßig in die Schale, quetschen sich hinein und wälzen sich flügelschlagend im Dreck, bis die Erde in hohem Bogen über den Rand fliegt und im ganzen Zimmer verteilt auf dem Zeitungspapier landet. Sie vermischt sich dort mit den zahlreichen Hinterlassenschaften (Kleinvieh macht auch Mist, aber wie!!), mit den Futterresten, mit dem übergeschwappten Wasser, mit den Federn und Daunen und den Millionen schuppenähnlichen Partikeln, die die Küken ständig verlieren, weil sie mausern und ihr Gefieder wächst. Im Anschluss schütteln sich alle aus (noch mehr Staub) und verteilen die Erde weitläufig, indem sie darin scharren und picken. »Das Sandbaden macht sie total glücklich!«, sagt Emma. Haut hin, aber in letzter Zeit komme ich mir wie eine Putzfrau vor. Trotzdem. Auch ich finde das Sandbade-Spektakel unserer Küken dermaßen faszinierend, dass ich bereits unzählige Videos davon gedreht und verschickt habe. Und natürlich bin ich der Meinung, dass jedes Huhn der Welt zum Wohlbefinden nicht nur genug Platz, Futter, Wasser, Freilauf und Sitzstangen etc. braucht, sondern auch das Recht auf Glücksmomente hat. Selbst wenn das Dreck macht. Selbst wenn Glück wissenschaftlich nicht ganz einfach zu beweisen ist. Meine Kinder brauchen jedenfalls keine wissenschaftlichen Belege fürs Hühnerglück, wenn sie ihre Tiere sandbaden sehen – Sandbaden gehört nun mal zu den Grundbedürfnissen (der Hühner, selbstverständlich).

Zur weiteren Steigerung ihres (und meines) Wohlbefindens kommt es mir sehr entgegen, dass es täglich wärmer wird. Arbeitserleichterung in Sicht! Die Küken können tagsüber raus. (Weniger Dreck drinnen!) Die Fenster des Gästezimmers gehen bis zum Boden und so ist es ein Leichtes, Sauna, Futter, Playmobil-Schwimmbad und die Küken einfach durchs Fenster ein paar Meter zu versetzen. Erst gucken die Lütten einen Moment komisch aus der Wäsche, alles so ungewohnt, aber schon geht´s los mit der Entdeckungsreise: Sie scharren und picken und stromern herum. »Ich passe auf, dass kein Raubvogel kommt«, sagt Tom. »Und ich passe auf, dass sich keine Katze ranschleicht und sich ein Küken schnappt«, sagt Emma. Wenn die winzigen Ausflügler schon keine Glucke haben, die sie vor den Gefahren der großen, weiten Welt beschützt, so können sie sich wenigstens auf ihre zwei Bodyguards verlassen. Mit der Zeit werden die Küken immer mutiger und die Entfernungen, die sie zurücklegen, immer größer. Alle in Schach zu halten erweist sich als Herausforderung. »Mama, jetzt sind schon vier im Gestrüpp verschwunden. Hoffentlich finden die Küken den Weg zurück!«, sagt Emma voller Sorge. »Wenn die nie wieder rauskommen!«, jammert Tom. »Notfalls«, sage ich, »machst du dein Handy an, Emma, und wir spielen ihnen Locklaute einer Glucke vor. Dann kommen sie bestimmt.« Und das hoffe ich dann auch mal. Bislang klappt es glücklicherweise auch ohne technische Hilfsmittel. Irgendwann tauchen sie alle wieder auf, die kleinen Ausreißer.

Der nachmittägliche Ausflug in die Natur wird zur Routine – die erwünschte Arbeitserleichterung bringt er leider nicht. Das war eine Illusion. Alles hat halt seinen Preis. Diesen Zusammenhang hat Corinna mir am Telefon sachlich aufgedröselt: »Von einer Anti-Falten-Maske bekommst du Mitesser, weil sie so reichhaltig ist. Von einer Anti-Pickel-Maske bekommst du Falten, weil sie austrocknet. Du musst abwägen: Willst du lieber Falten oder willst du lieber Pickel?« Am liebsten hätte ich in den Hörer gebrüllt: »Nix davon will ich, herrje!«, aber aus Rücksicht auf Corinnas Hörvermögen habe ich das Ganze lediglich etwas energischer artikuliert. Das Leben ist tragisch. Natürlich will ich weder Falten noch Pickel! Mein Dilemma. Und so viel im Gästezimmer rumputzen will ich schon mal gar nicht! Aber damit wir wegen meiner Anti-Putz-Pathie (und weil es draußen für die Kleinen natürlich viel natürlicher ist) nicht permanent wie ein Schafhirte neben den Zwergen Wache schieben müssen, haben wir uns ein Kleintierfreilaufgehege besorgt, in das die Küken hineinkommen. Aber statt Gästezimmerreinigung (Falten) fällt nun an (Pickel): regelmäßige Kontrolle, ob Wind und Wetter noch mitspielen (Oh Gott, regnet es?), ob alles noch nach Kükens Wünschen ist (Hat einer ins Wasser geka…t? Haben sie das Futter unter den Napf gescharrt?), ob das Abdecknetz noch gut fest ist (Hat der Wind das Netz mitgenommen?), das Gehege öfter mal versetzen (schon wieder alles abgegrast und vollgeka…t) und davor noch die komplexe Vorbereitung für diese Expedition: Futter, Wasser, Wärmeplatte und Küken an Ort und Stelle schleppen. Ich habe aber wenig sportliche Motivation. Meine Absicht ist es nicht, acht Mal (acht Küken!) dreißig Meter hin und dreißig Meter wieder zurückzuhechten plus zweimal dreißig Meter hin und dreißig Meter zurück für die restlichen Utensilien. Also transportieren wir die Küken im Karton. Das spart sieben Gänge.

Allerdings kann selbst das schweißtreibend werden, denn die Küken-Transport-Aktion hat ein Manko (zumindest, wenn man keine Assistenz hat). Unsere Küken sind nun mal bestens auf das Leben vorbereitet. Durch ihre Flüge zwischen Sessel, Bett und Kopf sind sie geschickter als ein Modellflugzeug. Ihre muskulösen Flügel sind selbstverständlich ungestutzt, also uneingeschränkt einsatzfähig, und wenn wir nicht wüssten, dass unsere Küken zu den Hühnervögeln gehören, könnte man sie für »normale« Vögel halten – Amseln oder so. Aus dem Stand manövrieren sie sich aus dem nahezu geschlossenen Karton heraus und landen erst ein paar Meter weiter weg. Wenn man gerade ein, zwei Küken drin hat und das nächste reinsetzen möchte, fliegt garantiert mindestens eins wieder raus. Das genießt die wiedergewonnene Freiheit und gibt alles darum, nicht noch einmal in den Transportkarton zu müssen. Manchmal, wenn die Küken-Karton-Aktion ausartet, weiß ich nicht, was länger dauert: Alle Küken in den Karton zu kriegen oder achtmal hin und her zu laufen. In dem Moment denke ich, wir könnten das mit dem Karton ja auch trainieren. Mit Clicker. Wie man das mit Hunden auch macht. Es gibt tolle YouTube-Videos von Hühnern, die Agility betreiben oder Tricks vollführen. Man kann Hühner gut dressieren. Man kann so viel, wenn man Zeit hat. Und an der mangelt's momentan. Die Küken kosten ganz schön viel Zeit. Viel schöne Zeit. Zum Glück gelingt das mit dem Karton allmählich immer besser, sogar ohne Hilfspersonal, das einem den Deckel geschwind auf- und zuklappt, bevor ein Küken abtrünnig werden kann. Ich weiß nicht, wie, aber irgendwie bewerkstellige ich das bald auch allein. Sogar mit links.

    Haus und Garten sind in letzter Zeit nicht nur voller Küken, sondern auch voller Kinder. Denn Toms und Emmas Freunde und Freundinnen verabreden sich nun am liebsten bei uns. Sie mögen es, die Küken mit mikroskopisch kleinen Löwenzahnstückchen zu füttern, sie zu halten und auf ihrem Schoß herumklettern zu lassen. Ich kann mir vorstellen, wie unglaublich zart und kitzelig die Mini-Füßchen über ihre Hände trippeln. Die Kinder beömmeln sich, wenn die Küken ihre irrsinnigen Sprints hinlegen oder sich aufgeregt piepsend verfolgen, wenn eins einen Käfer oder Wurm gefunden hat und mit der Beute vor den Geschwistern flieht. Küken-Gucken ist offensichtlich besser als KiKa-Gucken! Und was wird es an der Stelle warm, wenn ein kleines Huhn Vertrauen gefasst hat und auf einem sitzen bleibt! Hühner haben eine höhere Körpertemperatur als wir Menschen und könnten gut als kuschelige Wärmflasche herhalten. Letztens hat Marie, Emmas Freundin, ihren Arm ausgestreckt und alle acht Küken haben sich wie Schwalben nebeneinander drauf niedergelassen. Das gab ein tolles Foto ab.

Kommt Besuch, heißt es für mich jedoch, besonders aufzupassen, denn die Küken sind winzig und wuselig. Schnell geraten sie unter die Füße. Tom und Emma sind es ja schon gewohnt, sich vorsichtig und vorausschauend zu bewegen, um kein Küken totzutrampeln – fremde Kinder müssen das meist noch verinnerlichen. Heute ist Kasper, Toms Freund, zu Besuch. Ich bin entsetzt, als er Henni und Layla über die Wiese scheucht. Die armen Hühner! Mehrmals muss ich rufen, bis er mit dem Unfug aufhört. Tom und Emma haben das kein einziges Mal gemacht, weil Ärgern und Bangemachen von Anfang an absolut tabu sind. Sie respektieren jedes Tier, sicher auch weil sie inzwischen so viel über Tiere wissen und gelernt haben, sich in sie hineinzuversetzen. Ich bin geschafft, als Kasper abgeholt wird. Währenddessen kuscheln sich die Küken mitten im Raum aneinander. Seltsam. Normalerweise liegen sie unter der Wärmeplatte. Aber die ist kalt. Mist! Hoffentlich ist sie nicht kaputt! Stecker ist drin. Aber der Knopf ist ganz nach links gedreht, die Wärmeplatte ist einfach ausgeschaltet. Ich habe einen Verdacht, wer das gemacht hat. Kasper winkt aus dem Auto und grinst schief. Tom schimpft: »Wie kann Kasper denn so etwas machen? Die Küken frieren doch! Im Winter findet er es auch nicht schön, wenn ihm einer die Jacke wegnimmt!« »Kasper muss noch lernen, sich in andere hineinzuversetzen. Vielleicht wusste er auch nicht, dass er mit dem Knopf die Wärme ausschaltet. Er ist ja noch klein. Er ist ein Jahr jünger als du, oder, Tom?«, sage ich. Tom nickt, aber Emma ist richtig in Rage. »An meiner Hose putzt Layla sich immer ganz doll den Schnabel ab, aber auf meiner Hand macht sie das gar nicht oder höchstens ganz, ganz vorsichtig! Layla ist richtig rücksichtsvoll!« Das trifft ins Schwarze. Hühner haben ein gehöriges Maß an Empathie. Aber ich bin voller Zuversicht, dass auch Kasper mit der Zeit lernen wird, Rücksicht zu nehmen. Ich drehe die Sauna wieder an, und Emma setzt die Küken ins Warme. »Hoffentlich haben die sich nicht erkältet«, sagt sie. »Ganz so schnell passiert das nun nicht, und zum Glück haben wir ja gleich gemerkt, dass die Wärmeplatte aus war«, beruhige ich sie.

Eine große Frage bleibt: Wie reagieren Mutter und Kind aufeinander? Erwachsene Hühner können Küken gefährlich werden, schon allein, weil sie ihnen körperlich überlegen sind. Und unseren Küken fehlt eine Glucke, die sie im Falle des Falles verteidigt. Aber dafür haben sie ja uns. Unser Plan: Wir lassen zunächst nur ein einziges Küken zu Henni. Das haben wir zu dritt gut im Blick. Also setzt Emma das kräftigste Küken, meinen Klettermax, ins Gehege der erwachsenen Hühner. Henni, Layla und Klettermax begucken sich argwöhnisch. Layla interessiert das bald nicht mehr und geht was fressen. Dabei schubst sie mit dem Schnabel das meiste Futter über den Rand des Futternapfes auf den Boden. »Guck mal, Mama, Layla macht schon wieder mehr Sauerei am Futternapf als ich beim Essen!«, sagt Tom und schaut mich herausfordernd an. Ich muss zugeben, das stimmt. Aber das erwartete Lob für seine vergleichsweise überragenden Tischmanieren kann er sich abschminken. Wo kämen wir denn da hin?! Sonst meint Tom noch, sich am Tisch keinerlei Mühe mehr geben zu müssen. Kommt nicht infrage! Henni beobachtet ihren Sohn weiterhin. Sie bewegt sich nicht von der Stelle. Klettermax fängt unterdessen an herumzutapsen und denkt sich, dass so ein großes Huhn ganz schön interessante Füße hat. Er macht sich zielstrebig auf den Weg zu Hennis Pfoten. Emma, Tom und ich halten die Luft an. Ich bin sprungbereit, um meinen Klettermax zu retten, sollte Henni den Angriff starten. Ahnungslos marschiert Klettermax weiter auf Henni zu und so plötzlich, dass Tom neben mir zusammenzuckt und Emma vor Schreck aufschreit, springt Henni einen Meter senkrecht hoch in die Luft, als hätte eine Schlange in ihre Füße gebissen, und nimmt Reißaus. Wir drei gucken uns verdutzt an und prusten los. Mit allem hätten wir gerechnet, nur nicht damit, dass Henni Angst vor einem – vor ihrem – Küken hat! Henni, die ein paarmal so groß ist wie Klettermax und die einem erwachsenen Huhn (Bibi) das Leben zur Hölle gemacht hat! Henni hockt inzwischen auf der höchsten Sitzstange und hofft, dass Klettermax bitte wieder aus ihrem Gehege verschwindet. Wir tun ihr den Gefallen und setzen Klettermax zurück zu seinen Geschwistern. »Es kommt halt immer wieder zu Überraschungen, wenn man Hühner hält, oder, Kinder?«, sage ich. »Ja! Das war total komisch!«, sagt Tom, und auch Emma sieht höchst belustigt aus. Henni hat jedenfalls tatsächlich keine Ahnung, dass die Kleinen ihre Küken sind, und hält diese Piepmatze eher für Außerirdische als für Artgenossen.

Ich sehe rot. Sechsmal. Das ist genau sechsmal zu viel. Nicht nur die Küken, ihre Haufen, ihr Federkleid und der Zeitungsverbrauch wachsen, sondern ebenso die Kämme von sechs Küken. Und diese sechs Kämme werden ROT! Groß und rot werden sie! Im Klartext heißt das: Wir haben SECHS Hähne! Im Umkehrschluss: zwei Hennen. Magere Ausbeute. Ich meine, wir haben es ja geahnt. Nicht, weil wir so vom Pech verfolgt wären. Sondern, weil unsere Küken frühzeitig damit begonnen haben, bitter miteinander zu kämpfen. Wie Hähne das so machen. Nein, wie Marans-Mix-Hähne, die Momo zum Vater haben, das so machen. So ein Desaster! Das Erbgut schlägt wohl leider durch, obwohl die Küken ja nicht reinrassig sind. Bella, Belle (beides Hähne!) sowie mein liebster Klettermax (tatsächlich Hahn, tragisch) setzen einen obendrauf: Seit ein paar Tagen greifen sie unser Bein und unsere Hand an, wenn wir sie füttern wollen. Und das bereits in diesem zarten Kükenalter von nicht mal vier Wochen! Sie können noch nicht mal krähen, aber schreien »Attacke!«, sobald sie uns sehen. Das ist ziemlich früh, auch wenn bei handaufgezogenen Hähnen das Problem öfter vorkommt. Obwohl uns trotz aller Hühnereuphorie noch keine Federn wachsen, halten sie uns wohl dennoch für Artgenossen. Weil wir von Anfang an viel Zeit mit ihnen verbringen. Konkurrenten wollen sie bekämpfen.

Für mich heißt das aber nur eins: Sie brauchen ein gutes Zuhause. Nur nicht bei uns. Denn wie soll das erst werden, wenn sie groß und stark sind? In meiner Verzweiflung und Enttäuschung fällt mir Frau Hildegard ein. Sicher hat sie eine Idee. »Alle haben ein paar Federchen an den Füßen. Wie echte Marans«, sage ich ihr am Telefon. »Können Sie die Hähne zufällig gebrauchen?« Kein Mensch braucht sechs nicht-reinrassige Hähne. Kein Mensch, außer Frau Hildegard. »Ooooh wie süß!«, sagt sie. »Ich nehme die und warte ab, wer sich am schönsten entwickelt. Der wird mein Zuchthahn. Kommt frisches Blut in die Linie. Die anderen gehen später zu einem Bekannten auf den Bauernhof. Da laufen sie frei herum.« Ooooookay, denke ich, das ist löblich. Endlich mal ein Züchter, der was gegen Inzucht tut und fremdes Blut in seine Zuchtlinie bringt. Macht eigentlich keiner, da der Nachwuchs kaum ausstellungsfähig ist. Aber bei Frau Hildegards miserablen Bruterfolgnissen dieses Jahr ist sie wohl maßlos verzweifelt. Und was hat sie einen netten Bekannten! Irgendwie hege ich leise Zweifel an diesem Projekt, habe aber keine andere

Wahl – außer Topf. Also keine Wahl. Und außerdem ist Frau Hildegard furchtbar nett. Die lügt doch nicht! Das beweist das Foto, das sie mir als Gruß von Momo und Bibi aufs Handy schickt: Alles sieht harmonisch und idyllisch aus – genau wie versprochen. Frau Hildegard hat einfach ein großes Herz. Also ziehen Belle, Bella, Klettermax und drei noch namenlose Küken zu Frau Hildegard. Zurück bei uns bleiben Kiki und Lulu. Kiki wird Emmas Küken, Lulu Toms Küken und ich, die die meiste Arbeit damit hat, gehe leer aus.

Familienzwist im Hühnerstall

Warum eigentlich ein schlechtes Gewissen haben, wenn man eine komplette Tafel Schokolade verputzt? Oder eine ganze Tüte Chips? Die Küken machen das doch auch! Also indirekt. Was für uns Popcorn und so`n Zeug ist, ist für sie Styropor. Das verwechseln sie scheinbar mit Regenwürmern – sie haben Styropor zum Fressen gern! Knackt ja auch viel besser. Dabei hat Emma sich so viel Mühe mit dem Styropor an der Wärmeplatte gegeben. Aber die Küken erarbeiten sich immer wieder eine nicht mit Klebeband verbarrikadierte Stelle – und dann legen sie erst richtig los! Wie Holzwürmer nagen sie das Material weg – nur wesentlich schneller. Emma hat es aufgegeben, die offenen Stellen jedes Mal neu abzukleben, und entfernt das gesamte Gedöns von der Wärmeplatte. Und ich sammele gerade alle Zeitungen vom Boden, weil die Küken auch die verspeisen. Als wenn das nicht genug wäre, picken die Küken winzige Löcher ins Holz der Fensterrahmen. Mittlerweile weiß ich nicht mehr, was ich noch alles vor die Fenster stellen kann, damit die kleinen Draufgänger nicht wieder eine Möglichkeit finden dranzukommen.

Die Küken sind eben aus den Windeln. Jetzt ist Schluss mit lustig. Es wird höchste Zeit für den Umzug. Die Wetterprognose ist vielversprechend, und die Küken sind schon ziemlich groß und gut befiedert. Im Gehege der erwachsenen Hühner steht bereits eine große Hundebox, mit Sägespänen ausgestreut und vorne zusätzlich mit engem Maschendraht versehen, durch den kein Marder und keine Ratte passt. Gleich kommt die Wärmeplatte noch hinein, die die »Küken« nur noch im Notfall brauchen oder halt zum Drauf- statt Druntersetzen. Die Elemente des Kleintierfreilaufgeheges stellen wir so, dass der Nachwuchs einen eigenen Bereich bei den großen Hühnern hat. Ich hoffe, dass die Küken bei Regen und Kälte selbstständig in die Box gehen, und vor allem, dass kein Huhn übermütig über die Abtrennung zwischen Groß und Klein hinwegfliegt – wer weiß, welches Drama dann geschieht! Die Küken sollten Schritt für Schritt und unter Aufsicht, aber so schnell wie möglich, in die Erwachsenengruppe integriert werden. Dann können alle zusammen in den Stall, bei Regen gemeinsam unter die Stuhlkonstruktion, und wir hätten weniger mit der separaten Versorgung zu tun. Alles startklar. Unsere Hühnerkinder ziehen aus. Ab jetzt wohnen sie vergleichsweise unmöbliert, in direkter Nachbarschaft zu ihren Artgenossen, die sie wohl kaum mit offenen Flügeln empfangen werden. Henni hat tatsächlich einen Sinneswandel durchgemacht. Statt sich vor ihren Abkömmlingen zu fürchten, tigert sie vor der Abtrennung auf und ab. Dass ihr nicht der Schaum vor dem Schnabel steht, ist alles. Kiki und Lulu wirken aber auch nicht mehr wie ein Knäuel Federn, sondern sind ordentlich gewachsen. Sie sehen fast wie echte Hühner aus, nur in kleinerem Format.

Ich mache ein Foto von den beiden, wie sie im hinteren Bereich im Laub – weit weg von Henni – herumscharren, und schicke es per WhatsApp in die Familiengruppe. *Schluss mit Luxus, jetzt wohnen sie draußen!*, schreibe ich drunter. Meine Tante schreibt zurück: *Denen fehlt doch was!* Kann nicht sein. Sie haben Futter, Wasser, Unterschlupf, frische Luft und genug Platz zum Scharren. Ich schicke ein Fragezeichen zurück und bekomme prompt eine Antwort. Zwei Symbole: ein Bett und ein Smiley. Das ist typisch. Tante Maya hat selber kaum Platz im Bett, weil ihre Hunde sich dort nach Belieben ausstrecken. Aber wo sie recht hat, hat sie recht. Corinnas Gästebett muss es ja vielleicht nicht gleich sein. Abgesehen davon, fürchte ich, dass Corinna das wiederum nicht mehr mitmachen würde – egal, wie »Küken-verrückt« sie ist. Aber »normale« Sitzstangen wären kein übertriebener Luxus, sondern Grundbedarf. Leider sind die Sitzstangen alle auf der anderen Seite der Abtrennung bei den großen Hühnern. Ich glaube, Kiki und Lulu haben schon ganz neidisch rübergeschielt und überlegen sich, wie sie ihr Ziel erreichen können.

Kiki und Lulu wären nicht Kiki und Lulu, wenn sie sich nicht zu helfen wüssten. Die beiden finden, dass es tagsüber auch der Giebel der alten, halb vermoderten Holzhundehütte tut, die auf ihrer Seite steht. Aber noch höher als Gästebett, Sessel und Holzhundehütte zusammen sind das Dach des quietschgelben Stalles der erwachsenen Hühner und der angeschlossene Run. »Kiki ist auf den gelben Stall geflogen!«, ruft Emma aufgeregt, als ich gerade dazu übergegangen bin, Nando neben dem Gehege mit einem Bällchen zu beschäftigen. »Bestimmt fliegt sie auf der anderen Seite runter und landet bei Henni und Layla!« Genau das wollen wir ja nicht. Deswegen haben wir die Abtrennung, denn Henni ist ein harter Brocken für so junge Hühner. Ich werfe noch mal das Bällchen und verschaffe mir dann selbst ein Bild der Lage. Es ist so: Der Run samt Stall ist neben dem provisorischen Zaun ein Teil der Abgrenzung zwischen Alt und Jung. Gewesen. Denn man kann natürlich, wenn man schon mal in jugendlichem Übermut oben auf dem Run gelandet ist, genauso gut auf der anderen Seite wieder hinunterfliegen – genau wie Emma befürchtet hat. Und das haben Kiki und Lulu inzwischen gemacht. Blöd nur, wenn man dann den Weg nicht so schnell zurückfindet und eine wutschnaubende Henni mit Layla im Schlepptau auf einen zustürmt. »Ach,

Henni! Hör doch auf!«, ruft Emma. Aber Henni interessiert sich nicht für Emmas Ratschläge.

Tja, das bedeutet: Die Zaun-Elemente der gut gemeinten Abtrennung kann ich ruhigen Gewissens entfernen, weil unsere zwei agilen Flugkandidaten sowieso immer einen Weg finden, sich abenteuerlustig in die Unwägbarkeiten des Lebens zu stürzen. Flügelstutzen wäre eine Option, kommt aber nicht in die Tüte. Kindern kürzt man doch auch kein Bein, nur damit sie im Supermarkt nicht ausbüxen und man sie nicht hektisch zwischen Regalen voller recyceltem Klopapier und italienischen Spaghettivariationen suchen muss. Layla ist nicht das Problem. Nach einer kurzen Klarstellung, wer hier rangmäßig über wem steht, ist sie relativ gelassen, was die zwei neuen Mitbewohner angeht. Henni dagegen kann gar nicht genug davon kriegen, unsere (ihre!) »Küken« durch die Gegend zu scheuchen. »Henni ist doch die Mutter! So was macht doch eine Mutter mit ihren Kindern nicht!«, regt Tom sich auf. »Sie weiß ja nicht, dass das ihre Kinder sind. Ihr fehlt die Bindung, weil sie die Küken ja nicht selbst ausgebrütet hat«, erkläre ich Tom noch mal. »Hmmmm«, brummt Tom, denn er findet Hennis Verhalten trotzdem nicht nett. Sich-in-den-Weg-Stellen hilft ebenso wenig wie Ablenkung. Kiki und Lulu sind gezwungen, einen Mindestabstand einzuhalten, und weil das nach ein paar Tagen nahezu unverändert aussieht, dämmert uns langsam etwas: Wäre Henni politisch aktiv, dann sicherlich rechtsaußen. Entsprechend fremdenfeindlich ist sie. Als sie Bibi schikaniert hat, hielten wir den Stinke-eier-Geruch für den Auslöser, aber wahrscheinlich hätte Bibi duften können wie eine Rose. Henni hat halt einen – wie Emma zu sagen pflegt – »speziellen« Charakter. Und wenn Kiki und Lulu abends friedlich auf unserem Schoß schlafen, bevor wir sie in die Hundebox setzen, frage ich mich nicht zum ersten Mal, was für Erbgut diese beiden Schätze wohl im

Blut haben. Der Vater: Momo, zu uns frech, seine Söhne schon im zarten Kükenalter frech, und die unfreundliche Henni. Wie groß wird Kikis und Lulus Aggressionspotenzial sein? Noch wirken sie, als könnten sie kein Wässerchen trüben. Allerhöchstens sind sie mit allen Wassern gewaschen.

Emma und ich bringen die Hühner ins Bett. »Könnte es nicht ein Trick von ihnen sein, die Hundebox als Schlafbox zu verweigern? Damit wir erst eine Runde mit ihnen kuscheln?«, fragt Emma. Auf ihrem Schoß liegt Kiki, auf meinem Lulu – wie jeden Abend, bevor wir sie eigenhändig in die gemütliche, mit Sägespänen und Heu eingestreute Box hineinsetzen. »Wer weiß«, sage ich und kraule Lulu unter den Flügeln. Ihre Äuglein fallen zu, ihr Kopf sackt immer tiefer. Sie fühlt sich unglaublich weich und warm an. Von mir aus können sie ihren vermeintlichen Trick eine Ewigkeit beibehalten. Emma hätte sicher auch keine Einwände. Aber jetzt wird es Zeit. Wir setzen die beiden, die missbilligend die müden Augen öffnen, in die Hundebox. Im Moment wagen wir es noch nicht, sie für die Nacht in den quietschgelben Stall neben Henni und Layla zu platzieren. Erst wenn Kiki und Lulu Anstalten machen, dort hinein zu wollen, werden wir sie dabei tatkräftig unterstützen. Ganz so lange wird das wohl nicht mehr dauern, denn Kiki und Lulu sind nicht nur mutig, sondern Hühner. Und die wollen – komme, was wolle – wie wir Menschen – zu einer Gruppe gehören (In wie vielen WhatsApp-Gruppen sind Sie Teilnehmer? ☺).

Friede, Freude, Grillhähnchen

Vielleicht sollte ich meine Kinder mit Funkgeräten ausstatten. Damit ich sie auf unserem weitläufigen Gelände und in dem verwinkelten Bauernhaus nicht so viel suchen muss. Damit ich mal eine Antwort bekomme. »Tom! Emma!« Keine Reaktion. Nicht aus den Kinderzimmern und nicht aus irgendeinem anderen Raum des Hauses. Aber ich habe so eine Ahnung, wo die beiden stecken könnten, öffne die Terrassentür und gehe in den Garten. Es ist sommerlich warm, und die Kräuter im Hochbeet neben der Sitzecke gedeihen gut. Der Oregano wuchert wie Unkraut, der Rucola sprießt und hängt über den Rand der Kräuterspirale genauso wie der üppige Schnittlauch. In den Tonschalen mit den Wildblumen summen die Bienen. Große, kleine, helle, dunkle und von allen am kuscheligsten: die Hummeln. Zwei Schmetterlinge, ein weißer und ein lilabläulicher, flattern über die bunten Blüten. Klatschmohn, Kornblume, Kamille, wilde Möhre, Wegwarte und Malve sind bei den Insekten beliebte Blumen, die ich dieses Jahr eingesät habe und inzwischen erkenne. Hinter der Haselnusshecke schmatzen Kühe im Schatten. Ich vernehme das Schlagen ihrer Schwänze, mit denen sie die lästigen Fliegen vertreiben, und ab und zu ein appetitliches Aufstoßen, das unseren benachbarten Wiederkäuern eigen ist. Tom und Emma sind hier nicht. Ich rufe noch mal, schaue um die Ecke des Hauses, aber auch das Baumhaus ist leer. Ich gehe an der Sandsteinmauer vorbei, hinter der ein paar Kühe unter den Ahornbäumen stehen und mich, lässig von links nach rechts kauend, beobachten. Das Büschel Gras, das ich ihnen pflücke, befördern sie mit ihrer rauen Zunge ins Maul. Eine Kuh, die einen fast komplett weißen Kopf hat, während ihr Körper ansonsten schwarz-weiß gefleckt ist, schubbert ihren Hals in den herunterhängenden Ästen – tut das gut! Ich gehe weiter zu unserer großen Wiese. Und da sind sie. Wusste ich's doch. Mitten auf dem Boden sitzen Tom und Emma, umgeben von unseren vier Hühnern. »Hier seid ihr«, sage ich, doch die Kinder haben nur Augen für ihre Tiere. Kiki sitzt bei Emma auf dem Schoß, und Lulu macht es sich bei Tom gemütlich. Layla steht dicht neben den beiden Kindern und pickt an Emmas Knöpfen herum. Henni hält den größten Abstand – ist aber immer noch »dabei« – und putzt sich in Ruhe ihr Gefieder. Ein harmonisches Bild, das mittlerweile nichts Neues mehr ist.

Die erwachsenen Hühner haben die junge Generation endlich vollständig akzeptiert – welch erfreuliche Wandlung insbesondere auf Mama Hennis Seite! Henni führt die kleine Gruppe sehr souverän. Sie hält es nicht mehr für nötig, ihre Chefposition dauernd zu unterstreichen. Layla, ihre Stellvertreterin, war schon immer sehr gelassen und ist nicht aus der Ruhe zu bringen. An dritter Stelle kommt Kiki, als Letztes Lulu. Diese Rangordnung erkennt man gut am Futternapf: Die Ranghöheren haben jeweils Vorrang. Jetzt, wo die Fronten klar sind, ist es eine schöne Truppe. Gezanke gibt es kaum, denn jeder weiß, an welcher Stelle er steht. Das ist der Vorteil einer etablierten Rangordnung. Bei Meinungsverschiedenheiten reicht ein strenger Blick oder ein angedeuteter Schnabelhieb. Keine Spur mehr von Mobben, Verjagen oder körperlichen Attacken. Henni, Layla, Kiki und Lulu sind immer am gleichen Ort zu finden. Sie sandbaden gleichzeitig, fressen, trinken, schlafen, putzen sich und suchen ihr Futter gemeinsam. Wenn einer von uns kommt, gesellen sie sich zu uns und versammeln sich rings um uns herum. Tom und Emma fühlen sich garantiert »dazugehörig« – mir geht es nicht anders, wenn ich mich zu den Hühnern setze – und genießen die Ruhe, die einen erfüllt, sobald man unter ihnen weilt. Dass ich da bin, merken meine Kinder nicht mal richtig. Das Funkgerät kann ich vergessen. Es wäre hier genauso nutzlos wie meine Worte. Ich werde hier offensichtlich nicht gebraucht, also stelle ich die Wasserpumpe an und gieße die Himbeersträucher und Sonnenblumen, die ein wenig schlapp aus der Wäsche gucken.

Nach einer Zeit geht Emma rein, weil sie noch Hausaufgaben erledigen muss. Tom lockt die Hühner mit Mehlwürmern zu »seiner Stelle«, wo er wie ein großer Bauer alles Mögliche anbaut und mit Holz herumwerkelt. Die Hühner scharren im Gras und suchen nach dem Futter, das Tom ausgestreut hat. »Das sind meine Arbeiter! Hinterher kann ich das Gras viel besser rausreißen! Dann säe ich Getreide ein!«, sagt Tom mit ernster Miene und wirkt gleich ein paar Zentimeter größer. Er liebt es, die gefiederte Gesellschaft um sich herum zu haben. Er hockt sich hin und beobachtet sie versunken. »Ich gucke Hühner-Fernsehen!«, sagt er. Nach einer Weile steht er auf und sammelt Samenkörner, die er von den hohen Gräsern streift, und sucht Regenwürmer mit der Mistgabel für seine Freunde. Tom lacht sich kaputt. Lulu ist mal wieder auf seinem Trettrecker gelandet und erwartet Futter als Gegenleistung für dieses Kunststück. Kein Problem, Tom ist großzügig. Sogar so großzügig, dass auch Kiki und Layla versuchen, sich dazwischenzudrängen, um einen Platz auf dem Trecker zu ergattern. Ich sehe, Tom ist gut beschäftigt, und gehe über zu den Blaubeer- und Johannisbeersträuchern. Es hat viele Tage nicht mehr geregnet, während die Sonne vom Himmel knallte – das sieht man den Pflanzen an. Sie können eine Ladung Wasser gut gebrauchen, genauso wie die Vogel- und Igeltränken. Anschließend kontrolliere ich im Hühnerstall, ob Eier da sind. Layla legt inzwischen tatsächlich ihre dunkelbraunen Schokoeier und Henni immer noch jeden Tag ein helles, cremefarbenes. Heute haben sich beide voll ins Zeug gelegt, und es liegen zwei Eier im Nest, mitten in der Mulde, die Hühner sich zum Eierlegen formen. Es wird nicht mehr allzu lange dauern, bis auch Kiki und Lulu mit der Eierproduktion beginnen. Ich stecke die Eier vorn in mein Sweat-Shirt und gehe am Run vorbei.

Diese automatische Hühnertür hier – einfach toll! Immer wieder kann ich mich über diese neue Errungenschaft freuen. Und darüber, dass Werner es unter großer Kraftanstrengung geschafft hat, sie anzubringen (die Gitterstäbe des Runs sind bärenstark!). Jetzt im Sommer lassen wir zwar die Schiebetür des Stalles auf, damit es nachts innen nicht so heiß wird wie im Backofen (kein Appetit auf Grillhähnchen) und damit die Hühner bei Sonnenaufgang schon mal in den Run können zum Fressen, Trinken und Füße-Vertreten. Aber seit Werner den automatischen Öffner am Run angebracht hat, müssen die Hühner nicht mehr darauf warten, vom Run ins große Gehege gelassen zu werden. Und noch viel besser: Ich muss morgens nicht mehr aus dem Bett springen, um mein Gewissen und die Hühner, die ungeduldig ob der geforderten Freilassung gakeln, zu beruhigen! Sobald es hell wird, öffnet sich das Törchen ohne mein Zutun, bei Dunkelheit schließt es, ohne dass ich einen Finger krumm machen muss. Morgens und abends sind wir nun flexibler. Geniales Ding! Ein Hoch auf den oder die Erfinder/-in! Ich würde ihm/ihr glatt ein Dutzend unserer Eier schenken. Doch das ist ja noch nicht alles! Unsere Hühnerhaltung steht kontinuierlich in Entwicklung. Noch eine Neuanschaffung macht uns fortschrittlicher: der automatische Futterapparat! Ihn besitzen wir nun in zweifacher Ausführung. Einer steht im Run, einer im großen Gehege. Ratten, Mäuse und Spatzen sind weniger begeistert von diesem Gerät, aber ich weiß es sehr zu schätzen, dass nur noch die Hühner ans Hühnerfutter gelangen. Sobald ein Huhn sich auf das Trittbrett stellt, drückt sein Körpergewicht die den Futtertrog verschließende Klappe auf – nicht einmal ein fettleibiger Spatz schafft das. Zuerst hatten die Hühner vor diesem Mechanismus Muffensausen, aber in kleinen Schritten haben wir ihnen das Prinzip verständlich gemacht: Anfangs lag eine Fliese zum Beschweren und ständigem Öffnen der Klappe auf dem Trittbrett, und im Trog befanden sich köstliche Mehlwürmer, damit der Anreiz groß war, dieses mysteriöse Bauwerk zu betreten. Die Beschwerung haben wir nach und nach abgebaut, sodass sich die Hühner langsam an das Klappern und die Bewegung des Trittbrettes gewöhnen konnten. Inzwischen hat sogar Layla ihre Bedenken über Bord geworfen. So ausgestattet mit automatischem Türöffner, großem Futterautomaten und Wasservorrat, würde es theoretisch reichen, einmal täglich die Hühner zu versorgen. Wir gehen trotzdem noch mindestens morgens, mittags und abends hin, um zu schauen, ob alles in Ordnung ist – und weil es einfach schön ist. Wenn zeitlich möglich, lassen wir sie nachmittags – so wie jetzt – frei laufen.

»Mama!«, schreit Tom. Ich blicke zu ihm rüber und sehe, wie alle Hühner Kiki verfolgen, die hoch erhobenen Hauptes davonrennt und etwas Großes im Schnabel trägt. »Kiki hat eine Maus!«, ruft Tom. Oje. Hühner sind Allesfresser und ab und zu mal richtige Dackel. Kleine Biester, die weder vor Mäusen noch vor Fröschen haltmachen. Sobald sie Fleisch zwischen ihre nicht vorhandenen Zähne bekommen, geraten sie in Ekstase. Kiki könnte es außerdem mit einem Hasen aufnehmen, so geschickt, wie sie Haken schlägt, um ihre gierigen Verfolger abzuhängen.

Ich weiß nicht, warum, aber in dem Moment beschließe ich, endlich Frau Hildegard anzurufen. Schon lange frage ich mich, was aus unseren Hähnen geworden ist und wie es ihnen, Momo und Bibi geht. Fangen unsere Hahn-Küken inzwischen auch Mäuse? Stinken Bibis Eier noch? Wie verhält Momo sich? Sind alle gut integriert und welche Hähne strolchen inzwischen auf dem Bauernhof ihres Bekannten herum? Ich werde Frau Hildegard um ein paar Fotos bitten. Für die Kinder. Die fragen täglich danach, ob ich was von Frau Hildegard gehört habe. Eigentlich hatte sie versprochen, jede Woche Fotos per WhatsApp zu liefern, aber sie hat schon lange keine mehr geschickt.

Ich ziehe mein Handy aus der Tasche und wähle Frau Hildegards Nummer. Nach langem Tuten meldet sich eine mir unbekannte Stimme. Ich frage nach Frau Hildegard – denke erst, dass ich mich verwählt habe –, bis ich von dem zarten Stimmchen am anderen Ende der Leitung erfahre, dass Frau Hildegard Hals über Kopf umgezogen ist. Mit einem neuen Lebenspartner, einer überstürzten großen Liebe, habe sie eine einsame Insel vor der Küste Schottlands gekauft und lebe dort in einer verfallenen Hütte von Kräutern und ein paar Fischen. »Soll das ein Witz sein?«, frage ich leicht erbost, weil ich mich auf den Arm genommen fühle. »Aber nein«, sagt das Stimmchen, »das dachten wir erst auch, aber meine Tante ist wirklich von heute auf morgen auf und davon. Sie war schon immer etwas – na ja – besonders. Und offenbar total verliebt in diesen Mann.« Oje, das große Herz von Frau Hildegard. »Hat sie die Hühner mitgenommen?«, möchte ich wissen und denke mir gleich, dass das eine blöde Frage war. Wie soll man denn einen Haufen Hühner in einer verfallenen Hütte mitten in der Pampa unterbringen und wie soll man die da überhaupt erst mal hinkriegen? Kein Wunder also, dass das Stimmchen meine Frage verneint. Ich weiß nicht genau, ob ich erfahren will, was aus den Hühnern geworden ist. Ich fürchte die Antwort. Aber Frau Hildegard mit ihrem guten Herzen wird doch sicher für ihr weiteres Wohl gesorgt haben, oder? Meine Antwort bekomme ich von allein. Als ob das Stimmchen ahnt, was in meinem Kopf vorgeht, erzählt es bereitwillig, dass die Truhen aller Verwandten nun gut gefüllt seien. Weil keiner sich um die Tiere, die sie samt Hof übernommen haben, kümmern könne, habe der Schlachter sein Werk erfüllt. Ich hab's geahnt.

Die Sandkuhle, in der unsere Hühner täglich sandbaden, sehe ich nicht, und den Schmerz, der durch meinen Fuß schießen muss, als ich darin umknicke, spüre ich nicht. Ich sehe nur, wie Klettermax sich zufrieden mit geschlossenen Augen auf meinem Schoß eingekuschelt hat, wie alle Küken piepsend angelaufen kamen, sobald wir die Tür des Gästezimmers geöffnet hatten, wie die Hähne Belle und Bella die weitesten Flüge durchs Gästezimmer unternahmen und wie sie sich alle begeistert in die Schale mit Sand stürzten, wie sie die Erde im gesamten Zimmer verteilten und an unseren Schnürsenkeln zogen. Mein Küken-Mutterherz blutet. Verschwommen erkenne ich, wie die große Kiki dazu übergegangen ist, die Maus in grobe Stücke zu zerhacken und hinunterzuschlingen.

Kurz darauf ist der Spuk vorbei, und alle Hühner gehen zum Alltagsgeschäft über. Friedlich scharren Henni, Layla, Kiki und Lulu nebeneinander im Laub, als wenn nichts gewesen wäre. Die Nichte von Frau Hildegard teilt mir mit, dass ihr Tee koche, und beendet das Gespräch. »Tut mir leid«, haucht sie mit ihrem Stimmchen. Mir auch, denke ich, verdammt leid. Das große Herz von Frau Hildegard ist unseren Hühnern zum Verhängnis geworden. Ich setze mich ins Gras und lasse mich vom beruhigenden Rascheln der Hühner trösten, die das Laub durchwühlen. Vielleicht schweben unsere Hähne, Bibi und Momo ja gerade hoch oben in den Wolken über dem schottischen Hochland – es wäre bestimmt keine allzu schlechte Aussicht. Aber wie soll ich das meinen Kindern beibringen?

Nachdem ich Corinna diese tragische Nachricht geappt habe, ruft sie mich am nächsten Wochenende prompt an. Wir sind gerade alle draußen, und Emma reißt mir das Handy vom Ohr. Sie weiß, wie lange ich mich mit Corinna festquatschen kann, und vorweg will *sie* unbedingt mit Corinna reden. Emma muss die Story von Frau Hildegard und unseren armen Hähnen, Bibi und Momo, noch mal höchstpersönlich loswerden. Corinna kann so gut trösten, und das Thema liegt Emma schwer im Herzen. Mir ist es auch nicht leichtgefallen, den Kindern beizubringen, dass unsere Tiere bei Frau Hildegard nur ein kurzes, dafür aber wohl wenigstens gutes Leben hatten. Emma regt sich immer noch auf, und auch Corinna leidet hörbar mit. »Hätte ich sie doch alle mitgenommen!«, ruft sie voller Inbrunst so laut ins Handy, dass auch ich es höre. Emma hält sich erschrocken das Handy vom Ohr. Ich nutze die Gelegenheit und schnappe es mir zurück. Ich versuche, Corinna zu beruhigen, obwohl ich selbst noch traurig und wütend bin, wenn ich an das Schicksal unserer Hühner denke. Nach einer Zeit setze ich mich »mit« Corinna auf die Holzbank unter den Obstbäumen, die Hühner scharren zu meinen Füßen, Tom und Emma sitzen zwischen ihren gefiederten Freunden und halten ihnen mal ein Stück Löwenzahn, mal eine Kellerassel hin. Kiki springt auf meinen Schoß und legt sich mit geschlossenen Augen auf meine Beine. Ich vergesse die Zeit um mich rum. Corinna und ich haben uns längst wieder gefasst. Irgendwann ist mein Ohr knallheiß vom stundenlangen Telefonieren, aber bevor wir das Gespräch beenden, muss Corinna eins unbedingt noch klären. »Du«, sagt sie und kichert in den Hörer, »wie ist eigentlich der Zustand von Gästebett und Gästezimmer?« Was für eine Aktion das war! »Keine bleibenden Schäden. Nur ein paar Löcher in den Fensterrahmen«, kann ich ihr versichern. Corinna seufzt erleichtert am anderen Ende der Leitung. Ich schätze, es dauert nicht mehr allzu lange, bis sie wieder eine Reise zu uns unternimmt, und freue mich schon auf ein lang ersehntes Wiedersehen. Corinna, die Gute, wohnt einfach viel zu weit weg.

Eierlei

Manchmal verstehe ich es selbst nicht ganz. Ich liebe ja den Sommer. Genau genommen die Wärme. Schließlich bin ich eine Frostbeule. Logisch, dass der Sommer super ist. Man kann einfach so nach draußen, ohne sich erst in dicke Kleidungsschichten einmummeln zu müssen. Und wenn weder Kind noch Tier nach mir verlangen, kann ich sogar hin und wieder unter den Linden in der Hängematte dösen und zwischen den Blättern in den blauen Himmel blicken – da liegt das Glück der Erde schlicht in der Hängematte. Eigentlich unlogisch, dass ich den Herbst noch mehr liebe. Aber an manchen Herbsttagen kann ich dem Sommer einfach nicht treu bleiben. Wenn die Sonne die bunten Blätter zum Leuchten bringt, wenn das Licht schräg durch unser Wäldchen fällt und den Morgennebel in hellen Strahlen zur Geltung bringt, wenn die Tautropfen auf den Gräsern glitzern, das Laub unter den Füßen raschelt, der erdige Geruch vom feuchten Boden aufsteigt, wenn die Luft so vollkommen klar und rein ist, dann geht mir das Herz auf. Es ist wieder so weit. Die Kinder springen in die Laubhaufen, die Werner mühselig zusammengefegt hat, und veranstalten eine Blätterschlacht. Die Sonnenschirme habe ich auf den Dachboden verfrachtet. Bis zum nächsten Sommer müssen sie dort im Dunkeln ihr Dasein fristen. Dafür explodieren draußen die Farben an Bäumen und Sträuchern. Und Kikis und Lulus Kämme wetteifern mit ihnen um das schönste Rot. Ihre Kämme sehen nicht mehr mickrig und blass aus, sondern groß und kräftig rot.

Seit ein paar Tagen sitzen Kiki und Lulu immer wieder im Nest Probe und inspizieren andere potenzielle Nistmöglichkeiten unter den Büschen. Alles Indizien für das baldige Einsetzen des Eierlegens. Und: Heute Morgen haben beide, als sie aus dem Stall kamen, zu meiner Begrüßung einen riesigen Kothaufen direkt vor meine Stiefel gesetzt. Wollen wir wetten, heute legen die beiden ihr erstes Ei. Ich könnte mich glatt als Hellseherin ausgeben, aber zumindest Tom und Emma fallen da nicht drauf rein. Sie wissen bereits, dass so ein stinkender Berg ein guter Hinweis für ein Ei ist, das gelegt werden will! Und so kommt es tatsächlich: Klein sind sie, ihre allerersten Eier! Lulu fällt in den nächsten Tagen einmal sogar einfach so ein Meisen-Ei-kleines, schalenloses Ei, das nur von der Eihaut zusammengehalten wird, beim Laufen aus dem Po. »Da fehlte ihrem Körper wohl noch die Routine, und er hat mal eben die Kalkschale vergessen«, hat Werner gesagt und sich das wabbelige Ei gekocht. Er schreckt vor nichts zurück. Es gibt auch Infektionskrankheiten, die solche sogenannten Windeier verursachen, aber zum Glück sind unsere Hühner davon nicht betroffen, und Lulus Windei bleibt eine Ausnahme.

Und weil jetzt alle Hühner Eier legen, gibt's was zur Stärkung. Die Kinder, Nando und ich machen uns mit Natur-Joghurt auf den Weg Richtung Hühnergehege. Nando ist ein Original. Normalerweise muss man ihn zum Fressen überreden. Erst nach reiflicher Überlegung lässt er sich dazu herab, mit spitzen Zähnen ein paar delikate Fleisch-Häppchen zu sich zu nehmen. Anders wenn die Hühner eine Mahlzeit kriegen. Dann offenbart er seine schizophrene Seite. Oder so. Auf einmal ist er der gierigste Hund, selbst wenn er sich dazu in einen Vegetarier verwandeln muss – Hauptsache, er kann den Hühnern Paprikareste oder Möhrenschalen wegfuttern! Unterwegs zum Hühnergehege lässt Emma ihn am Joghurt schlecken. Nando nascht sofort, ohne zu zögern. Sein ursprünglich schwarzer Bart ist schneeweiß verschmiert. Anschließend guckt er mit gespitzten Ohren vor dem Gehege zu, wie die Hühner über den restlichen Joghurt herfallen: Lulu, die verfressenste Persönlichkeit auf dem gesamten Globus, steckt ihren Kopf so tief in den Joghurtbecher und happt hastig mit sperrangelweit aufgerissenem Schnabel hinein, dass sie wie ein weißes Gespenst aussieht, als sie für eine halbe Sekunde den Kopf aus dem Joghurt nimmt, um fix einen zwingend notwendigen Atemzug zu nehmen, bevor sie weiter zulangt.

Tom hat eine weitere Überraschung für die Federfreunde. Heute kriegen sie einen Futterball speziell für Hühner – passend zum Stall in Knallgelb. Denn, was Hunde können, können Hühner schon längst. Argwöhnisch betrachten sie das seltsame Gebilde, das nun wie ein Fremdkörper in ihrem Gehege liegt. Emma macht vor, wie das Ding funktioniert, und rollt den Ball behutsam. Die Hühner ergreifen die Flucht. Schließlich sichern Hühner ihr Überleben, indem sie permanent vor potenziellen Gefahren auf der Hut sind. Aber nach kurzer Zeit ahnen unsere Tiere, dass das Ding seine Vorzüge hat. Als Erste traut sich Layla heran und pickt die Körner auf, die durch das Loch herausfallen. Kurze Zeit später setzt sie den Ball selber in Bewegung, damit er noch mehr Leckereien freigibt. Die anderen Hühner beobachten aus sicherer Entfernung, wie Layla an dem Futterspender pickt und kratzt, und wagen sich schließlich als Nutznießer dazu. »Layla macht die ganze Arbeit, und die anderen schmarotzen!«, sagt Emma. »Es macht ihr aber Spaß! Und die anderen werden sich auch bald trauen, den Ball zu rollen!«, sage ich optimistisch. Und dann kommt Layla sogar dermaßen in Fahrt, dass sie gleich noch die Dose mit dem Pelletfutter umschubst, das ich in den Automaten füllen wollte und das sich nun in einem Schwall auf dem Boden verteilt.

Da nun alle unsere Hühner Eier legen, ändert sich etwas im Alltag unserer Hühnergesellschaft. Das merkt auch Tom. »Stau! Staualarm!«, ruft er. Vor dem Nest stauen sich Eier-legen-wollende Hühner. »Henni lässt Kiki und Lulu nicht mit ins Nest! Sie faucht und knurrt wie eine Katze!« Das findet Tom nicht toll. Die beiden stehen an, weil Henni das Nest drohend blockiert. Henni gibt höchstens Layla die Ehre, mit ihr das Nest zu teilen. Die beiden legen öfter mal einträchtig zu zweit. Kiki und Lulu dagegen müssen ihr Ei aus Verzweiflung manchmal einfach auf den Sitzstangen vor dem Nest fallen lassen. In unserem Stall sind die Sitzstangen so was wie ein Plastikbrett, aus dem lange Spalten ausgefräst sind, durch die sehr wohl die Hinterlassenschaften, aber keine Eier passen. Die Eier verschmutzen auf den kotverschmierten Sitzstangen und können beschädigt werden. Ist erst mal ein Loch im Ei, verführt das die verfressenen Hühner dazu, ihre eigenen Eier zu verspeisen. Und wenn sie erst mal auf den Geschmack gekommen sind, entwickeln sich sogenannte Eierfresser. Für den eigenen Verbrauch bleibt in dem Fall nichts mehr übrig. Auch Tom hat ziemlich enttäuscht dreingeblickt, als das Ei, das er gestern im Stall gefunden hat und als Frühstücksei essen wollte, leer war. »Wer war das? Wer hat mein Ei aufgegessen?«, hat er geschimpft und flugs ein noch heiles Ei in Sicherheit gebracht.

Layla hat sich nicht so wie Henni. Bereitwillig teilt sie sich den Legeplatz mit den jungen Damen, aber für Hennis Blockade-Haltung muss eine Lösung her. Und die ist ein Nest à la Katzenklo! Die Vorbereitungen dazu sind in vollem Gange. Werner mäht noch einmal in diesem Jahr das Gras, zusammen mit Tom auf seinem Schoß, der einen Gehörschutz trägt.

Der Sitzrasenmäher knattert ohrenbetäubend und schleudert das abgeschnittene Gras hinter sich in hohem Bogen raus. Wenn ich Werner und Tom so beobachte, komme ich zu dem Schluss, dass ein Sitzrasenmäher ein tolles Spielzeug für Männer jeglichen Alters ist. Gut so, denn sonst müsste ich womöglich noch das Mähen übernehmen. Ich kann mir Besseres vorstellen, als in Kreisen, Achten, Dreiecken und anderen Formen über die Wiese zu brettern. Die nächsten Tage hat unser Bauer Tom Arbeit. Er wendet, harkt und trocknet das Gras, um Einstreu für das neue Nest der Hühner zu gewinnen. Nach drei sonnigen Tagen sammelt er zusammen mit Emma das würzig duftende Heu in mehreren Körben. Da haben wir gleich einen ordentlichen Wintervorrat. Emma polstert das Katzenklo mit dem frischen Heu aus – fertig ist das zusätzliche Nest im Run! Tom legt noch ein Kunstei hinein, damit Kiki und Lulu auch auf die Idee kommen, das Katzenklo fortan zur Eiablage zu benutzen. »Das ist wie ein Schild: Hier ist das Nest!«, sagt er. Und als ob sie lesen können, landen ihre nächsten Eier tatsächlich im Katzenklo.

Mit der Zeit werden die Eier von Kiki und Lulu größer. Farblich sind sie eine Mischung aus Hennis und Momos Eifarbenveranlagung: Schokoladenbraun plus Hell-Cremefarben wird zu Hellbraun – genau wie im Tuschkasten der Kinder! Kikis Eier sind einen Touch dunkler als Lulus, und so können wir die Eier unserer vier Hühner gut auseinanderhalten. Wir wissen genau, wer wann wo ein Ei gelegt hat. Fest steht: Keine Henne toppt Hennis Legeleistung. Firmen für Hybridzucht würden wahrscheinlich Headhunter drauf ansetzen, um Henni in ihre Zuchtkäfige zu bekommen. Hennis Erbgut, zumindest was die Legeleistung betrifft, lässt sich in der Tat sehen: Kiki und Lulu kommen an Hennis Eierquote nah heran: sechs (oft sieben) Eier die Woche sind beachtlich – und eigentlich zu viel (die armen Hühner!).

Der Herbst ist nun deutlich zu spüren. Die hinabsegelnden Blätter landen samt Kastanien auf dem Netz, das das Gehege zum Schutz vor Greifvögeln überspannt. Dort stapeln sie sich, weil die Maschen zu eng sind, um sie hindurchzulassen. Bei Regen hängt das Netz durch wie eine ausgeleierte Matratze und droht zu reißen. Die einzige Technik, das Laub zu beseitigen, besteht darin, von unten gegen das Netz zu schlagen, die Blätter Richtung Rand zu bugsieren und dort hinunterhopsen zu lassen – wenn sich die Kastanien nicht gerade verhaken. Bis man damit fertig ist, dauert es eine Weile. Zusätzliches Armmuskeltraining in der Muckibude unnötig. Hier im Hühnergehege ist das Training gratis. Vom ständigen Hochgucken wäre jetzt stattdessen Krankengymnastik für den schiefen Hals angebracht. Und man kann endlich mal von Glück sprechen, dass ich Brillenträgerin bin. Sonst hätten sich mir sicher inzwischen die Stacheln einer Kastanie ins Auge gebohrt.

Emma macht sich Sorgen. Nicht um die Stabilität des Netzes, nicht um meinen verdrehten Nacken und auch nicht um meine durch Stacheln gefährdeten Augen. Weit katastrophaler: Seit ein paar Tagen steht ihre Layla oft mit geschlossenen Augen träge in der Gegend herum. Sie frisst auch weniger als sonst. Mir ist das auch schon aufgefallen, wenn ich beim Blätter-Abschlagen mal nach unten geguckt habe. Gemeinsam gehen wir noch mal nach dem Rechten schauen. Laylas Kamm ist blass, ihr Gefieder sieht struppig und zerfranst aus. Selbst eine der bei weiblichen Teenagern aktuell angesagten Hair-and-Repair-Spülungen (oder so – weiß ich von Emma) erscheint da zwecklos. »Was hat Layla?«, will Emma wissen. Sie könnte es nicht ertragen, wenn Layla krank wäre. »Ich kann dich beruhigen«, sage ich zu Emma. »Schau mal in den Stall.« Emma öffnet den quietschgelben Stall und wahrhaftig: Drinnen liegt ein Haufen schwarzer Federn.

»Schlimm?«, fragt Emma. Ich schüttle den Kopf. »Layla mausert nur. Ihre Federn sind abgenutzt, deswegen baut sie neue. Kiki und Lulu werden erst nächstes Jahr zum ersten Mal mausern, aber Henni wird wohl auch bald ein neues Federkleid bekommen. Das ist normal im Herbst, sobald Hühner ein Jahr alt sind.« Aber Henni ist ja nicht normal. Sie legt und legt fleißig weiter, ohne auch nur eine Feder zu verlieren. Layla stellt ihre Eiproduktion während der Mauser ein, denn die ganze Energie fließt nun nicht in einen saftigen Eidotter, sondern in die aufwendige Herstellung flauschiger Federn. Eier bleiben da auf der Strecke. Und Laylas eh schon geringe Aktivität ebenso. Die Kinder sind enttäuscht, dass Layla kaum noch an ihrer Kleidung herumpickt oder auf ihren Hosen herumscharrt, wenn sie sich zu den Hühnern auf den Boden begeben. Und zum ersten Mal nach langer Zeit fehlt etwas auf dem Frühstückstisch: braunschalige Schokoeier! Die Kinder haben aber nichts dagegen, solange es zum Ausgleich ab und zu eine Alternative gibt: ein echtes Schokoei. Hoffentlich fängt Layla zügig wieder an, Eier zu legen, damit das nicht zur Gewohnheit wird.

Germany's next Top-Chicken

Erstens: Es konnte ja keiner ahnen, dass Hühner einem nicht nur ans Herz wachsen, sondern regelrecht süchtig machen! Und zweitens: Wir haben ja noch Platz. Im Stall – vom Gästezimmer bin ich vorerst geheilt. Es ist nur die Frage, wie wir es Werner beibringen. Dass wir mehr brauchen. Nachschub. Mehr Hühner. Aber Werner ist derjenige bei uns, der nicht nur den Müll an die Straße stellt, sondern dementsprechend auch den Hühner-Koteimer entleert. Freiwillig. Jawohl, freiwillig! Werner ist einfach am größten von uns allen und kriegt das richtig gut hin. Trotzdem gibt es womöglich Schöneres, als einen ins Gesicht staubenden, stinkenden Koteimer über dem fast zwei Meter hohen Zaun zu entleeren, hinter dem sich unser kleiner Misthaufen vor der Kuhweide befindet. Eimerauskippen ist zwar die einzige regelmäßige Aufgabe, die Werner bei den Hühnern übernimmt (seine Arbeitsverweigerung hatte er fairerweise ja von vornherein klargestellt), aber wenn wir mehr Hühner hätten, käme dies öfter auf ihn zu, denn Kleinvieh macht verdammt viel Mist – nicht unbedingt das, wonach sich irgendjemand sehnt. Entweder brauche ich eine Leiter (damit ich mit dem Eimer selber über den Zaun komme) oder schlagkräftige Argumente. Einen offiziellen Grund. Etwas, was zu Werners Einsicht beiträgt, wenn wir drei restlichen Familienmitglieder uns hühnermäßig vermehren möchten. Vielleicht Eier. Eier sind gut. Werner liebt Frühstückseier und Rührei.

»Werner«, sage ich, »nächstes Jahr werden Henni und Layla weniger Eier legen, weil nach dem ersten Legejahr die Legeleistung sinkt. Da hast du nicht mehr so oft Eier zum Frühstück!« Das ist nicht gelogen. Erschwerend hinzu kommt, dass Tom dazu neigt, Werner seine Lieblingsspeise vor der Nase wegzufuttern. Werner schaut mich wenig erfreut an. Aber, na klar, habe ich eine Lösung für sein Problem! Völlig spontan! Nahezu zufällig sozusagen. »Um dem drohenden Eiernotstand entgegenzuwirken, könnten wir ja zwei, drei junge Hennen dazukaufen!« Werner sieht skeptisch aus. Ich muss meine Überredungskünste steigern. »Übrigens legen junge Hennen meist sogar im ersten Winter Eier! Henni und Layla werden den Winter über wahrscheinlich gar nicht legen! Es sei denn, du verlegst fünfzig Meter Kabel in der Erde zwischen den Wurzeln unseres Waldes und schließt eine Lichtanlage im Hühnergehege an. Wenn es länger hell ist, legen die doch noch.« Da hat Werner garantiert keinen Bock drauf. Und eigentlich gönne ich den Tieren ihre Legepause auch. Ohne neue Hühner und ohne Licht sähe in der frischen Jahreszeit Werners Eierbecher jedoch gähnend leer aus (okay: nahezu): totale Eierflaute (okay: beinahe. Kiki und Lulu werden wohl hoffentlich noch das ein oder andere Ei legen, aber das reicht ja nicht!). »Wir können ja vegan leben, oder du kaufst dir im Winter wieder Bio-Eier im Supermarkt. Womit du trotz vergleichsweise verbesserter Haltungsbedingungen dennoch die Massentierhaltung von Hochleistungshühnern unterstützt«, sage ich beiläufig. Ich weiß, dass Werner mit den faden Supermarkt-Eiern sowieso nie wieder vorliebnehmen will – und vegan ist nicht seins. »Kauf die Hühner«, sagt er.

Ich reibe mir die Hände. Tja, so gesehen, rein sachlich, vollkommen logisch. Gute Entscheidung von Werner. Die Eierproblematik spricht für ein paar neue Hühner. Da hat er recht.

Ich meine, ich dagegen würde auch Hühner halten, wenn sie niemals Eier legen würden, denn Sucht ist Sucht. Die Hühner faszinieren Emma, Tom und mich immer mehr. Jedes Huhn ist einzigartig, hat seinen eigenen Charakter, seine eigene Stimme und eigenen »Dialekt«, eigene Vorlieben und Eigenschaften. Es ist unsagbar spannend, jede gefiederte Persönlichkeit kennenzulernen und zu verfolgen, wie sie sich entwickelt. Layla zum Beispiel wird mit der Zeit immer zutraulicher. Anfangs hat sie den Kontakt überwiegend zu Emma gesucht, mittlerweile springt sie auch zu mir auf den Liegestuhl, wenn ich mir dort ein paar Fachbücher vorknöpfe, und lässt sich dann sogar bereitwillig von mir streicheln. Die Interaktionen der Hühner live im natürlichen Umfeld zu beobachten ist um ein Vielfaches spannender als die dröge Auswertung von Videoaufzeichnungen einer Stallhaltung in Schwarz-Weiß während meiner Doktorarbeit. Es gibt etliche interessante Hühnerrassen, die wir bisher nur auf dem Papier kennen. Wie sind sie »in echt«? Sehen die würfelförmigen Orpington-Hühner wirklich »tiefer gelegt« aus? Wird einem schwindelig, wenn man sich die gestreiften Plymouth Rocks lange anschaut? Das alles werden wir heute herausfinden. Im Frühjahr haben die Züchter mit dem Ausbrüten der Eier begonnen, und nun im Herbst sind ihre Tiere reif für die Ausstellungen. Die Kinder waren noch nie auf einer Hühnerausstellung und haben keine Vorstellung davon, was auf uns zukommen wird. Auf dem Parkplatz vor der Halle des Geflügelzuchtvereins ist bereits Gekrähe und Gegacker zu hören. Im Vorraum des Vereins sitzen ältere Herrschaften bei Kaffee und Kuchen, den ihre Frauen verkaufen. Da hinten steht eine Tombola mit Wurstwaren, Blumen und Gläsern als Gewinne – welch putzige Zusammenstellung.

Wir müssen einmal quer durch den Raum und gelangen zur nächsten Tür, die in die Hühnerhalle führt. Der Eintritt ist frei, nur der Ausstellungskatalog, ohne den man nicht weiß, was für ein Huhn im jeweiligen Käfig sitzt, kostet zwei Euro. Es riecht nach viel Huhn, und es klingt nach viel Huhn hier drinnen. »Neee«, sagt Emma und bleibt stehen. Kaum in der Hühnerhalle, will sie keinen Schritt weitergehen. »Neee«, wiederholt Tom und ist ebenso gelähmt. Der Apfel fällt nicht weit vom Birnenbaum. Ich hätte es wissen müssen. Meine Kinder vertragen das nicht. Sie mögen es nicht, wenn Hühner eingesperrt sind. Vor uns stehen Hühner in winzigen, aneinandergereihten Gitterkäfigen einzeln herum und können sich gerade mal um die eigene Achse drehen. Keine Gemeinschaft, keine Sitzstangen, kein Nest, kein Sandbad, keine Bewegung. Hinzu kommen ständig fremde Leute sowie Kindergartengruppen, die lauthals durch die Reihen düsen. Das geht den Tieren pro Ausstellung, in der Regel für drei Tage so. Kein vergnüglicher Ausflug für so ein Huhn. Meist bleibt es nicht bei dieser einen Ausstellung, und auch an anderen Wochenenden im Herbst müssen die preisverdächtigen Tiere auf die Showbühne. »Komm«, sage ich entschlossen zu den Kindern, »jetzt sind wir schon mal da, dann gucken wir uns die Hühner auch an. An den meisten anderen Tagen ihres Lebens geht's diesen Hühnern ja besser. Denkt einfach daran. Augen zu und durch.« Emma atmet tief durch, Tom freut sich auf ein Spiel. Mit geschlossenen Augen tastet er sich voran. »Das war symbolisch gemeint!«, stöhnt Emma. »Du siehst doch nichts! Mach sie wieder auf, bevor du stolperst!«, sage ich zu Tom. Tom brummt: »Na guuut. Ihr immer mit eurem simPotisch!« Ich wuschele durch seine Haare und nehme ihn an die Hand.

An den Käfigen hängen Zettel mit der Bewertung des Zuchtrichters. Emma hilft mir, die Nummern der Käfige im Katalog wiederzufinden, um den Rassenamen zu erhalten. »Warum schreibt man die Rasse nicht einfach an den Käfig?

Das würde viel Geblättere und Zahlenmerken ersparen!«, meint Emma, denn das Prozedere ist mühselig. »Guck mal!«, ruft Tom. »Das Huhn hat einen Hut auf!« Tatsächlich. Ein schwarzes Huhn trägt auf dem Kopf eine überdimensionierte weiße Haube aus zu Berge stehenden Federn – ein Paradies für Parasiten. Emma findet das aber gar nicht lustig. Kein Wunder. Sie ist schon älter und hört mich von Anfang an predigen, dass Hunde nicht so übertrieben gezüchtet sein dürfen, damit sie noch vernünftig atmen, sehen und laufen können. Damit sie ein artgerechtes Leben führen können. Warum sollte das bei Hühnern anders sein? »Wenn so ein Haubenhuhn fliegt, knallt es sicher überall dagegen, weil die Federn vor die Augen hängen! Guck mal, wie nervös dieses Huhn ist! Bestimmt, weil es nicht rundum sehen kann! Nicht mal den Greifvogel würde es rechtzeitig bemerken!«, moniert Emma betroffen, aber Tom ist schon woanders und hat wieder etwas entdeckt. »Guck mal, Mama! Männer!« Tom zeigt auf Hühner, die Bärte tragen. »Oh Mann«, sagt Emma, »stell dir vor, wenn die Brei fressen oder im Matsch picken! Oder aus Pfützen trinken! Wie dann ihr Bart verklebt! Oder wie sie im Winter trinken und ihre Anhängsel zu Eisklumpen gefrieren!« »Hühner mit Bommeln und Bärten brauchen besondere Tränken«, sage ich. »Das hier müsste sich mal ordentlich bürsten!«, erheitert sich Tom. »Das wird wohl nichts nutzen. Die sind so strubbelig gezüchtet«, erkläre ich bei Nummer 321, einem gelockten Zwerg-Paduaner in Blaugesäumt. Emma schaut sich ein Strupphuhn an. Der Name ist Programm – es sieht genauso aus, wie es heißt. »Können die damit denn noch fliegen? Und schützt solch ein Gefieder überhaupt noch vor Wind und Regen?«, fragt Emma, meine kleine Pragmatikerin. »Wow, du denkst ja gut mit! Bei einigen Rassen ist die normale Funktion tatsächlich eingeschränkt. Das muss man bei der Haltung berücksichtigen. Übrigens, diese hier, die Araucaner, haben ja keine Schwanzfedern, es fehlen ihnen auch Schwanzwirbel und die Bürzeldrüse, die für die Gefiederpflege und das Einfetten der Federn zuständig ist.« »Das ist gemein!«, findet Emma.

Tom steht vor Zwerg-Cochins und anderen federfüßigen Hühnern wie Brahmas und dem Federfüßigen Zwerghuhn. »Bei Matschwetter dürfen die bestimmt nicht nach draußen, sonst kriegen sie ganz dreckige Füße! Iiih! Und was ist, wenn die durch Kacke laufen? Bäh!«, macht Tom. Jetzt ist Tom also auch so weit und ein kleiner Hinterfrager geworden. »Scharren die überhaupt noch gerne mit dem ganzen Kladderadatsch da unten dran? Da stolpern die doch drüber! Und verheddern die sich nicht ständig?«, fragt Emma. Die zwei, drei kurzen Federchen, die Layla, Kiki und Lulu als Maransabkömmlinge tragen, sind ein Nichts gegen das Gedöns, das so manches Ausstellungshuhn hier durch die Gegend schleifen muss. Dennoch beschließe ich, künftig konsequent darauf zu achten, dass neue Hühner bei uns überhaupt keine Federn an den Läufen haben, schon allein, weil nackte Beine im Falle eines Befalles mit Milben besser erkannt und behandelt werden können. Emma ereifert sich weiter. »Die armen Seidenhühner! Bei Regen können die bestimmt keine richtige Regenrutsche bilden und werden klitschenass. Das Wasser kann auf diesen Federn doch gar nicht ablaufen! Können die überhaupt fliegen?« »Nein«, sage ich, »mit solchen Federn ist nichts mit Fliegen. Wenn Seidenhühner irgendwo runterstürzen, können sie sich sogar die Knochen brechen. Flugunfähige Hühner sollten ein stolperfreies Leiterbrett haben, um auf höhere Sitzstangen zu gelangen.« »Die Armen«, sagt Emma traurig, weiß sie doch von unseren Hühnern, wie gerne sie aufbaumen und durch die Gegend flattern.

Ich mache die Kinder lieber auf all die anderen Rassen aufmerksam, die frei von durch uns Menschen verursachten

Problemen sind: New Hampshire, Welsumer, Vorwerk, Wyandotte, Bielefelder Kennhuhn etc. Richtig schicke Hühner ohne Firlefanz: Sie sehen normal aus, leiden unter keinerlei Einschränkungen ihrer Bedürfnisse, können artgerecht im Freiland leben und benötigen bei der Haltung keine speziellen Maßnahmen. Züchter solcher Rassen sorgen mit viel Einsatz dafür, das vielfältige, genetische Material zu erhalten. Wäre doch schlimm, wenn es irgendwann nur noch gebeutelte Hochleistungslegehühner gäbe!

»Wie schön!«, sagt Tom und zeigt auf eine große Voliere mit Sitzstangen, in der ein Welsumer-Hahn mit drei Hennen zu sehen ist. »Die hier haben mehr Platz und sind nicht allein.« »Ja, von solchen Volieren sollte es hier mehr geben! Da kann man die Tiere doch auch drin ausstellen«, fordert Emma. So interessant es ist, diese Vielzahl an Rassen hier auf einen Schlag zu sehen, so kann ich meine Kinder gut verstehen. Sie wissen, welche Grundbedürfnisse Hühner haben – Ausstellung hin oder her. Erwachsene Kritiker bräuchten vermutlich wissenschaftliche Untersuchungen dazu, ob oder in welchem Maße Ausstellungen tatsächlich Stress bei den Hühner auslösen. Interessant wäre auch der Vergleich, ob vorheriges Handling und »Käfig-Üben« sich positiv auf das Wohlbefinden der Hühner ausübt, denn viele Züchter versuchen, die Tiere zuvor an solche Vorgänge zu gewöhnen (dazu zählt nicht nur der Käfig, sondern oft auch Waschen, Föhnen, Legen!).

Auf dem Rückweg zum Ausgang kommen wir an den Tauben vorbei. Eben war Emma durch die Voliere noch etwas besänftigt, jetzt wird sie richtig laut. »Wer findet so etwas denn auch noch schön? Wer tut seinen Tieren so etwas an? Das sieht doch nicht gesund aus!« Amsterdamer Kröpfer steht bei Nummer 433 im Katalog. Der Kopf der Taube ist hinter einem riesig aufgeblähten Kropf verschwunden. Sieht aus, als würde es gleich einen lauten Knall geben, weil die Taube platzt. Daneben stehen Tauben, denen die Schnäbel nahezu weggezüchtet sind. »Die können ja nicht mal gescheit fressen!«, Tom erfasst es auf einen Blick. »Oder aus dem Ei schlüpfen«, ergänzt Emma. Ohne die Tombola und den Kuchen eines Blickes zu würdigen, verlassen wir schleunigst die Ausstellung. Den Ausstellungskatalog nehmen wir mit nach Hause. Daheim streichen wir die Adressen all der Züchter durch, deren Rassen für uns nicht infrage kommen. Übrig bleiben Hühnerrassen, die ein ursprüngliches Erscheinungsbild aufweisen. Jetzt müssen wir noch unseren Favoriten auswählen.

Da fliegen die Federn

Gut, dass Emma nicht mehr dauernd vom Golden Retriever spricht. Das erspart mir einiges an Ausrede-Künsten, Tränen – und letztendlich langen Haaren auf dem Teppich. Seit der Ausstellung steht etwas anderes oben auf Emmas Wunschliste: Australorp. Das klingt so exotisch, wie es ist: Australorps kommen aus Australien. Daher kann ich mich glücklich schätzen, dass es die gewünschten Exemplare laut Ausstellungskatalog bereits in einer lächerlichen Stunde Autofahrt-Entfernung gibt! Ein Katzensprung! Die eine Stunde nehme ich gerne in Kauf, erstens ist es Emmas Herzenswunsch, und zweitens ist ein Australorp-Huhn ein Golden Retriever. Nur in praktischem Kleinformat. Und in Schwarz. Und mit Schnabel. Aber ebenso knuddelig und gutmütig wie ein Goldi sein sollte. Was sehr praktisch ist. Sollte Emmas Hunde-Sehnsucht noch heimlich in ihr weiterschlummern, würde so ein Australorp-Huhn diesen Wunsch im Keim ersticken, bevor er überhaupt erneut ausbrechen könnte! Ich muss mich wappnen. Denn bei Tieren kann ich nun mal schlecht Nein sagen. Ein Blick nach draußen reicht: Die Hühner scharren im Gemüsebeet. Und außerdem bin ich momentan mehr als ausgelastet. Da genügt ein Blick auf meinen Schreibtisch: Unerledigter Papierkram stapelt sich Richtung Decke. »Kauf ihr das Australorp-Huhn. Dann bist du auf der sicheren Seite!«, mit diesen Worten hat Corinna mich gestern am Telefon in meinem Vorhaben unterstützt.

Na ja, eher ermuntert. Corinna ist immer dafür, irgendwelche Tiere zu kaufen, also heißt das an sich gar nichts. Trotzdem habe ich daraufhin kurzerhand einen Termin mit dem Australorp-Züchter vereinbart. Einfach, damit sich Emmas potenzieller Hundewunsch mit absoluter Sicherheit erledigt. Da muss der Züchter gar nicht so komisch reagieren, dass ich für ein einziges Huhn so weit fahre. Außerdem fuchst mich das. Denn was sagt so eine Einstellung über die Wertschätzung von Hühnern aus? Genau. Alles. Und das ist schlimm. Jedes einzelne Huhn ist wertvoll, ein pfiffiges Individuum mit Gefühlen. Da braucht man doch nicht mindestens 10 000 Hühner, um eine Stunde Autofahrt zu rechtfertigen! Natürlich würde ich noch lieber zwei Australorp-Hennen kaufen, aber nicht wegen der langen Fahrt, sondern weil wir eine Henni haben. Da braucht jedes Huhn, egal wie riesig, Unterstützung bei der Konfrontation. Aber Herr Burmann hat nur eine Australorp-Henne, die er uns abgeben kann.

Ich mache mich trotzdem auf den Weg. Anscheinend kann man noch tiefer in der Pampa wohnen als wir, denn nicht mal mein Navi kennt sich hier aus. Nach anderthalb Stunden inklusive dreißig Minuten Irrfahrt über Feldwege (und Felder) erreiche ich mein Ziel. Herrn Burmann ist in der Zwischenzeit sogar eine Lösung für das Nur-ein-Huhn-Problem eingefallen. In der Nähe wohne ein befreundeter Züchter von Zwerg-Welsumern. Dieser bemitleidenswerte Mann müsse aus gesundheitlichen Gründen die Zucht aufgeben und alle seine Tiere abgeben. »Zwerg-Welsumer?«, sage ich. »Ich glaube nicht, dass das gut geht. Wir haben nur große Hühner.« »Überhaupt kein Problem. Viele Hühnerhalter lassen Zwerge und Große zusammen laufen. Gibt keine Schwierigkeiten«, behauptet Herr Burmann. »Da kennen Sie Henni nicht!«, entgegne ich. Von Kiki und Lulu gar nicht erst zu reden! Bei ihnen ahne ich Dramatisches, schließlich tragen sie Hennis *und* Momos Erbgut! Keine gute Voraussetzung für so ein Zwerg-Huhn in deren Mitte.

Herr Burmann lacht ungläubig. Mit seinen beinahe achtzig Jahren und sechzig Jahren Hühnerhaltererfahrung schüttelt er pausenlos den Kopf und versichert, dass das wirklich keine Scherereien gebe. Ich schwanke zwischen *Der muss es ja wissen* und *Der hat ja keine Ahnung* und glotze ungläubig, als er unser neues Huhn, das ich der Überraschung wegen heimlich ohne die Kinder abhole, einfach eintütet. Herr Burmann hat aus der Ecke einen leeren Futtersack aus dickem Papier gezaubert, greift sich kurzerhand das Huhn an den Füßen und steckt es kopfüber in den Sack. Vermutlich steht mein Mund bis zum Bauchnabel offen. Transportmittel für unseren Golden-Retriever-Verschnitt: ein Sack! Gut, dass die Kinder nicht dabei sind. Meine Güte, ist das Huhn schwer!, denke ich, als ich den Sack ins Auto setze. Ich steche vier Lüftungsschlitze hinein, spähe hindurch und stelle beruhigt fest, dass das schwarze Huhn, das mich aus riesigen Knopfaugen anschaut, wieder auf den Füßen steht. Scheint zu gehen. Ich werde mir diese Zwerg-Welsumer einfach mal ansehen. Die mitgebrachte Kiste neben dem Sack ist ja noch leer. Ich kann mir gut vorstellen, dass auch Zwerg-Hühner nicht zwischen verplombten und kariösen Zähnen landen wollen. Dann lieber bei Henni und Kolleginnen.

Ein akkurat gemähter Vorgarten, von Unkraut zwischen den wie geleckten Steinplatten keine Spur. Die Haustür blitzt blitzeblank. Ich hinterlasse bestimmt einen fiesen Fettfleck auf dem Klingelknopf und will gerade mit einem Taschentuch hinterherwischen, als jemand von innen herbeischlurft und den Schlüssel im Schloss umdreht. Die Tür geht auf, und als Erstes fällt mir diese Nase auf. Herr Strothotte trägt eine überdimensionierte Möhre im Gesicht und schnauft daraus wie eine Lokomotive. Verständlich, dass er das mit den

Hühnern nicht mehr hinkriegt. Eine ältere Frau, die wesentlich besser als er auf den Beinen unterwegs ist, kommt zu seiner Unterstützung hinterher. Beide ziehen ihre hinunterhängenden Mundwinkel hoch, als ich berichte, dass ich mir gerne mal ihre Zwerg-Welsumer anschauen wolle. »Mein Mann kann das nicht mehr. Dabei hängt er doch so an den Tieren!«, erklärt Frau Strothotte, und eine Welle von Mitgefühl durchflutet mich. Es muss schrecklich sein, seine Tiere zu verlieren.

Herr und Frau Strothotte ziehen sich im Schuppen andere Schuhe an, bevor wir gemeinsam zur Hühneranlage im Garten zuckeln. Wie bei Züchtern üblich, gibt es mehrere Abteile je nach Geschlecht und Altersklasse. »Was haben die denn da?«, rufe ich entsetzt und würde am liebsten auf der Stelle umkehren. »Eine Hühnerbrille! Damit die Hähne sich nicht gegenseitig verletzen, wenn sie sich streiten! So können sie sich nicht mehr anspringen. Sie sehen sich ja nicht von vorne«, verteidigt Frau Strothotte diese seltsamen Plastikteile über den Schnäbeln, damit ihrem Mann, der seine Tiere doch ach so lieb hat, nicht die Luft wegbleibt. Hühnerbrille ist noch ein recht beschönigendes Wort. Ich würde gerne mal sehen, wie Herr Strothotte damit klarkäme, wenn jemand so ein Ding durch seine Nasenscheidewand stechen würde. Wenn fortan sein Gesichtsfeld viel mehr als nur durch seine stattliche Nase eingeschränkt wäre. Wenn er es aushalten müsste, mit einem Haufen Widersacher auf engem Raum zu leben. Eine artgerechte Tierhaltung ist das nicht. Die ist auch nicht immer ganz einfach, denn dazu zählt genügend Platz und Management, aber garantiert keine Hühnerbrille aus durchgehend rotem Plastik, die am frontalen Sehen hindert.

Frau Strothotte preist die Hennen an: »Alle Tiere sind gesund. Und sie fliegen nicht weg. Wollen Sie nicht auch einen Hahn? Ein Hahn gehört doch zu einer Gruppe Hennen!« Ein Hahn gehört zu den Hennen. Richtig. Und wieso leben diese Hähne dann eigentlich in einer reinen Hahnengruppe samt tierquälerischer Konsequenz Hühnerbrille und die eigenen Hennen hahnenfrei? Ach so, natürlich, die Hähne zerkratzen ja das Gefieder der Hennen vor der Ausstellung – das gibt Punktabzug. »Was passiert mit Ihren Hühnern, wenn Sie die nicht loswerden?«, wage ich zu fragen. »Mein Mann bringt sie selber um, ganz frühmorgens. Das fällt ihm schwer.« Frau Strothotte zuckt nicht mal mit der Wimper, Herr Strothotte guckt verlegen zur Seite. »Geben Sie mir zwei junge Hennen«, höre ich mich sagen. Ich will nicht daran denken, wie Herr Strothotte mit seinen klobigen Fingern so einem grazilen Huhn das Genick bricht und ihm anschließend die Kehle durchschneidet – oder welche Methode er auch immer anwendet. Es reicht mir, dass ich fortan die Bilder dieser behinderten Hähne verdrängen muss, denen die Nase durchstochen wurde und die mit diesem Ding vor den Augen nicht mehr gescheit gucken können. Andere Züchter lösen das doch auch anders. Mit einem Sack und einer Kiste voller Huhn fahre ich nach Hause. Das Schnaufen von Herrn Strothotte sitzt mir noch im Nacken. Die Kinder werden Augen machen. Und die Hühner auch. Oje.

»Oh mein Gott, Mama«, ruft Emma, »eine Australorp-Henne!« »Froh?«, frage ich. »Aber so was von! Das ist meine Goldwing, meine Goldi!«, sagt Emma, ohne eine Sekunde überlegen zu müssen. Passt. Goldi von Golden Retriever. Aber das erwähne ich nicht. Man sollte schlafende Hunde nicht wecken. »Hoffentlich ist der Name Programm. Könnte doch sein, dass sich Goldi als unser Goldstück erweist!«, frohlocke ich, während Tom, der schon eins der Zwerg-Hühner auf den Arm genommen hat, sich das weiche Gefieder an seine Wange drückt. Diesmal gehe ich nicht leer aus. »Du darfst das andere

Huhn haben!«, teilt Tom mir großzügig mit. Ich erhalte sogar die Ehre, Namen für die Kleinen vorschlagen zu dürfen. »Wie kommt's?«, frage ich misstrauisch. »Wegen der tollen Überraschung darfst du das! So eine Überraschung sollst du jetzt immer mitbringen!«, gibt Tom unverblümt zu. Hab ich's mir doch gedacht! »Wie würde das wohl enden?«, frage ich. »In einem Zoo!«, strahlt Tom und drückt noch mal seine Wange an das braune, von goldenen Streifen durchzogene Gefieder seiner Zwerg-Henne. »Sind das Zwillinge?«, will er wissen. »Nur normale Schwestern«, sage ich, aber sie gleichen sich tatsächlich wie eineiige Zwillinge. »Aber schau mal«, ich zeige auf den Kamm, »deins hat eine Einkerbung in der hinteren Zacke, meins nicht.« Tom nickt. Und weil die zwei so zwergig sind (besonders im Vergleich zu Goldi), können sie gar nicht anders heißen: Tiny und Little. Tiny gehört Tom, Little mir.

»Jetzt müssen wir unseren bisherigen Hühnern beibringen, dass sie nicht mehr die einzigen Bewohner des Planeten sind«, sage ich seufzend, denn leicht werden die es den Neuen nicht machen. »Wir setzen sie im Dunkeln in den Stall dazu. Dann verbringen alle die Nacht gemeinsam, die Gerüche gleichen sich an, und morgens ist es so, als seien die Neuen schon immer mit dabei gewesen«, prophezeie ich waghalsig, denn diesen Trick wenden viele Züchter erfolgreich an. Sicherheitshalber schiebe ich ein »Theoretisch« hinterher. Schließlich ist bei uns alles anders. Vorher pudern wir unsere drei Neuen gegen Ungeziefer ein – nicht, dass sie uns etwas aus den fremden Ställen einschleppen! Aus Goldis schwarzem Federkleid wird ein weißes. Erst die Tüte und jetzt das. Für Goldi ist das zu viel. Zwischen weißem Puder, Dunkelheit und dem Strahl der Stirnlampe reißt sie Schnabel und Augen himmelweit auf und stößt vor Verzweiflung einen Angstschrei aus tiefster Seele aus. So etwas hat noch niemand von uns je zuvor gehört, es fährt einem durch sämtliche Eingeweide. Arme Goldi! Schnell rein mit ihr in den Stall und Licht aus, damit die anderen sie nicht sehen und ärgern. Dann sind die Zwerge an der Reihe. Tiny und Little lassen das Puder-Prozedere kommentarlos über sich ergehen. Wir öffnen den Stall und setzen sie dazu. Sofort suchen die beiden Portiönchen im Schein der Stirnlampe Zuflucht unter der voluminösen Goldi, die sie wie eine Glucke unter ihre Fittiche nimmt. Goldig. Alles gut. Licht aus.

Am nächsten Morgen stehe ich in aller Frühe parat, noch bevor der automatische Türöffner seine Dienste leistet. Nein, ich misstraue Henni nicht – ich weiß, dass sie eine Zicke ist und den Neuen eine Zecke sein wird, egal, wie gut so ein »Nachts-in-den-Stall-Dazustecken« bei anderen Hühnerhaltern funktionieren mag. Die Klappe geht auf, die Hühner marschieren raus. Unsere Alten beschäftigen sich erst einmal mit einer Sache: mit dem Frühstück. Nach der langen Nacht sind sie hungrig, sie schlagen sich die Kröpfe voll. Doch danach stört sie, dass da noch welche rumlaufen, die da in ihren Augen nicht hingehören. Goldi hat den Vorteil, dass sie drei Mal so groß ist wie Henni. Dafür ist sie nur halb so frech. Unsere energiegeladene, selbstsichere Henni schlägt Goldi in die Flucht – aufgrund von Goldis respektablem Erscheinungsbild verläuft das Ganze jedoch ungewohnt unspektakulär ab. Vergleichsweise harmlos. Bei Tiny und Little sieht das anders aus. Aber auch sie haben einen Vorteil: Sie sind unglaublich wendig und fix auf den Pfoten. Und die zwei sind zu dritt. Bei Gefahr verstecken sie sich einfach hinter oder unter Goldwing – gewitzt! Goldi ist wirklich goldig – sanftmütig lässt sie das zu.

Aber was ist mit Zicke-Zecke Henni los? Sie hat kurz geklärt, wer hier das Sagen hat, und geht nun entspannt ihren Alltagsgeschäften nach. Wird sie mit zunehmendem Alter weise und gelassen? Oder hat sie mit Layla, Kiki und Lulu bereits genug Hennen unter sich, um nicht um ihre Chefposition bangen zu müssen? Dafür ist, wie befürchtet, mit Kiki und Lulu umso weniger zu spaßen. So wie ihre Eierfarbe eine Kombination aus Hennis und Momos Erbgut ist, kristallisiert sich auch ihr Aggressionspotenzial als ein Mix beider Charaktere heraus: Dynamit rauscht durch ihre Adern! Kiki und Lulu stehen am unteren Bereich der Rangordnung und wollen auf keinen Fall weiter absteigen, also lassen sie die Neuen wissen, wo der Hase läuft – aber muss das derart unzärtlich ablaufen? Außer Zweifel steht: Herr Burmann hat keine Ahnung. Zumindest nicht davon, was für exklusive Hennen wir beherbergen. Und Frau Strothotte hat auch keinen blassen Schimmer. Von wegen ihre Zwerg-Welsumer seien gesund und fliegen nicht! Weder das eine noch das andere stimmt. Tiny hat gerade einen Haufen fabriziert. Darin kringelt sich fröhlich etwas

Spaghettiartiges. Gesund ist anders. Fix beseitige ich den Köttel samt Mitbewohner. Nicht, dass unsere Hühner die sich schlängelnden Spulwürmer für Regenwürmer halten, sie verköstigen und sich infizieren. Ab jetzt heißt es, noch sorgfältiger als bisher jeden Kothaufen einzusammeln und eine Entwurmung durchzuführen.

Little läuft aufgeregt piepsend durch das Gehege. Sie guckt dabei unentwegt nach oben und fliegt immer wieder auf den quietschgelben Stall. Anschließend rennt sie wieder nervös durch die Gegend, immer geschickt den anderen ausweichend. Ich würde sagen, Little muss mal dringend – ein Ei legen. Zwerg-Welsumer sind zwar zierlich, aber ihre Eier angeblich vergleichsweise groß und zahlreich. Bin gespannt, was da gleich für ein Gebilde bei Little hinten rauskommt. Aber Little hat nicht vor, hier im Gehege ein Ei zu legen. Kiki und Lulu sind ihr dafür vermutlich zu unsympathisch, und sie ahnt, welches Theater ihr bevorstünde, wenn sie hier ein Nest aufsuchen würde. Wieder starrt sie nach oben ins Abdecknetz. Alles ist oben zu und verriegelt. Keine Chance zu entkommen. Arme, verzweifelte Little. Auf einmal startet sie aus dem Stand senkrecht in die Lüfte, schiebt sich fliegend zwischen Zaun und Netz hindurch, obwohl dort das Netz direkt befestigt ist. Anscheinend aber ist es an dieser einen Stelle etwas lockerer, wie Little offenbar irgendwie – im Gegensatz zu mir – nach genauer Betrachtung entdecken konnte. Little sitzt nun oben auf dem Zaun. Außerhalb des Geheges wohlgemerkt. Wahrscheinlich habe ich jetzt wieder kein Huhn mehr. Little ist wendig und kein bisschen zahm. Und sie kann fantastisch fliegen. Wie sollte ich sie jemals wieder zurückkriegen? Ich muss aus dem Gehege. In Zeitlupe schleiche ich in ihre Richtung und rede beruhigend auf sie ein, ich bin verblüfft, dass ich sie einfach so nehmen und zurück ins Gehege tragen kann. Little, unser Überraschungspaket.

Die Rangfolge der neuen Hühner steht fest. Goldi kommt hinter Kiki, aber – oh Wunder – vor Lulu. Lulu ist also durch die veränderte Gruppenzusammensetzung eine Sprosse auf der Leiter abgestiegen. Sie hat hart gekämpft, aber dennoch gegen das Schwergewicht Goldwing verloren. Nach Lulu folgt Little, am Schluss kommt Tiny. »Mama, guck mal, ich muss dir was zeigen!«, sagt Emma im Hühnergehege. Sie streckt ihren Arm waagerecht aus, und als ob wir bei der Sonntagnachmittag-Vorstellung im Zirkus wären, fliegt Goldwing drauf und lässt sich dort nieder. »Wahnsinn!«, staune ich, denn ich kann mir nicht vorstellen, dass Herr Burmann mit seinen Hühnern regelmäßig in der Manege stand und solche Tricks trainiert hat. Goldwing hat zu ihrem bisherigen Besitzer bestimmt keinen intensiven Kontakt gehabt. »Uuuuah, ist das anstrengend!«, stöhnt Emma nach einer Minute. Bei Goldis Gewicht ist das in der Tat ein beachtliches Krafttraining für ein zierliches Mädchen wie Emma. Aber Goldi meint, dass es hier oben viel behaglicher ist als unten auf dem Boden und bleibt. Na, dann kriegt Emma wohl bald Arme wie Popeye! Die beiden sind wirklich zu goldig: Immer, wenn Emma etwas zu Goldi sagt, antwortet sie in unbeschreiblich sanften, regelrecht zärtlichen, leisen Tönen und schaut Emma dabei an. Ganz anders Little und Tiny. Die sind noch lange nicht zutraulich. Ich versuche zum wiederholten Male, die beiden aus der Hand zu füttern. Wow – Tiny streckt den Hals lang, reißt ein Fitzelchen von meinem Löwenzahnblatt ab und huscht schnell wieder weg. Little staunt darüber aus zwei Meter Abstand. Zwerg-Welsumer sollen ja von Natur aus scheu sein, aber manchmal frage ich mich, wie Herr Strothotte mit ihnen umgegangen ist. Ob er ihnen ein Trauma zugefügt hat. Schließlich wird jemand, der Hühnern die Nasenscheidewand durchsticht, auch sonst nicht unbedingt der Rücksichtsvollste sein. Goldi dagegen frisst uns seit dem zweiten Tag aus der Hand.

Gestern Nachmittag, als wir die Hühner frei laufen ließen und ein Unwetter heranzog, musste ich sie geschwind mit unserer Mehlwurm-Schüttel-Methode einsperren. Was habe ich geschwitzt (und geflucht)! Alle Hühner waren schnell drin, aber Little und Tiny wagten sich nicht an mir, dem Monster, vorbei ins Gehege. Gleichzeitig musste ich zusehen, dass die anderen nicht wieder entschwinden – ein kompliziertes Unterfangen! Gut, dass Tom und Emma nicht dabei waren. Sie sollen sich ja weiterhin manierlich ausdrücken (Schimpfwörter lernen Kinder wie im Schlaf). In dem Moment habe ich mir eins geschworen: Solange Little und Tiny nicht etwas zahmer sind, dürfen sie nicht mit in den Freilauf. Na, wenn das mal nicht ein Grund für sie ist, sich anzustrengen. Sieh mal einer an, da kommt Tiny wieder, als ob sie das verstanden hätte. Sie will ein zweites Häppchen. Und sie hat zum ersten Mal kaum hörbar ein Tönchen von sich gegeben. Ein eindeutiges Zeichen dafür, dass sie »auftaut«. Wie erfreulich! Bisher verhalten sich Little und Tiny nämlich bemerkenswert still, nach der Devise: Wenn mich keiner hört, falle ich nicht auf. Nur wenn's ans Eierlegen geht, gibt Little Geräusche von sich. Das arme Ding stöhnt sogar vor Schmerzen, wenn sie so ein gigantisches Werk aus ihrem fragilen Körper drückt. Es wäre sicherlich eine gute Idee, züchterisch auf die Eiergröße bei Zwerg-Welsumern Einfluss zu nehmen. Solch kolossale Eier im Vergleich zur Körpergröße mögen wirtschaftlich, aber nicht gerade tiergerecht sein.

Aber das mit den Eiern hat sich bei Little und Tiny sowieso vorerst erledigt. Sie beginnen, an Kopf und Hals zu mausern, und stellen das Legen ein. So was kann unter anderem durch Stress kommen. Die Umstellung durch den Umzug und unsere frechen Hühner, die sie triezen, sind natürlich aufregend. Emma, unsere Feinschmeckerin, will die Eier unserer anderen Hühner nicht mehr essen. Ihr munden nun nur noch Littles

Eier. Viele private Hühnerhalter behaupten ja, allein am Geschmack unterscheiden zu können, welches ihrer Tiere das Ei gelegt hat – eine Idee für Wetten dass..! Je nach Rasse sollen Eier verschieden schmecken, Eier von Zwerg-Hühnern im Allgemeinen geschmacksintensiver als von großen Hühnern. Sie waren wirklich himmlisch, die paar Eier von Little, die sicher sowieso noch unterwegs waren. Aber ich finde, unsere anderen Eier sind auch vorzüglich. Kein Vergleich zum Supermarkt-Ei, das nach abgestandener Luft schmeckt und im Mund pappt. »Unsere Hühner suchen sich die würzigen Zutaten fürs Ei eben bei uns im Wald und auf der Wiese!«, meint Tom immer, wenn er sich sein Frühstücksei auf der Zunge zergehen lässt. Er liebt alle unsere Eier – genau wie Werner.

Bin frohen Mutes. Nur einen Tag weiter und schon sind Little und Tiny bei der morgendlichen Begrüßungsrunde mit von der Partie. Das wird wohl doch was mit den beiden! Tiny plaudert sogar fröhlich vor sich hin und wagt sich näher als sonst an meine Gummistiefel, während ich Körner zum Hühnerfrühstück ausstreue. Guter Dinge verlassen wir alle Haus und Hühner.

Doch bei unserer Rückkehr am Mittag sieht das ganz anders aus. Direkt nach der Schule stiefelt Emma zu den Hühnern, um die Eier zu holen und die Tiere mit frischem Wasser und Futter zu versorgen. Kaum ist sie zur Tür raus, steht sie völlig aufgelöst wieder mitten in der Küche. »Tiny!«, keucht sie, »Tiny bewegt sich nicht mehr!« »Ist sie verletzt?«, frage ich. Emma verneint. Mir schießen unschöne Gedanken durch den Kopf. Heute Morgen stand zum x-ten Mal so eine blöde Nachricht über europaweite Ausbrüche von Vogelgrippe in der Tageszeitung. Eben war Tiny noch gut drauf und auf dem besten Wege ihrer Entwicklung, Vogelgrippe schlägt in rasanter Geschwindigkeit zu, manchmal innerhalb von Stunden. Dabei bin ich ja davon überzeugt, dass unsere robusten Freilandhühner fernab der Massentierhaltung davon nie betroffen werden. Trotzdem. Es muss nur oft genug Panik in den Medien geschürt werden, und schon spukt so ein Geist durchs Hirn.

Ich ziehe mir meine Hühnersachen über und gehe mit Emma raus. Die Herbstluft ist frisch und glasklar, es weht ein sanfter Wind durch unser Wäldchen, und hinter ein paar weißen Wölkchen lugt hin und wieder die Sonne hervor. Hinter der Kuhweide, die zu dieser Jahreszeit leer steht, pflügt ein Bauer seinen abgeernteten Acker mit knatterndem Traktor. Die Welt scheint in Ordnung. Im Hühnergehege schaffe ich mir flugs einen Überblick. Alle anderen Hühner sehen topfidel aus und kommen wie üblich gackernd angewatschelt. Puh, zum Glück, das ist schon mal gut! Vogelgrippe würde sich nicht lange auf ein Huhn beschränken. Tiny liegt in der Ecke vor den Sitzstangen am Boden. »Hilf ihr!« Emma hockt sich neben Tiny. »Nicht anfassen«, sage ich zu Emma, obwohl sie weiß, dass sie kranke Tiere nicht berühren soll. Tinys Kamm ist nahezu weiß. Kein gutes Zeichen. Auf meine Ansprache hin reagiert sie nicht. Auch nicht auf Futter, das Emma vor ihren Schnabel hält. Die anderen Hühner fangen an, in Tinys Gefieder zu hacken. Tiny wehrt sich nicht.

Erste Maßnahme: Tiny muss hier weg. Auch aus Gründen der Ansteckungsgefahr. Ich eile auf den Dachboden und schleppe die Hundebox, in der Kiki und Lulu als junge Hühner vorübergehend gewohnt haben, die Treppen runter. Emma bettet sie mit einer dicken Schicht Stroh aus, legt fürsorglich eine Wärmflasche hinein und stellt Futter und Wasser dazu, obwohl Tiny das in diesem Zustand wohl kaum anrühren wird, aber das sage ich Emma nicht. Derweil untersuche ich Tiny, gucke in ihre Körperöffnungen, auf ihre Haut, taste und horche sie ab. Ich schicke Emma ins Haus. Das hier ist ernst. Lebensbedrohlich. Die Prognose sieht schlecht aus, und von einer Therapie verspreche ich mir nicht viel. Ein Blick auf die Uhr. Ach herrje! Ich müsste schon längst weg sein und Tom von einer Kindergartenveranstaltung abholen! Vorsichtig lege ich Tiny in die Box und beschließe, sofort nach ihr zu sehen, wenn ich wieder zurück bin. Ich komme noch mal an den anderen Hühnern vorbei und kontrolliere aus den Augenwinkeln, ob sie wirklich alle fit und gesund wirken. Das tun sie. Hoffentlich bleibt das so! Nur Little fühlt sich ohne ihre Schwester Tiny verloren. Sie piepst aufgeregt und läuft suchend von einer Ecke in die andere. Herzzerreißend. Aber ich muss dringend los.

Bei der zweiten Kontrolle kurze Zeit später hat Tiny weißen Durchfall und wirkt zusehends schlapper. »Kannst du nicht was machen, Mama, bitte!«, fleht Emma, als ich mit der schlechten Nachricht ins Haus komme. »Meine arme Tiny!«, wimmert Tom. Seine gesamten Bastelsachen sind schon wieder auf dem Küchentisch ausgebreitet, seit er vom Kindergarten zurück ist. Ich muss deutlich werden, aber diesmal in einem anderen Punkt. »Für Tiny wäre es am besten, sie einzuschläfern.« Endlich spreche ich es aus. Mann, was fühle ich mich miserabel. »Nein! Nein! Bloß nicht! Vielleicht wird sie wieder gesund!«, heult Emma auf. »Tiny soll leben!«, sagt Tom trotzig. Mitleidig gucke ich meine Kinder an und schüttele langsam den Kopf. Emma stürmt raus, Tom kuschelt sich auf meinen Schoß. Wenn ich Tiny erlöse, bin ich die Doofe. Aber ich habe die Verantwortung und werde es trotzdem tun müssen. Der Ernst der Lage rechtfertigt es, die Kinder vor den Fernseher zu setzen – sie sollen nicht dabei sein. Ich gehe allein zu Tiny. Mir graut davor, in die Hundebox zu schauen. Über die Wiesen hat sich Nebel gelegt, Kälte steigt vom Boden auf. Ich reibe meine Hände und schlage den Kragen meiner Jacke hoch. Vorsichtig drücke ich den Hebel an der Hundebox auf. Meine Aufgabe hat sich erledigt. Tiny hat es allein geschafft. Sie atmet nicht mehr.

Tiny erhält eine würdige Beerdigung. Ihr Grab kommt direkt neben Isabellas. Beide Hühner haben sich im wahren Leben zwar nie kennengelernt, aber den Kindern gefällt die Idee, dass die zwei nicht alleine in der Erde frieren müssen. Jeder gibt eine Portion Körner, die Tiny so gerne mochte, mit ins Grab. Tom schaufelt das Loch zu, Emma stellt ein selbst gebasteltes Kreuz oben auf das Grab. Tom pflanzt einen Löwenzahn zur Begrünung auf die Erde, weil Tiny den so lecker fand. Nach ein paar Tagen merke ich, dass meinen Kindern wohl doch klar gewesen ist, dass Tiny gehen musste, denn sie finden sich mit Tinys Tod schneller ab, als ich gedacht hätte. Sicherlich auch, weil Tiny in der kurzen Zeit, die sie bei uns wohnte, kaum Gelegenheit hatte, den Kindern so tief ans Herz zu wachsen wie die anderen Hühner. Die nächsten Tage sind von starker Unsicherheit geprägt. Ich beobachte jedes Huhn ganz genau. Zeigt eines Anzeichen einer Krankheit? Fressen und legen alle wie bisher? Ein Todesfall aus heiterem Himmel macht misstrauisch. Die Verunsicherung legt sich erst nach ein paar Wochen so langsam, als es der Gruppe nach wie vor gut geht.

Little hat aufgehört, nach Tiny zu suchen. Seit dem Tod ihrer Schwester orientiert sie sich noch mehr an Goldwing als zuvor. Ruht sich die Gruppe aus, sind es immer Goldwing und Little, die dicht nebeneinanderstehen und sich einträchtig putzen. Auf den Sitzstangen findet man die beiden Seite an Seite. Im Sandbad kuschelt sich Little unter Goldwings dicken Bauch, sodass man sie bei dem Staub, der durch die Lüfte wirbelt, kaum entdecken kann. Läuft die Gruppe frei durch das Wäldchen und den Garten, kleben Little und Goldwing wie Uhu aneinander. Dieses ungleiche Paar (schwarzes, hundegroßes Riesenhuhn und braunes Zwerg-Huhn) ist ein Bild für die Götter.

Aber Goldi gibt nicht nur ein Riesenhuhn ab. Sie vereint

gleich mehrere Tierarten in ihrem knuddeligen Körper: Huhn, Hund und ... Hase! Genau genommen den Osterhasen. Das mache sie extra für die Kinder, meint Oma. Weil sie so eine gute Seele ist. Die Kinder lieben doch die (Oster-)Eiersuche. Und Goldi kann ihre Eier richtig gut verstecken. Findet man nach einer Woche endlich ihr Gelege (zum Beispiel unter den dichten Zweigen einer niedrigen Tanne), denkt sie sich gutherzig ein neues Versteck aus, damit wir wieder mindestens eine Woche auf Eierfahndung gehen können. Die Spielverderberin in diesem Szenario bin ich, denn morgen kaufe ich ein weiteres Katzenklo als zusätzliches Nest. Dann wird Goldi ihre Eier dort hineinlegen. Außerdem fängt Little an, Goldi nachzuahmen und verbündet sich eierortmäßig mit ihrer besten Freundin. Littles Eier sind nun häufig in Goldis Gelege zu finden. Die zwei sind wirklich ein Herz und eine Seele. Auch jetzt stehen sie wieder dicht nebeneinander. Aber Little hat ein Problem. Sie kämpft mit einem langen Grashalm, der ihr im Hals klemmt und nur ein Stück aus dem Schnabel hängt. Sie versucht, ihn zu schlucken. Vergeblich. Sie versucht, ihn mit den Füßen abzustreifen. Sie schleudert ihren Kopf, aber der Halm bleibt, wo er ist. Ich nähere mich, um Little von dem Ding zu befreien, doch scheu, wie Little ist, weicht sie mir aus. Aber zum Glück hat Little ja Goldwing zur Freundin. Goldwing geht ein Schrittchen auf Little zu und zieht ihr den Halm kurzerhand mit ihrem Schnabel aus dem Hals. Man könnte ja meinen, Goldwing wollte das Grasstück selbst fressen, aber sie legt es einfach auf dem Boden ab. Goldwing hat erkannt, was mit Little los war. Mit ihrer sozialen Ader hat sie Little geholfen. »Wie rührend!«, sage ich und gehe »mit ohne« Eier rein – die Kinder haben sicher mehr Erfolg (und Spaß) bei der Suche.

Hühner unter Hausarrest

Ich schiebe Werner den Zeitungsartikel, der mir mein wohlverdientes Wochenende versaut, unter die Nase und atme schwer. »Und das alles nur, weil jemand so doof war, irgendwo eine tote Ente einzusammeln, die zufällig einmal Vogelgrippe hatte?«, fragt Werner ungläubig. »So ein Trara? Wegen einer Ente?« Ich antworte nicht. Geht nicht. Vielleicht sollte jemand mal meine Vitalfunktionen überprüfen. Fakt ist: Ab heute gilt Stallpflicht! Da hilft auch kein Verdrängen mehr. Bisher bin ich zu blauäugig davon ausgegangen, dass bei uns schon nichts passieren wird. Ich meine, in allen möglichen Gegenden bricht zurzeit Vogelgrippe aus und finden Leute infizierte Wildvögel, aber Stallpflicht? Doch wohl nicht bei uns! Da kannste mal sehen, wie man sich täuschen kann. Stallpflicht. Für mindestens zwei Monate. Weil es hier so viele Geflügelbetriebe gibt, gilt erhöhte Seuchengefahr für jegliches Geflügel in der Umgebung. Eine ganze Seite ist allein mit der Verordnung abgedruckt, welche Maßnahmen zu treffen sind, wenn man Hühner hält. Und welche Strafen drohen, setzt man das nicht um. 25 000 Euro! Auch Hobbyhalter. Das kann ja heiter werden. Stallpflicht heißt logischerweise Hühner in den Stall. Alternativ: in Volieren, aber dann seitlich mit Vogelnetz und oben mit Folie oder Dach abgeschirmt. Wie, bitte schön, soll ich eine Folie über unser komplettes Abdecknetz spannen, die bei Wind und Wetter hält? Hühner müssen ab jetzt keimfrei gehalten werden. Ins Gehege darf man nur noch hygienisch einwandfrei. Ein Operateur im OP-Outfit hätte freien Zutritt, Spatzen und fliegende Vogelkacke dagegen nicht. Ich raufe mir die Haare. Keine Ahnung, wie wir das umsetzen sollen und dabei die Hühner weiterhin artgerecht unterbringen können.

Das Telefon klingelt. Es ist Corinna. »Du sag mal, habt ihr etwa Stallpflicht? Da kam gerade was im Radio!« Völlig aufgebracht, meine Corinna, die Patin unserer Hühner. Auf Corinna ist Verlass. Sie sorgt sich genauso um unsere Federtiere wie ich. Ihr kann ich mein Leid klagen. »Keine Meise, keine Amsel darf mehr ins Gehege gelangen können!«, jammere ich. »Ich dachte, Singvögel erkranken nicht an Vogelgrippe?«, wundert sich Corinna. »Ach so«, überlegt sie, »das ist bestimmt, weil die in so einen verseuchten Haufen einer Ente treten und dann die Bakterien und all das Zeugs mit reinschleppen könnten, oder? Oder wie funktioniert das? Klär mich auf, Frau Doktor, du hast das studiert!« Ich nicke und schüttele den Kopf, auch wenn Corinna das nicht sieht. Sie weiß, dass ich nicke. Und gleichzeitig den Kopf schüttele. Bestimmt weiß sie das. »Viren!«, sage ich. »Viren, um korrekt zu sein. Egal wie. Ganz egal. Ich muss eine Folie über das Gehege kriegen! Wegen der Entenkacke! Und Gänsekacke! Und der ganzen Kacke überhaupt, die ständig durch die Lüfte schwirrt und von oben durch das Netz trudelt!«, stöhne ich. Frau Doktor hin oder her, ich bin BETROFFENE! Betroffene Hühnerhalterin wie jede andere auch! »Du meinst, weil es sein kann, dass eine Ente erst noch einmal direkt über eurem Gehege kackt, bevor sie das Zeitliche segnet? Das wäre logisch.« »Genau! Absicherung gegen Einträge von oben! Behördlich angeordnet«, sage ich. Corinna sagt für ein paar Sekunden nichts. Sie denkt nach. »Hmmm«, brummt sie nach einer Weile. »Was ist eigentlich, wenn eine Ente schief scheißt? Ich meine, wenn der Wind schräg übers Land pfeift, du weißt schon, so wie er das bei miesem Wetter bei euch gerne macht, und die verseuchten Ausscheidungen seitlich unter der Folie ins Gehege befördert?« Corinna kichert. »Oder denk mal, was passieren könnte, wenn ein Käfer ins Gehege krabbelt und vorher durch ... du weißt schon ..., ich meine, durch einen verseuchten Haufen einer Ente gekrochen ist! Ach, bei euch sind ja gar keine Enten und Gänse. Egal, Vorschrift ist Vorschrift. Da gibt's nur eine Lösung«, sagt Corinna. »Und die wäre?«, frage ich hoffnungsvoll. Vielleicht hat Corinna ja eine hilfreiche Idee, wie ich mal eben 110 Quadratmeter Folie über eine freie Fläche spannen kann. »Gästezimmer!«, flötet Corinna fröhlich. Und dann lacht sie. Und ich auch, denn ihr Lachen ist ansteckend, und einen Moment lang denke ich an unsere Küken damals auf Omas altem Sessel und vergesse den Ernst der Lage. Natürlich war das ein Scherz. Corinna ist tierlieb, aber sicher nicht so tierlieb, dass sie sich beim nächsten Besuch das Gästebett mit den Hühnern, ihrem Staub, ihren Federn und ihrer (wenn auch seuchenfreien) Kacke teilen möchte. »Gute Idee!«, necke ich sie. »Die Hühner hätten da prinzipiell nichts dagegen. Layla ist sogar richtig scharf drauf, durch die Tür reinzuhuschen, seitdem Werner mit den Hühnern drinnen ein Foto-Shooting mit echter Leinwand veranstaltet hat. Und mit Mehlwürmern. Das ist der ausschlaggebende Punkt.« »Das kann ich mir vorstellen! Ich weiß noch, wie Layla letzten Winter immer schnurstracks zum Vogelfutterhäuschen ausgebüxt ist, um die Reste vom Boden zu picken! Sie ließ sich durch nichts beirren ... Oje, Stallpflicht! Ihr Armen, herrje, ich sag mal: Locker bleiben! Wird schon!«, muntert Corinna mich noch einmal auf, bevor wir uns verabschieden und auflegen.

Samstagvormittags trinken die Leute in Ruhe Kaffee und lesen die Zeitung. Die, die Hühner haben, machen das a) immer noch und verbrühen sich spätestens auf Seite 12 (Anordnung zur Stallpflicht) am heißen Gebräu, b) ignorieren die Verordnung dickhäutig (weiß ich via WhatsApp: *Stallpflicht? Ich lasse meine Hühner einfach weiter laufen!*), c) klappern inzwischen sämtliche Baumärkte nach Vogelnetzen ab. Ich gehöre zu c). a) habe ich schon hinter mir. Das meiste ist schon ausverkauft. Vielleicht sollte ich in Kategorie b) überwechseln. Aber wo gibt´s diesen Kurs Take-Vogelgrippe-easy? So eine entspannte Einstellung würde einem jedenfalls eine Menge Rennerei durch die Geschäfte ersparen. Erst kurz vor Ladenschluss werde ich fündig und kaufe die letzten Rollen Vogelnetz auf. Zusammen mit Tom und Emma quetsche ich mich zwischen Sträucher und Büsche, um das Vogelnetz mit Unmengen Kabelbindern und Wäscheklammern (die waren nicht ausverkauft, dabei braucht man die als Hühnerhalter ja permanent!) am Zaun des Geheges zu befestigen. Von der Seite her kann nicht mal ein Zaunkönig mehr ins Gehege hüpfen. Der heutige Aufwand ist ja nicht der Rede wert – am Abend sind wir doch schon fertig!

Sonntagsausflüge hin oder her – ich brauche eine Lösung. Auf Dauer kann und will ich unsere Hühner nicht im Run, der zur Wintervorbereitung sowieso schon vorbildlich mit Folie bedeckt ist, einsperren. Dort ist es viel zu eng und langweilig! Was sollen unsere Hühner denn da drin den ganzen Tag machen? Sich die Füße platt stehen und auf dumme Gedanken wie Federpicken kommen? Nein, danke! Lange halte ich das nicht aus, mit anzusehen, wie die Tiere dort vor sich hin vegetieren (obwohl es ihnen im Run immer noch besser ginge als den Industriehühnern – schlimm!!!). Es muss eine andere Möglichkeit geben. Werner ist unser »Bauexperte«, der weiß Bescheid. Aber all meine Ideen schmettert er ab. Hält nicht. Reißt bei Wind. Sackt bei Regen durch. Ein echtes Dach viel zu teuer und kurzfristig nicht zu bewerkstelligen. Fast bin ich sauer. Es muss doch eine Lösung geben! Aber dann bietet Werner an, hohe Pfosten zur Unterstützung der Folie zu bauen. Na also, ein Hoffnungsschimmer. Bin erleichtert. »Die Folie muss stabil sein! Keine übliche Holzabdeckfolie!«, erinnert Werner mich. »Klar. Kein Problem. Ich nehme die stabilste, die es gibt«, sage ich und schalte den PC ein. Diesen Sonntag beschränken sich meine Ausflüge aufs Internet. Ich surfe von einer Quelle zur nächsten. Die Kinder schauen immer wieder ungeduldig vorbei, ich vertröste sie jedes Mal mit meinem »Eben noch, gleich bin ich fertig«. Als ich endlich die Bestellung für eine maßgeschneiderte Folie mit den erforderlichen Ansprüchen anklicke, ist es Abend. Werner hat die Kinder bereits ins Bett beordert.

Ein paar Tage später fährt nachmittags der Lieferwagen vor. Das muss die heiß ersehnte Folie sein. »Warum geht der so krumm?«, fragt Tom. Er schaut aus dem Fenster und beobachtet, wie der Bote sich mit einem Paket abquält und es zu unserer Haustür schleppt. Und genau das frage ich mich auch. Die Folie kann das ja nicht sein. Folie ist nicht so schwer. Aber da habe ich mich wohl getäuscht. Diese Folie für 120 Quadratmeter, die so stabil ist, wie Werner es gefordert hat, wiegt über dreißig Kilo! Keine Chance, die überhaupt da oben hinzukriegen, geschweige denn dauerhaft so zu befestigen, dass sich keine Regenwasserkuhlen bilden, die durchhängen. Werner meint zwar, wenn die Dreißig-Kilo-Folie absackt und die Hühner erstickt, habe sich das mit der Vogelgrippe sowieso erledigt, aber Moment mal, Hallo!? – Sooo nicht! Da muss Werner gar nicht so ulkig gucken. Das ist nicht witzig!

Die Bestellung muss ich wieder rückgängig machen. Zähne knirschend tausche ich die Folie gegen eine leichtere für nur 48 Quadratmeter. Vom Gewicht her wenigstens müsste das funktionieren. Mobile Zaunelemente werden die Hühner innerhalb des Geheges unter der Folie halten. Die Wohnfläche von ursprünglich über 110 ist auf 48 Quadratmeter geschrumpft, vom verbotenen Freilauf ganz zu schweigen. Auch wenn ich mir immer wieder sage, dass andere Hühner viel weniger Fläche zur Verfügung haben, hilft das nichts. Unsere Hühnergesellschaft tut mir leid.

Die nächste Folie kommt. Diesmal stöhnt der Bote nicht unter dem Gewicht des Pakets. Alles bestens. Werner und ich machen uns an die Arbeit. Riesige Kabelbinder, reißfestes Seil, die Holzpfosten und die Zaunelemente stehen bereit. Während wir die Folie spannen, zieht ein Unwetter auf. Herbstlicher Wind fegt über die Wiesen, schüttelt die Bäume, zerrt an der Folie und bläst durch meine Rippen. Der Wind baut sich innerhalb kürzester Zeit zu einem Sturm auf. Wir müssen hier schnell weg. Plastikeimer von Tom hüpfen wie Flummis durch die Gegend, die Mülltonne kippt um, und die gerade befestigte, ach so stabile Folie: reißt. Einfach so. Die Vogelgrippe zerrt unbehaglich an meinen Nerven und verdirbt meine eh schon ausgekühlte Laune.

Brauche Trost. Corinna schickt mir lustige YouTube-Videos, um meine lädierten Nerven aufzupolieren. Ich bin ja nicht die Einzige, die mit der Vogelgrippe kämpft. Andere Hühnerhalter: meine Leidensgenossen! Auf YouTube hechtet ein Mann hinter einem wegwehenden Hühner-Gewächshaus her. Seine Tiere nutzen derweil die Chance und strolchen über die – verbotene – Wiese. Natürlich lassen die sich ebenso wenig wie das Gewächshaus einfangen, der Mann landet mit dem Gesicht in einem Maulwurfshügel (besser als ein Hühnerhaufen!). Vielleicht sollte ich ihm ein paar Mehlwürmer schicken. Hilft immer. Ein anderer will seine Hühner durch eine Sicherheitsschleuse, einen Welpentunnel, vom kleinen Stall in ein noch nicht weggewehtes Gewächshaus locken, damit sie nicht über die vermeintlich vogelgrippige Wiese laufen. Der Mann kriecht vor – und schon klemmt er im Tunnel fest. Die Hühner gucken in die Röhre. Das Vorhaben droht zu scheitern, bis sich die erste Henne endlich durch den Tunnel traut ... und mittendrin beginnt zu scharren: Der Stoff ratscht auf! Und dann folgen die anderen, scharren und k...cken im Tunnel. Wie kommt man nun sauber zurück? Gar nicht? Durch das Loch, das jetzt im Tunnel ist? Der Aufwand mit dem Hühner-Tunnel war die Mühe nicht mal wert, weil der Stoff wasser- und virendurchlässig ist (und jetzt auch noch löchrig). Theoretisch müsste man den Tunnel vorher imprägnieren, mit Folie umwickeln oder weiß der Geier was. Es ist zum Mäusemelken! Wer kann schon alle Vorgaben perfekt erfüllen, um der angedrohten Strafe zu entkommen, die Hühnerbesitzern, die ihre Tiere artgerecht halten möchten, ständig im Nacken sitzt? Ich stöbere weiter im Internet, verwerfe Carports, Party-Zelte, Gewächshäuser und Gartenhütten. »Zelte und Gewächshäuser wehen bei uns auf dem offenen Feld weg«, bestätigt Werner. Für Carport und Gartenhaus braucht man eine Baugenehmigung. Das kann dauern. Fällt also auch weg.

Schließlich werde ich fündig. In England gibt es ein achtzehn Quadratmeter großes Hühnergehege mit einer Dachkonstruktion aus Stangen, auf der man eine Folie befestigen kann. Der Vorteil: Ist die Vogelgrippe überstanden, hätten unsere Hühner auch danach noch etwas von diesem zusätzlichen Platzangebot! Und sie hätten permanent ein Regen-, Sonnen- und Schlecht-Wetter-Abteil – alles in einem! Sie hätten sogar nicht nur achtzehn Quadratmeter mehr Platz, sondern sogar weitere zwölf Quadratmeter zusätzlich, weil ein Zaunelement des alten Geheges geöffnet werden muss, um das englische Modell anzuschließen. Im Krankheitsfall oder bei anstehender Integration neuer Hühner könnte ich die Hühner separieren. Ein Hoch auf die Vogelgrippe! Welch ein Segen für unsere Hühner! Ich bestelle das Gehege.

Fragt sich nur, welche Folie für das neue Gehege geeignet ist. Stabil, aber nicht zu schwer, groß genug und mit passenden Ösen an den richtigen Stellen. Komisch, dass die Firma mir nicht eindeutig beantworten kann, ob ihre eigene, dazugehörige Folie absolut wasserdicht ist und das Gehege lückenlos überspannt. Nicht, dass ein paar Zentimeter fehlen und doch noch ein mit Vogelgrippe verseuchtes Köttelchen aus dem Himmel hineinsegeln könnte (das Veterinäramt wäre nicht begeistert – mein Kontostand folglich auch nicht). Schon nach ein paar Tagen fliegt das englische Modell ein, und ich staune, wie schnell Werner dieses Konstrukt aus tausend Elementen gemeinsam mit den Kindern aufbaut. Jetzt nur noch die Folie obendrauf und wir haben endlich alles gelöst. Ich öffne den Karton. Und stöhne laut auf. Das Material der Folie ist dünn wie Butterbrotpapier, genauso reißfest und von den Maßen her nicht mal ausreichend. Und zu dem Preis vollkommen überteuert. Egal wie, ich muss diese Folie zurückschicken. Und nu? Meine Güte, dann spannen wir eben provisorisch so viel billige Holzabdeckfolie aus dem Baumarkt irgendwie obendrüber, bis alles dicht ist und später ein dauerhaftes Dach draufkommt. Bleibt zu hoffen, dass das Wetter mitspielt und die Folie nicht täglich zerfetzt …

Das Zerreißen der Folie ist aber gar nicht das größte Problem. Wir müssen diese dumme Baumarkt-Folie erst mal festkriegen! »Man kann kaum seine Hand vor den Augen sehen, so doll schneit es!«, zetert Emma. Eigentlich schneit es hier nie und das hier ist auch eher Schneeregen als Schnee. Aber unangenehm genug bei dieser Aktion! Zusammen mit Oma versuchen wir, die Folie über den Giebel des englischen Geheges zu werfen, ohne dass sie dabei an irgendwelchen Spitzen und Haken aufreißt. »Wir sind zu klein!«, sagt Oma. »Wäre Werner doch bloß da!« »Ich hole eine Leiter«, sage ich. Aber selbst mit Leiter reichen unsere Arme nicht für unser

Vorhaben. »Ich filme, wie ihr euch quält, und stell das dann auch ins Internet! Noch so ein lustiges Vogelgrippe-Video!« Emma zückt ihr Handy. »Wirst du dich wohl hüten!« Oma droht mit ihrem eingefrorenen Zeigefinger. »Doch«, sagt Emma, »ihr seid hitverdächtig!« Wie ein Cowboy schwingt Oma gerade ein Seil, an dem die Folie befestigt ist, über das Gehege. Von der anderen Seite recke ich mich, um es mir zu angeln und die Folie oben über den Giebel zu ziehen. »Nimm!«, schreit Oma, aber schon flutscht das Ende wieder weg. Oma reicht mir einen Plastik-Müllgreifer aus dem 1-Euro-Shop. »Versuch's damit«, empfiehlt sie, »dann kommst du vielleicht besser dran.« Oma holt aus, ich versuche mit dem 1-Euro-Teil das Seilende zu erhaschen und ... der Greifer verweigert seine angepriesene Funktion, alles rutscht wieder weg. »Noch mal«, ruft Emma, »hab nicht alles drauf!« »Du hilfst lieber mal mit!«, schimpft Oma. »Meine Finger sind eingefroren«, kontert Emma. »Gleich ist noch dein Handy klitschenass!«, maule ich. »Pack es endlich weg!« Emma steckt es tatsächlich ein und hilft. Nach unendlichen Anläufen – wir brauchen vier Folien! – haben wir es geschafft. »Sieht ganz schön zerknittert aus«, meint Emma, als sie unser Werk betrachtet. »Jetzt ist Schluss. Ist ja kein Schönheitswettbewerb. Rein in die warme Stube!«, sagt Oma. Ich stelle auch keine hohen Ansprüche mehr. Wir sind durchnässt, und das Einzige, was ich will, ist ein heißer Tee. »Wehe, unser Werk zerreißt beim nächsten Sturm. Dann kriege ich einen Anfall«, sage ich und schüttele meine triefende Jacke aus.

Ich sollte das wirklich lieber lassen, aber es ist zur abendlichen Routine geworden: der Check nach dem aktuellen Stand der Vogelgrippe. Gibt es neue Ausbrüche? Und vor allem: Wo? Bei uns in der Nähe sind zahlreiche kommerzielle Geflügelbetriebe, und ich habe wirklich keine Ambitionen, plötzlich in ein Sperrgebiet zu fallen, nur weil in der Nachbarschaft

Vogelgrippe diagnostiziert wurde. Das würde nämlich bedeuten, dass unsere Hühner – egal wie gesund – prophylaktisch gekeult würden. Ein unerträglicher Gedanke. Auch Emma verfolgt die aktuellen Geschehnisse rund um die Vogelgrippe im Internet. »Wenn die kommen, um unsere Hühner zu töten, versteck ich die oben bei uns auf dem Dachboden! Dann drehe ich die Musik ganz laut auf, damit keiner sie gackern hört! Goldwing, Layla und Kiki trage ich als Erstes hoch, damit die schon mal gerettet sind! Basta!«, sagt Emma energisch. Ich kann sie verstehen. Als Kind hätte ich genau solche Gedanken gehegt. »Wir schließen einfach vorne auf der Einfahrt unser Tor ab, wenn die unsere Hühner töten wollen!«, ereifert sich Tom. Gefällt mir, diese kindliche Rebellion (Nur nicht, wenn sie sich gegen meine Anordnungen richtet ...). »Noch ist es ja nicht so weit, und bestimmt wird alles gut gehen«, sage ich. Dabei stecke auch ich voller Sorgen. Ich sollte nicht dauernd im Internet stöbern. Es verdirbt einem die Laune. Hier sind wieder 20 000 Enten getötet worden, da 30 000 Puten, 40 000 Legehühner und so weiter. Tiere wie Abfall. Zahlen, die schwindelig machen. Ständig gibt es weitere Gegenden, in denen Stallpflicht angeordnet oder verlängert wird.

»Mama, wieso müssen die alle getötet werden, obwohl sie gesund sind? Obwohl sie nicht mal untersucht wurden, ob sie sich angesteckt haben?«, will Emma wissen. »Und weißt du, was mich am meisten wundert? Jedes Mal, wenn es einen Vogelgrippe-Ausbruch gibt, ist das irgendwo innen in einem Stall. Nie in Freilandhaltung. Keiner weiß, wie das Virus da in den Stall reingekommen ist, aber je mehr Ausbrüche es in Ställen gibt, desto mehr Stallpflicht wird angeordnet! Das ist doch unlogisch! Dabei müsste man doch Freilandhaltung anordnen, wenn es da nie vorkommt!« Emma hat sich schon ganz schön schlau gelesen und redet sich in Fahrt. Sie stellt alle Fragen, die ihr durch den Kopf schießen, auf einmal. »Und der Nabu sagt, dass die Zugvögel gar nicht schuld sind, sondern dass das Virus durch die weltweiten Geflügeltransporte verbreitet wird. Dann macht die Stallpflicht doch gar keinen Sinn! Und außerdem ist das für die eingesperrten Hühner doch voll schlimm, wenn sie sich nicht mehr draußen bewegen dürfen. Die sieben Hühner von Maria haben sich schon total zerpickt und legen keine Eier mehr. Eine Henne ist schon gestorben. Und der Vater von Tobias hat die Hälfte seiner Wyandotten zum Schlachter gebracht, weil es sonst zu eng ist, dauernd nur im Stall zu sein.«

Wenn Emma sich schon so interessiert, will ich ihr ein paar Videos zeigen, wie es in der Hühnerhaltung zugeht. Während ich passende Videos suche, regt Emma sich weiter auf. »Den Mist, den schmeißen alle einfach vor die Tür. Oder auf den Acker. Das habe ich sogar gestern noch gesehen. Da kann doch schon das Virus drin sein, sogar bevor die Tiere sichtlich erkrankt sind. Wenn man die Hühner schon einsperren muss, dürften die Betriebe doch auch nicht ihren Mist ausbringen. Das dürfen die doch einfach so, oder, Mama, oder nicht? Ich versteh das nicht. Das ist so unlogisch. Und so grausam für die Tiere. Kann man denn nicht einfach impfen?« »Impfen ist verboten, und das mit der Vogelgrippe ist sehr komplex. Aber fangen wir mal ganz vorne an, bei dieser industriellen Hühnerhaltung, wenn du schon alles so genau wissen willst. Hältst du das aus? Willst du das wirklich alles wissen?«, frage ich. Emma nickt. Tom spielt versunken in seinem Zimmer, die Luft ist rein. Für sein Alter wäre das nichts.

»In der Hühnerhaltung unterscheidet man zwischen Mast- und Legehühnern. Die Masthühner sind so gezüchtet, dass sie innerhalb kürzester Zeit massig Fleisch ansetzen und als Chicken Nugget auf dem Teller landen«, sage ich. »Ich weiß! Und dann gibt es die Legehühner, die viel dünner sind, dafür aber ganz viele Eier legen!«, unterbricht mich Emma. »Richtig. Es gibt aber auch Zweinutzungshühner, die ganz ordentlich Eier legen und relativ gut ansetzen. Nicht zu vergessen das Rassegeflügel, die vielen verschiedenen Rassen der Hobbyhalter. In der industriellen Massentierhaltung spricht man aber von der sogenannten Hybridzucht. Das ist etwas verzwickt. Im Prinzip verpaart man über mehrere Generationen bestimmte Linien miteinander, um das Endresultat, also das Masthähnchen oder das Legehuhn, zu erhalten.« Emma hört aufmerksam zu. Noch klingt alles harmlos und nicht sonderlich neu für sie. »Bleiben wir zunächst bei den Masthühnern. Diese Küken leben zu vielen Tausenden ohne Mama in einem riesigen Stall, meist 40 000. Sie können sich nicht gegenseitig erkennen, weil es viel zu viele sind.« »Dann fühlen die sich doch total verloren!«, wirft Emma ein.

»Vermutlich schon. Und sie haben permanent starken Hunger, weil sie so schnell wachsen müssen. Sie wollen immer fressen, für was anderes bleibt da kaum Zeit. Nach etwa dreißig bis vierzig Tagen sind sie schon dermaßen riesig, dass sie geschlachtet werden. In dem Alter waren unsere Küken noch sehr klein und kuschelbedürftig, erinnerst du dich? Keine zweieinhalb Kilo.« Emma überlegt. »Ja! Wie Hühner-Babys!« »Genau! Aber die Masthähnchen sind in dem Alter schon schlachtreif. Sie könnten auch nicht viel länger leben. Das massive Gewicht schädigt ihren Bewegungsapparat. Sie liegen viel, weil sie nicht mehr gescheit laufen können, und dadurch leidet ihre Haut. Wunden und Hautentzündungen entstehen. Durch das ständige Liegen in den Ausscheidungen. Da macht nicht wie bei uns täglich einer die Haufen weg.«

Emma verzieht das Gesicht. »Weißt du, wie eklig die Hühner Kacke finden!«, erzürnt sich Emma. »Wenn zum Beispiel Layla morgens im Halbdunkeln aus Versehen in einen Köttel pickt, schüttelt sie angewidert ihren Kopf!« »Ich weiß. Und die Fußballen mögen das Zeug auch nicht. Die entzünden sich häufig in solchen Geflügelbetrieben. Und durch das schnelle Wachstum sterben sogar etliche Masttiere am plötzlichen Herztod. Und so weiter. Bei den hohen Tierzahlen und der hohen Tierdichte breiten sich Krankheiten schnell aus. Antibiotische Behandlungen kommen sehr, sehr häufig vor. Woran keiner denkt, sind die Elterntiere dieser Masthähnchen. Sie müssen länger leben, um Eier für die Nachzucht zu legen. Das heißt, sie dürfen nicht so fett werden, weil sie es nicht lang genug überleben würden und weil sie kaum Eier legen würden.« Emma zieht die Augenbrauen hoch. »Wie macht man das mit denen denn?« »Na, man gibt den Elterntieren einfach weit weniger als die Hälfte der Menge an Futter, die sie eigentlich fressen möchten. Sie haben unentwegt Hunger und werden grantig. Das macht sie natürlich aggressiv. Stress pur! Zum Glück arbeiten manche inzwischen an Linien, die langsamer wachsen. Übrigens leben die allerersten Generationen der Hybridzucht in der Regel in winzigen Einzelkäfigen. Da kann man sie besser kontrollieren. Wer frisst wie viel, wer nimmt wie viel zu, wie sind die Eier und so weiter. Das wird alles protokolliert und ausgewertet für die weitere Zucht.« »Ich esse nie wieder Chicken Nuggets! Echt nicht! Gar kein Hühnchenfleisch esse ich mehr von solchen kranken, gequälten Tieren!«, sagt Emma voller Inbrunst. Ich weiß, wie sehr Emma es geliebt hat, sich bei Kindergeburtstagen ihrer Freundinnen bei MacDonald's Chicken Nuggets reinzuziehen. Damit ist jetzt wohl Schluss. Alle Achtung!

»Und bei den Legehühnern, ist es da wenigstens besser?«, fragt Emma. »Da gibt es andere Probleme. Es fängt auch hier schon ganz vorne an. Schau am besten einfach mal.« Ich klicke auf ein Video, in dem der Ablauf vom Bebrüten über den Schlupf hin bis zum Versenden der Küken gezeigt wird. Emma sinkt immer tiefer in sich zusammen. Vielleicht ist das doch zu viel für sie. Man sieht hier, wie die in Maschinen geschlüpften Kükenmassen über Fließbänder transportiert werden, wie sie maschinell von ihren Eierschalen getrennt werden, wie das bei einzelnen Küken schiefgeht und sie ihrem Schicksal als vermeintliche Eierschale überlassen werden, wie Küken immer wieder von einem Band auf ein viel tiefer gelegenes stürzen, wie die männlichen aussortiert und wie ein Tennisball weggeschmissen werden, wie die Hennen wie ein lebloses Teil zur Impfung an eine Maschine gedrückt werden, wie sie in eine Maschine eingehängt werden und ihr empfindlicher Schnabel kupiert wird, wie die Brüder lebendig geschreddert oder vergast werden und sie den Kopf mit geöffnetem Schnabel in den Nacken schmeißen, wie einzelne Tiere aus Versehen auf dem Boden landen und ihrem Leid überlassen werden, wie die Küken verpackt werden und im neuen Betrieb in Massen wie Kompost aus den Transportboxen gekippt werden. Jetzt braucht Emma erst mal eine Pause zum Verarbeiten. »Stell dir mal vor«, sagt Emma leise, »du bist gerade aus dem Ei geschlüpft und suchst deine Mama, und dann passiert all das! Kein Nest, nichts Kuscheliges, nur so was, was furchtbare Angst macht. Schon allein die ganzen Stürze zwischen den Fließbändern tun doch total weh!« Ich weiß noch, wie wir unsere Küken damals wie Porzellan behandelt haben, um ihnen ja kein Federchen zu krümmen. Ich lege einen Arm um Emma.

»Und wie geht es mit ihnen weiter? Genauso schlimm?« »Die Küken kommen in einen Aufzuchtbetrieb und werden später noch mal in einen Legehennenbetrieb verfrachtet. Transporte sind immer mit viel Stress verbunden, erst das Einfangen, dann die Umgewöhnung. Jedenfalls leben die Hennen nie in übersichtlichen Gruppen, wie es natürlich wäre, wo sie einander kennen und eine stabile Rangordnung aufgebaut werden kann, die für Frieden untereinander sorgt.

Deswegen kupierte man ihnen die Schnäbel, um die Folgen von Federpicken und Kannibalismus zu beschränken. Das immerhin ist inzwischen eigentlich verboten.« »Aber der Schnabel ist doch voll empfindlich!«, erbost sich Emma, die Layla immer noch oft am Schnabel krault. »Ja, leider hast du recht, aber die Tiere sollten sich gegenseitig nicht zu stark verletzen, wenn sie auf engem Raum im Gewusel unter Tausenden von Fremden leben. Für mich wäre so ein Leben nichts. Ich bin schon froh, wenn ich endlich aus dem Gedränge auf dem Weihnachtsmarkt raus bin.« »Aber wenn die Hühner nicht so einen Stress hätten und was Gescheites zu tun, würden die doch gar nicht erst auf die Idee kommen, sich zu verletzen. Unsere machen das doch auch nicht. Die ärgern sich nur am Anfang, wenn Neue kommen, und später ist sogar Henni friedlich!« Emma ist entsetzt.

»Es sieht mit allen Grundbedürfnissen in der Massentierhaltung schlecht aus. Aber auch mit der Gesundheit. Oft bekommen sie Geschwüre an den Fußballen, weil sie auf ihren Exkrementen herumlaufen müssen. Manche haben Wunden vom Picken durch die anderen Hühner, und dann geht es erst richtig los. Die können ja nicht wie bei uns den ganzen Tag im Wald nach Würmern suchen. Dann picken sie halt in die Federn der anderen oder in Wunden. Durch die hohen Tierzahlen auf so engem Raum breiten sich bei Legehennen schnell Parasiten aus. Weißt du noch, dass eine Zeit lang die ganzen Eier in den Supermärkten, die noch nicht gegessen worden waren, vernichtet wurden, weil sie illegal mit Fipronil belastet waren? Das ist bestimmt nicht das einzige Zeug, das da nicht hineingehört. Fipronil ist ein Mittel, das man gegen Flöhe und Zecken bei Hunden nehmen kann. Es ist im Übrigen auch sehr schädlich für Bienen. Essen will und sollte das keiner. Legehühner bekommen mit der Zeit auch Schwierigkeiten im Bereich des Legeapparates. Manchen fällt von der hohen Legeleistung die Kloake vor, die anderen Hennen picken da dann Wunden rein, bei manchen führt die hohe Legeleistung zu Knochenbrüchen. Aber nach einer Legeperiode ist das Leid meist vorbei. Dann lohnt es sich nicht mehr, und der Schlachter ruft.« »Was?! Dann wären Henni und Layla jetzt längst tot?« Eine schreckliche Vorstellung für Emma. »Ich dachte, Hühner können sogar zehn Jahre alt werden«, sagt sie. »Können sie auch, wenn man sie lässt und pflegt. Unsere werden bestimmt ganz alt«, beruhige ich sie.

Tom kommt aus seinem Zimmer und zeigt sein selbst gebasteltes Ei, das er ausgeschnitten und bunt angemalt hat. Wir bestaunen es. »Weißt du was, Emma, über deine Fragen zur Vogelgrippe reden wir lieber ein anderes Mal weiter.« Ich habe den Eindruck, dass Emma das alles sowieso erst einmal sacken lassen muss, und für Tom ist das Thema absolut noch nichts – zu heftig. Eigentlich sollte jeder vegetarisch oder vegan leben. Oder selbst ein paar glückliche Hühner im Garten halten. Oder seine Geflügelprodukte von einem kleinen Hobbyhalter um die Ecke kaufen, wo eine übersichtliche Hühnerschar draußen herumstrolchen darf und die paar Gruppenmitglieder eine stabile Rangordnung aufbauen können. Den Fleischkonsum auch nur zu reduzieren ist schon ein Schritt in die richtige Richtung.

Vorweg sollte aber mal einer die Stallpflicht reduzieren. Doch freut man sich gerade auf ihr nahendes Ende, geht es wieder mit dem Teufel zu. Wie nach Absprache bricht ein paar Stunden vor Ablauf der Frist in einem Putenbetrieb die Vogelgrippe aus. Mehrmals wird die Stallpflicht verlängert, sodass wir und unsere Hühner durch insgesamt sechs bange Monate Stallpflicht durchmüssen. Aber alles hat mal ein Ende. Am ersten Mai ist es geschafft. Unsere Hühner dürfen endlich wieder in unserem Wäldchen scharren. Es gibt kein wohligeres Rascheln auf der ganzen Welt! Ich kann es immer noch kaum glauben, dass dieser Spuk endlich vorbei sein soll und wir das Theater unbeschadet überstanden haben. Werner steht neben mir. »Wäre es nicht besser gewesen, alle Hühner zu schlachten und jetzt am Ende der Stallpflicht neue zu kaufen?«, fragt er. Ich gucke ihn ungläubig an. »Einfacher ja. Aber besser?«, frage ich und ergötze mich an unseren glücklichen Hühnern, die im Sonnenschein unter hellgrünen Frühlingsblättern ihre Freiheit genießen. Werner kennt doch die Kinder und mich. Jedes Huhn hat einen Namen, seine eigene Geschichte bei uns auf dem Hof, eine persönliche Beziehung zu uns. Emma erkennt sogar mit verbundenen Augen an der Hühnerstimme, welches Huhn spricht – sie ist reif für Wetten dass..! Hühner sind doch nicht austauschbar wie eine Glühbirne! Außerdem wollen wir verfolgen, wie sich jedes Huhn weiterentwickelt. »Sie sollen alt mit uns werden«, sage ich. Werner schmunzelt. »Das weiß ich doch.« Da wollte er mich wohl nur ein bisschen foppen. Ihm ist nicht entgangen, wie sehr wir an unseren Hühnern hängen. Und vielleicht, ganz vielleicht ist er auch ein bisschen froh darüber, dass alle unsere Hühner gerade gesund und fröhlich durch die Gegend stromern. Wer kann ihnen schon widerstehen?

Werner hat sich jedenfalls ins Gras gesetzt – ohne Handy – und schaut den Hühnern zu. Schon seit ein paar Minuten. Und er scheint auch nicht allzu bald wieder aufstehen zu wollen. Ich setze mich neben ihn. Und beschließe eine Sache. Nein zwei. Oder drei. Hühnern wird eine Unmenge Leid angetan, ihre Bedürfnisse und Fähigkeiten werden verkannt oder missachtet. Wie Emma inzwischen auf Fleisch verzichtet, möchte auch ich noch mehr für Hühner allgemein tun. Jeder kann etwas für Hühner tun! Auf dem Weg dorthin möchte ich behilflich sein. Ich werde das nötige Wissen vermitteln: über Hühner bloggen und Kurse darüber geben, wie man Hühner artgerecht im eigenen Garten hält. Denn so schwer ist das gar nicht. Dazu noch ein Buch über Hühner! Ja, ich werde ein Buch über Hühner schreiben. Damit Hühner den Menschen nicht weiter fremd bleiben wie Außerirdische und dazu maßlos unterschätzt werden. Vielleicht will dann ja sogar der/die ein oder andere keine Eier und kein Hähnchenfleisch mehr aus dem Supermarkt kaufen, um diese Haltungsformen in Massen, die den Tieren nie gerecht werden können, nicht zu unterstützen. Illusorisch? Vielleicht. Ach was! Wie zur Bestätigung kommt Kiki herbei, hält den Kopf schief und guckt mir in die Augen. Dabei fiept und säuselt sie sanft. Ja, all das werde ich machen. Auf jeden Fall.

Klein, aber o weh

Für Ende Mai ist es ungewöhnlich warm, und der Gesang der ersten Grillen sorgt für ein vorsommerliches Gefühl. Es ist Samstagabend. Emma und ich sitzen auf der Holzbank unter den Obstbäumen, lauschen dem Zirpen der Grillen und beobachten das Huschen der Fledermäuse über unseren Köpfen. »Das war witzig, wie Onkel Gerd sich heute gewundert hat, dass unsere Hühner Leute unterscheiden können, oder Mama?«, sagt Emma, denn unsere Hühner verdrücken sich zunächst, wenn fremder Besuch ins Gehege kommt. Ganz anders als bei uns – dass sie uns nicht um den Hals fallen, ist alles! »Ja!«, sage ich. Onkel Gerd hat gesagt: *Wie? SO intelligent sind die, dass sie Leute unterscheiden können?* Wie wenig ihnen die meisten Menschen doch zutrauen. Dabei können Hühner ja sogar rechnen. Darüber hat Tom seinen Onkel natürlich aufgeklärt. Der kleine Tom, der seinem großen Onkel die Welt erklärt – süß. Eigentlich traurig, aber es fehlt den meisten einfach der Kontakt zu diesen Federtieren, denn kaum irgendwo spazieren noch Hühner frei durch die Gegend. »Und Onkel Gerd hat nicht verstanden, wie wir es schaffen, unsere Hühner auseinanderzuhalten. Dabei sieht man das doch ganz einfach. Tom konnte das sogar schon mit drei Jahren!«, sagt Emma. »Ja, man muss sich nur ein wenig auf die Hühner einlassen, dann erkennt man ihre Unterschiede. Optisch und vom Wesen. Layla zum Beispiel hat Angst, wenn man etwas Großes in der Hand trägt, und nimmt Reißaus. Henni dagegen kommt immer neugierig herbei. Es könnte ja schließlich was zu fressen sein«, sinniere ich. Emma nickt einvernehmlich und hängt ihren Gedanken nach.

»Können wir nicht noch mal einen Hahn haben? Es muss doch auch nette Hähne geben!«, sagt sie unvermittelt. »Einen Hahn?« Ich grübele und ziehe meinen Fuß ein Stück zurück, weil eine Maus vor meinen Zehen von einem Mauseloch zum anderen flitzt. So ein Hahn in einer Hühnergruppe wäre schon interessant zu beobachten. Von Verhaltensstudien kann ich nicht genug kriegen. Hat man einen Gentleman erwischt, der seine Hahn-Aufgaben ernst nimmt, warnt er seine Hennen vor Gefahren, zeigt ihnen geeignete Nester, holt sie nach erfolgter Eiablage ab und führt sie zurück zur Gruppe. Er bietet ihnen Leckerbissen durch charmantes Futterlocken an, er balzt, und natürlich kräht er. Und sein glänzendes, farbiges und schön fallendes Gefieder ist eine Augenweide. So ein Gockel macht schon was her. Nicht zu vernachlässigender Vorteil: Mit Hahn könnten wir unsere eigene Nachzucht betreiben, ohne uns fremde Hühner kaufen zu müssen, die uns womöglich Krankheiten einschleppen und die manchmal voller Inzucht stecken. Schon reizvoll. »Aber ein Hahn ist groß, Emma. Wir haben keinen Platz im Stall für so einen Riesen, und für Little wäre es eine Katastrophe, solch ein Schwergewicht auf ihrem schmalen Rücken hängen zu haben«, antworte ich. »Wir können doch einen Zwerg-Hahn nehmen! Der passt noch in den Stall, und für Little muss das auch gehen.«

So schnell gibt Emma nicht klein bei. »Mama, du weißt doch noch, wie unglaublich süß diese Zwerg-Australorp-Hähne sind! Von der Ausstellung. Goldi in klein und männlich. Diese dunklen Knopfaugen, das schwarze, schimmernde Gefieder und der knallrote Kamm. Und dazu die Gutmütigkeit von Goldi! Mama, bitte!« Ich muss sagen, Emma weiß sich zu helfen. Mit guten Argumenten. »Das ist ja alles schön und gut, aber du kennst doch unsere Hennen. Glaubst du, Henni, Kiki oder Lulu würden so einen Zwerg als Chef akzeptieren? Ich halte das nicht für möglich«, gebe ich zu bedenken. »Wenn wir es nicht ausprobieren, können wir es nicht sicher wissen. Dann nehmen wir eben einen Hahn, der ansonsten geschlachtet werden würde. Bei uns hätte er wenigstens eine Chance. Können wir es nicht so machen? Wir könnten ihn notfalls ja wieder abgeben, wenn es gar nicht klappt.« Na ja, wenn man da auf diese Weise herangeht, könnte man einen Versuch wagen. Und: Manche Frauen leisten sich gerne neue Schuhe – warum zur Abwechslung nicht mal einen Hahn? Sozusagen als Entschädigung nach dem nervenaufreibenden Winter. »Ich kann ja mal herumtelefonieren, ob es derzeit überhaupt Züchter gibt, die einen Zwerg-Australorp-Hahn abgeben wollen.« Emma fällt mir in die Arme. »Danke, Mama!« Ich streichele über ihren Kopf. »Jetzt aber ab ins Bett!« Denn von unten wird es inzwischen ziemlich frisch. Ohne Widerworte von Emmas Seite gehen wir ins Haus – was so ein Zugeständnis alles ausmacht!

Man kann es nicht gerade Glück nennen, dass ein Züchter aus der Nähe nächstes Wochenende drei seiner Zuchthähne zum Schlachter bringen will, weil die Zuchtsaison für dieses Jahr gelaufen ist. Aber zum Glück dürfen wir einen davon retten. Und glücklicherweise kann Herr Kortmann sogar meine Bedenken (halbwegs) aus dem Weg räumen. Er versichert mir, dass sich seine Zwerg-Hähne durchsetzen und große Hennen führen können. Das sei seine Erfahrung und die von vielen anderen Hühnerhaltern. Das freut mich zu hören. (Ich behalte für mich, dass ich davon erst so richtig überzeugt sein werde, wenn ich mit eigenen Augen erlebe, dass unsere Hennen sich dem Zwerg-Hahn gegenüber friedlich verhalten.) »Ist Ihr Hahn denn auch freundlich zu Kindern?« Das ist ja das Allerwichtigste! »Alle meine Hähne sind lieb!«, antwortet Herr Kortmann eingeschnappt. Der ist ja persönlich beleidigt! Du meine Güte! Was man alles falsch machen kann. Erst als ich ihm von unseren traumatischen Erlebnissen mit Momo in Kenntnis setze, klingt Herr Kortmann wieder etwas besänftigt. Immerhin.

Am nächsten Morgen geht's los. Die Kinder sind mit von der Partie, um unseren gewünschten Hahn abzuholen. Herr Kortmann hat ihn bereits abholbereit in eine Box gesetzt. »Oh, mein Gott, wie knuffig ist der denn!«, ruft Emma. »Oh, so niedlich!«, staunt Tom, und auch ich bin hin und weg von dem kleinen Hahn, der wie ein knuddeliges Stofftier aussieht. Jetzt muss daheim nur noch alles gut gehen. Dann haben wir den besten Hahn gefunden! Ich trage den kleinen Mann zu unserem Auto. Bevor ich das Federgewicht in unsere Transportbox setze, fallen mir seine ellenlangen Krallen auf. Kein Wunder. Wenn ich mir die Größe der Gehege anschaue, bekommen die Tiere von Herrn Kortmann nicht genügend Bewegung, um sich die Krallen abzuwetzen. Na, das wird sich bei uns ja ändern. »Wie soll der kleine Herr denn nun heißen?«, frage ich auf der Rückfahrt in die Runde. »Otto!«, sagt Emma. »Nein, Zaunpfahl!«, ruft Tom. »Quatsch! Dann lieber Sesam!«, sagt Emma. So geht das den ganzen Weg hin und her, bis wir schließlich bei Muffin landen und uns einig sind. Muffin ist der perfekte Name für den perfekten Hahn! Gebongt.

Jetzt müssen nur noch die Hennen unsere Begeisterung teilen. Wir setzen Muffin ins Gehege der Hühner, denn wir möchten ihn ungerne bis zur Nacht in der Transportbox belassen, um ihn erst im Dunkeln zu den anderen in den Stall zu setzen. Es ist noch nicht mal Mittag, und bis zum Abend wäre es zu lange für den armen Kerl in so einer Gefängniszelle. Muffin erfasst seine Situation sofort. Unmittelbar schmeißt er sich ins Zeug und beginnt mit Futterlocken und Balzgehabe, um seine neuen Hennen zu beeindrucken. »Wie süß er das macht!« Tom und Emma beobachten fasziniert, wie Muffin sein Bestes gibt. Und auch Nando, der hinter dem Zaun steht, ist entzückt. Er wedelt mit dem ganzen Popo – ein neues Huhn, das sich so ganz anders verhält als alle anderen bisher! Das gefällt unserem Hund. Hühner-TV liebt er genau wie wir. »Ist ja gut, Nando!« Emma streichelt ihn durch den Zaun – da wedelt er gleich einen Gang schneller. Layla, die damals so sehr an Momo gehangen hat, gesellt sich sofort zu Muffin und bleibt in seiner Nähe. Man hat das Gefühl, ihr habe die ganze Zeit über ein Hahn gefehlt. Goldi verhält sich wie erwartet friedlich und interessiert sich ebenso für Muffins Futterlocken. Aber ...

Henni ist gar nicht die Schlimmste. Kiki und Lulu finden, dass sie bisher ganz gut ohne Hahn zurechtgekommen sind, und möchten, dass das so bleibt. »Kiki! Hör auf!«, schreit Tom. Kiki attackiert Muffin, aber wie! In Katzenmanier springt sie ihn mit ihren Krallen an und zerrt mit ihrem Schnabel an seinem Kamm, Muffin versucht dagegenzuhalten, aber schon allein vom Gewicht her hat er keine Chance. Außerdem hat Kiki nicht nur einen eisernen Willen, sondern Heimvorteil. Ich muss dazwischengehen, um den körperlich unterlegenen Muffin zu schützen. »Oh nein, Mama«, ruft Emma, »der blutet ja am Kamm!« »Das heilt wieder«, sage ich, aber mein Herz blutet auch – der Arme. Gegen Abend flüchtet sich der kleine Kerl einsam und allein auf das Dach unseres neuen Notfall-Ersatz-Holzstalles ganz am anderen Ende des englischen Geheges. Aber hier kann er die Nacht nicht verbringen. Der Fuchs hätte leichtes Spiel mit ihm. In der Dämmerung trage ich ihn zum gelben Plastikstall und setze ihn durch die Nestklappe zu den anderen Hühnern. Vielleicht sieht es ja nach der gemeinsamen Nacht morgen schon besser aus, wenn sich die Gerüche etwas angeglichen haben.

Die Attacken unserer Damen laufen am nächsten Tag in der Tat gemäßigter ab. Dennoch ist Muffin weit davon entfernt, das Sagen zu haben. Meist hält er sich in der sicheren Nähe von Layla und Goldwing auf – die drei geben ein harmonisches Bild ab. Aber wehe Muffin kommt Kiki, Lulu oder Henni zu nahe – sie verjagen den kleinen Hahn ohne Pardon. Immerhin flüchtet er nicht mehr auf das Dach des Holzstalles und kräht schon fleißig – wobei Nando jedes Mal hingerissen mit dem Schwanz wackelt. Am Abend will die Frauenpower ihn aber keinesfalls in den Stall lassen. Muffin steht auf der Hühnerleiter und überlegt, wie er Einlass erhalten könnte. Wie eine Grenzpolizistin hockt Henni in der Tür und fixiert ihn drohend. Aber Muffin ist nicht doof. Da gab es doch gestern diesen Trick mit der Nestklappe, durch die er in den Stall hineingetragen wurde! Er erinnert sich, kehrt der Leiter den Rücken zu, schreitet um den Stall herum und stellt sich unten vor die Nestklappe. Er schaut nach oben, mit eingeknickten Gelenken, die zum Sprung bereit sind. Schnell öffne ich die Nestklappe, und schon stößt sich Muffin ab und fliegt ins Nest. Drin ist er, im Stall! Da hat er Henni ordentlich ausgetrickst! Ausgefuchstes Hähnchen!

»Muffin ist so süß!«, schwärmt Emma. Das höre ich in letzter Zeit regelmäßig. Das Wort süß. Von Emma wie von Tom. Oder von mir. Muffin hat sich mehr und mehr in unsere Herzen geschlichen. Wohlwollend registriere ich, dass er in unserer Herde immer besser zurechtkommt. Einmal hat er seine Hennen sogar schon erfolgreich in ein sicheres Versteck geführt, als der Bussard am Himmel kreiste. Hundert Punkte für Muffin. Manchmal bekommen wir mit, wie er ihnen Nester anbietet und sie nach der Eiablage abholt. Er passt scharf auf und warnt, sobald ihm etwas komisch vorkommt. Seine Hennen können sich gelassen der Futtersuche widmen, während Muffin die Umgebung auf Gefahren hin abcheckt. Immer wieder staunen wir über seine hahnentypische Selbstbeherrschung, was Leckereien angeht. Findet er einen Regenwurm (die Hühner-Delikatesse schlechthin), stößt er eine Folge hoher, abgehackter Töne aus, um die Hennen herbeizulocken. Die dürfen dann den Wurm verschlingen – er selbst verzichtet gönnerhaft. Bestimmt schwer, den Gaumenschmaus so direkt vorm Schnabel. Wobei ... ich kriege daheim auch kaum Erdbeeren ab, weil ich zunächst die Kinder futtern lasse. Muffin und ich liegen da auf einer Wellenlänge. Wir »denken« ähnlich. An den Nachwuchs. Muffin meint sicher, dass seine Hennen größere Eier legen und die Küken fitter schlüpfen, wenn er für gute Ernährung seiner Hennen sorgt.

Das mit dem Treten der Hennen ist allerdings so eine Sache. Bei Little, unserer Zwerg-Henne, klappt das einwandfrei, aber bei unseren großen Hühnern braucht der kleine Muffin wohl noch ein wenig Übung, bis er den Dreh raushat. Er ist zu klein, um an die »richtigen Stellen« zu kommen, und außerdem finden alle, bis auf Little, dass Muffin sofort wieder von ihrem Rücken verschwinden soll, wenn er dort oben herumturnt. Muffin hat es aufgegeben, zuvor balzend um Erlaubnis zu fragen – die bekommt er sowieso nicht. Keine Henne duckt sich freiwillig. Als lösungsorientierter Schlawiner hat er sich eine neue Taktik einfallen lassen. Die will er gerade mal wieder zum Einsatz bringen. Er versteckt sich hinter einem Busch. Keine Henne sieht ihn. Henni schlendert ahnungslos vorbei. Darauf hat Muffin nur gewartet. Zackig springt er – tatatataaa – aus seinem Hinterhalt hervor, Henni kreischt erschrocken auf, Muffin klammert sich mit Leibeskräften auf ihrem Rücken fest, Henni prescht wie ein durchgehendes Pferd schreiend durch die Landschaft. Die will keinen Reiter auf sich! »Arme Henni! Muffin runter!«, kommandiert Emma. Henni ist keineswegs willig, sich von so einem Zwerg vergewaltigen zu lassen, und rennt um ihr Leben, doch Muffin tackert sich mit seinem Schnabel an ihren Nackenfedern fest. Keine Chance, ihn abzuwerfen. »Schluss jetzt endlich!«, appelliert Emma erbost. Würden unsere Hennen Muffin vollständig akzeptieren und einfach stillhalten, wäre das Prozedere schnell vorbei. Ohne das Gezerre und Gezappel wären auch die Auswirkungen auf ihr Federkleid geringer. Endlich lässt Muffin von Henni ab. Henni schüttelt ihr Gefieder in die ursprüngliche Ordnung und sieht zu, dass sie vom Acker kommt. Perplex schaut Muffin ihr hinterher. Jetzt steht er ganz alleine da, und ein voller Erfolg war seine Aktion ja nun auch nicht.

»Alle, bis auf Little, verlieren bereits Federn im Nacken. Bei Kiki und Layla sieht man schon gerötete Haut«, sagt Emma. Und Goldwing ist durch Muffins Machenschaften inzwischen derart verunsichert, dass sie nur noch nervös durchs Gefilde fegt. Goldi, sonst die Gelassenheit in Person! Goldi, die Muffin unter sich platt machen könnte, sich das aber nicht traut, oder es ist einfach nicht ihre Art. Sobald Muffin in ihre Nähe kommt, galoppiert sie ängstlich davon. Noch etwas ändert sich mehr und mehr, seitdem Muffin da ist. Unsere Hennen ducken sich nicht mehr, wenn sie uns sehen. Vermutlich haben sie schon genug Getrete durch Muffin. Dabei fand Emma es so schön und praktisch, wenn sie sich geduckt haben, denn dann lassen sie sich gut streicheln und auf den Arm nehmen. Jetzt muss man öfter darauf warten, dass die Hühner zu uns auf die Bank springen. Sie suchen viel seltener Kontakt zu uns, seitdem Muffin da ist. Er hat sie verändert.

»Wir gucken uns noch eine Zeit lang an, ob Muffin das mit dem Treten bald besser hinkriegt. Vielleicht lernt er es noch«, sage ich zu Emma. Sie hängt an Muffin, kann es aber mittlerweile auch nicht mehr mit ansehen, wie er die Hennen vergewaltigt, wie sie immer kahler und röter im Nacken werden und wie sie ihre Zutraulichkeit verlieren. Vor allem, wie Goldi sich verändert hat, gefällt Emma nicht. »Goldi soll nicht die ganze Zeit Panik haben«, meint Emma. Ich gebe ihr recht.

Ein paar Tage später scharren die Hühner in unserem Wäldchen herum. Emma sitzt auf einem Baumstumpf dabei und beobachtet ihr Treiben. Ich komme hinzu und gehe die Einfahrt entlang. Schon laufen die Hühner, in der Hoffnung auf Futter, auf mich zu, voran Muffin mit seinem federleichten, eleganten, hüpfenden Gang. Niedlich ist er. Seine Knopfaugen. Der Glanz in seinem Gefieder. Und so zutraulich und friedlich ist er zu uns. »Muffin soll wieder weg«, sagt Emma mit Tränen in den Augen. Oje. »Was ist passiert?«, frage ich. Emma wischt sich mit dem Ärmel übers Gesicht weg. »Kiki blutet schon am Nacken, alle haben nur noch nackte, rote Haut hinter dem Kamm. Das tut ihnen doch weh, was Muffin anstellt. Eben hat er Layla wieder vergewaltigt. Das wird immer schlimmer statt besser! Er lässt gar nicht mehr los, und die brüllt richtig. Goldi ist total scheu, seitdem Muffin da ist. Sie fliegt auch gar nicht mehr auf meinen Arm. Sie huscht nur noch ängstlich durch die Gegend. Die Hennen sind überhaupt nicht mehr zahm!« Eine Träne läuft Emmas Wange hinunter. Emma hängt an Muffin. Er wäre perfekt – wenn diese eine Sache nicht wäre ... Wahrscheinlich ist er für unsere großen, frechen Hennen einfach zu klein. Sie akzeptieren ihn nicht. Wenn sie beim Tretakt stillhalten würden, sähen sie nicht dermaßen ruiniert aus. »Kannst du ihm ein gutes Zuhause suchen?«, fragt Emma leise. »Ich kann's versuchen. Versprechen kann ich nichts«, antworte ich und seufze tief.

Als Erstes fällt mir eine Mutter aus Toms Kindergarten ein. Sie wohnt in der Nähe und hat mir öfter erzählt, dass ihre Nachbarn gerne einen Hahn hätten. Eine WhatsApp ist schnell verschickt, und nach ein paar Tagen steht fest, dass Muffin einen Kilometer weiterzieht zu einer Gruppe von vier, allerdings ebenfalls großen Hennen. Aber mittlerweile bin ich davon überzeugt, dass nur wir solche Spezialfälle an Hühnern haben. Noch nie habe ich von solchen harten Nüssen gehört, wie es unsere sind. Zusammen mit Tom und Emma bringen wir Muffin in sein neues Zuhause. Wir drei schweigen traurig vor uns hin. Als wir das Gehege sehen, in dem Muffin fortan wohnen wird, überlege ich ernsthaft, ob ich ihn wieder mitnehmen soll. Das Gehege ist wesentlich kleiner als das, was er bei uns gewohnt ist. Aber was erwarte ich? Kaum irgendwo haben Hühner derart viel Platz wie bei uns, und hier hat Muffin wenigstens die Chance, als Hahn richtig angenommen zu werden.

Ich gebe mir einen Ruck und setze ihn in das Gehege. Die vier Hennen sind harmlos. Ihre lächerlichen Attacken hören schon nach ein paar Minuten auf. Ohne Blut und Federverlust verläuft die Integration. Dies bestätigt mal wieder, dass wir ausgesprochen freche Hühner haben – nur uns gegenüber nicht, da sind sie herzallerliebst! Per WhatsApp bleibe ich mit den neuen Besitzern in Kontakt. Sie bestätigen, dass Muffin voll akzeptiert ist. Selbst das Treten laufe problemlos ab, denn die Hennen halten – wie sich das gehört – still. Ihr Nacken bleibt unbeschädigt. Nach ein paar Wochen erhalte ich eine erfreuliche Nachricht: Muffin ist Vater geworden! Eine Henne hat zu brüten angefangen. Obwohl es auch normal große Hühner sind, hat Muffin bei ihnen die Methode rausbekommen (sicher weil sie ihn auf ihrem Rücken brav dulden) und sie erfolgreich befruchtet. Bei uns wäre es dazu nie gekommen! Muffin abzugeben war eine schwere, aber richtige Entscheidung. Jetzt ist er schon zweimal dem Schlachter entkommen, und ich hoffe für ihn, dass er ihn auch weiterhin nie zu Gesicht bekommt.

Wäschewechsel

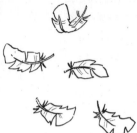

»Mama, guck mal, hier fliegen überall Federn rum! Bei Layla steht eine Feder vom Rücken ab. Gleich fällt sie aus«, sagt Emma im Hühnergehege. Tom bückt sich und sammelt alle Federn auf, die den Boden verzieren. »Die will ich verkaufen! Dann verdienen wir ganz viel Geld!«, sagt er voller Überzeugung. »Oh Mann, du immer mit deinem Verkaufen!« Emma verdreht die Augen. »Wohl! Da kann man Kissen mit ausstopfen!« Tom lässt sich nicht von seiner Idee abbringen und sammelt fleißig weiter. Gut so. Dann muss ich die Federn wenigstens nicht selbst aufräumen. »Warum verlieren die eigentlich die Federn? Sind unsere Hühner krank?«, fragt Tom und wedelt mit einem Büschel Federn durch die Luft. »Es ist Herbst. Mauserzeit. Kommt, wir schauen uns mal an, wer alles Federn verliert«, sage ich. So sollte man sich morgens jedenfalls nicht aus dem Haus wagen! Layla, Henni, Kiki und Lulu sehen ungekämmt, ausgefranst und stellenweise wie gerupft aus! Layla hat letztes Jahr schon einmal gemausert, Henni dagegen mausert nun zum ersten Mal mit einem Jahr Verspätung. Kiki und Lulu sind diesmal auch im richtigen Alter und mit von der Partie. Vor dem Winter wollen sie sich ein neues, intaktes Gefieder anschaffen. Eine vernünftige Idee.

»Aber dann frieren die doch jetzt!«, sorgt sich Tom. »Meist läuft das so ab, dass sie nicht alle Federn gleichzeitig verlieren. Dadurch sind sie nie ganz nackig«, erkläre ich. Tom nickt zufrieden. »Wisst ihr noch? Letztes Jahr war Layla während der Mauser total träge!«, sage ich zu den Kindern. Emma erinnert sich, Tom weiß es nicht mehr. Aber heute macht Layla keinen Schlaftabletten-Eindruck. Im Gegenteil. Ihre zweite Mauser wirbelt ihre Hormone immens durcheinander. Solche Verhaltensänderungen bemerken sogar die Kinder, lieber Werner! Bitte schön, so war das Hühnerprojekt ja auch gedacht. Tom und Emma kennen und beobachten unsere Hühner ganz genau. Da lag Werner damals mit seiner Prophezeiung, dass die Hühner ein Flop würden, wohl falsch! Ha! Layla durchläuft jedenfalls offenbar eine Identitätskrise zwischen Hahn und Henne. Das zeigt sich morgens am deutlichsten. Seit ein paar Tagen haben wir den automatischen Türöffner ausgeschaltet, denn die Sonne steht nun später auf als Tom, da kann ich den Hühnern bei Tagesanbruch genauso gut persönlich die Stalltür öffnen.

Als ich sie am nächsten Tag im Morgengrauen aus dem Stall lasse, demonstriert Layla wieder ihr anderes Ich. Sie meint, als Hahn aufgewacht zu sein. Im gewohnten Zustand würde ich Layla als gelassen und friedfertig bezeichnen, aber jetzt zeigt sie eine völlig andere Seite. Flügelwetzend umkreist sie die anderen Hennen, was zum hahnentypischen Balzvorgang gehört, aber auch eine Überlegenheitsgeste darstellt – der sogenannte Kratzfuß. Henni, die Chefin, ist davon ganz und gar nicht angetan. Sie bietet Kontra. Ehe ich mich versehe, zanken sich Henni und Layla flügelschlagend in der Luft, unter ihnen der Futternapf, neben ihnen eine Wolke ausgezwickter Federn, die durchs Morgenlicht segeln. Henni siegt. Nachdem Layla wieder auf dem Boden der Tatsachen gelandet ist, versucht sie das gleiche Programm mit Kiki und Lulu durchzuziehen. Kannste knicken. Denn die beiden verkrümeln sich lieber gleich. Layla denkt sich, dann eben auf die nette Hahnenart und versucht sich im Futterlocken. Null

Chance. Veräppeln lassen die anderen sich nicht. Ungläubig glotzen sie zu Layla rüber und fragen sich vermutlich genau wie ich, wo die alte Layla geblieben ist.

Ihre Verstörtheit lässt auch in den kommenden Tagen nicht nach. Alle weichen Layla aus, wenn diese nach einer geruhsamen Nacht ob ihrer Identität verwirrt aufwacht und die gewohnte Harmonie durcheinanderbringt. Nur Henni hat eine neue Strategie. Sobald Layla mit dem geringsten Anflug von Hahnengehabe aufmuckt, schlägt die Chefin zu: Durch gezielte Schnabelhiebe und notfalls durch Anspringen weist Henni Layla unmittelbar in ihre Schranken. Ich schicke Corinna ein Video von Laylas Verwandlung. *Wie die Wechseljahre!*, schreibt Corinna, *Eindeutig! Die Mauser hat der armen Layla offenbar einige weibliche Hormone geraubt! Die braucht sie ja grad auch nicht, sie legt doch mauserbedingt nicht mehr, oder? Wir armen Frauen!* Typisch Corinna. Sie leidet mit jedem mit. Layla scheint mit sich selbst aber auch nicht klarzukommen. Wenn sie so schräg drauf ist, sondert sie sich mittlerweile meist von allein von der Gruppe ab und räumt vorsorglich das Feld. Beeindruckend, fast wütend, scharrt sie einsam und allein vor sich hin und schlägt dabei stolz mit den Flügeln. Gut so. Bestimmt zählt sie dabei langsam bis zehn, um sich zu beruhigen. Danach gibt Layla noch ein paar erfolglose Futterlocklaute von sich, und eine halbe Stunde später ist sie meist wieder die Alte. Nur eins fehlt mauserbedingt bei ihr durchgehend, genauso wie bei Kiki und Lulu: Sie ducken sich nicht mehr, wenn sie uns sehen – sehr zum Bedauern von Tom und Emma. Normalerweise ducken sich Kiki, Lulu und Layla oft (außer, als Muffin da war), wenn sie uns begegnen, und lassen sich streicheln. Anfangs fragte Emma sich, ob sie das aus Angst vor uns machen, aber ich wage zu behaupten, dass unsere Tiere keine Angst vor uns haben – schließlich sind wir sogar die Mama von Kiki und Lulu (na ja, sozusagen). Eher halten sie uns für einen Hahn. Dass sie sich momentan nicht mehr ducken, bestätigt das. Hennen ducken sich im Beisein eines Hahns, wenn sie sich treten lassen. In der Mauser legen Hennen keine Eier, Sich-treten-Lassen macht also genauso wenig Sinn wie Sich-Ducken. »Nach der Mauser sind sie bestimmt wieder die Alten«, tröste ich meine Kinder. »Hoffentlich«, kommt da wie aus einem Mund.

Der Herbst wirbelt nicht nur Laylas Hormone durcheinander. Der Wind fegt über die leeren Felder und rauscht durch unser Wäldchen, Jäger treiben hörbar ihr Unwesen und knallen in einiger Entfernung wilde Tiere ab. Deswegen dürfen unsere Hühner heute nicht überall frei herumlaufen, sondern nur auf der eingezäunten Wiese. Emma hält sich die Kapuze fest und öffnet das Törchen. »Die trauen sich gar nicht raus!«, wundert sie sich. »Das ist ihnen sicher zu unheimlich, der ganze Wind und die Knallerei!«, vermute ich. Tom rennt vor und ruft die Hühner. Mit ein paar Würmern schafft er es, sie davon zu überzeugen, ihr Gehege zu verlassen. Alle kommen, bis auf Little. Ängstlich piepsend bleibt sie unter einem Busch im Gehege. Und was macht Goldwing? Sie kehrt prompt um und gesellt sich zu Little unter den Busch. Unsere gute Goldwing! Die anderen Hühner tummeln sich weiterhin auf der Wiese, aber Goldwing will Little nicht allein zurücklassen. »Wie richtige Freundinnen!«, staunt Emma. Littles Hilferufe haben ihren Zweck erreicht. Tom findet, dass Goldi eine Extraportion Würmer verdient hat, und spendiert großzügig. Little bekommt natürlich auch genug ab. »Das nennt man Empathie«, sage ich, und als Tom mich verständnislos anschaut, erkläre ich, was Empathie bedeutet. »Goldwing hat sich in Little hineinversetzt und weil die so unglücklich war, wollte Goldi ihr helfen. Sie hat verstanden, wie Little sich gefühlt hat.« Mit der Antwort ist Tom zufrieden. »Wie heißt das Wort noch mal?«, will er wissen. »Empathie«, wiederhole ich.

Tom murmelt das Wort ein paarmal vor sich hin, und ich bin mir sicher, er wird die nächsten Tage genau wie Emma darauf achten, ob er irgendwo noch mehr Empathie entdeckt.

Meine Kinder werden schon bald fündig. Leider. Denn der Anlass ist besorgniserregend. Goldwing ist krank. Sie hat Probleme mit dem Kropf. Ihr Kropf leert sich nicht richtig und bläht sich auf. Goldi will nicht mal mit den anderen in den Freilauf und legt sich im Gehege unter das Weidenkätzchen. Little leistet ihr Gesellschaft. Sie lässt ihre kranke Freundin nicht allein zurück und bleibt mit ihr im langweiligen Gehege. »Das ist Empathie, oder?«, fragt Tom, und ich nicke anerkennend. Als die anderen von ihrer Runde zurückkommen, steht Goldi auf und zuckt in merkwürdigen Bewegungen mit dem Hals. Offenbar versucht sie, den gestauten Inhalt des Kropfes zu beseitigen. »Guck mal, was Little macht!«, ruft Emma. Little steht vor Goldi, beäugt den seltsamen Kropf von allen Seiten und abwechselnd mit jedem Auge. Wie ein Fisch am Angelhaken zuckt der auf und ab. Little beginnt, ganz, ganz sanft gegen das dicke, zuckende Organ zu picken – nach dem Motto: Ich muss das da irgendwie wegmachen. Die anderen Hühner scheren sich nicht um Goldis Leid. Wie ich Little so beobachte, wird mir ganz warm ums Herz. Sie ist schon immer um die Gesundheit der gesamten Hühnerschar besorgt gewesen: Oft beobachte ich, wie Little während der Gefiederpflege den anderen Hühnern ausdauernd Partikel oder Parasiten entfernt. Die Situation mit Goldwing ist so ergreifend und gleichzeitig schrecklich, weil Little vollkommen hilflos ist, obwohl sie doch so gerne helfen möchte. Aber vor allem, weil es Goldi schlecht geht. Ausgerechnet unsere dickste, beste Goldi. Tom und Emma jammern. »Mama, tu was! Goldi darf nicht sterben!« Emma nimmt es am meisten mit. Goldi ist wirklich ihr Goldstück. Emma hat feuchte Augen. »Halt du Goldwing fest«, sage ich zu ihr. Ausgiebig massiere ich Goldwings Kropf, Goldi stößt auf, es stinkt bestialisch, aber der Druck im Kropf wird geringer. Wir sorgen dafür, dass sie nur bekömmlichen Brei frisst, und zum Glück bessert sich ihr Zustand am nächsten Tag. Uns fällt ein Fels vom Herzen.

Nicht ganz dicht

Unser Unikat ist tot. Henni, die uns täglich mit einem köstlichen, perfekt geformten Ei beglückt hat. Henni, die Mama von Kiki und Lulu. Henni, die sich nie von uns anfassen lassen wollte, aber gierig aus der Hand gefressen hat. Henni, die in der Anfangszeit der Horror für alle fremden Hühner war. Henni, die Chefin unserer Truppe. Innerhalb von ein paar Tagen fraß Henni schlechter, bekam Durchfall, wurde trotz Behandlung zusehends schlapper. Ein liebevoll bepflanztes Grab neben dem Haus erinnert nun an unsere Henni, eins unserer ersten Hühner. Gerade mal drei Jahre alt ist sie geworden. Dabei können Hobbyhühner gut und gerne doppelt so alt und älter werden. Nicht so Hybridhühner. Hochleistungshühner, die sich wie Henni gnadenlos auspowern und legen und legen, teils ohne Mauser, ohne Legepause, erreichen oft auch in der Hobbyhaltung kein hohes Alter.

»Können wir nicht zwei neue Hühner haben? Emma will das auch!«, sagt Tom. Er streut den Hühnern ein paar Weizenkörner hin. Ohne Henni ist es stiller als sonst. Nur Lulu schnattert ähnlich wie Henni, jedoch mit ein paar Dezibel weniger. Henni hat stets vorneweg mitgemischt. Henni, die zierliche, urige Powerdame, gehörte einfach dazu. Das Gehege wirkt irgendwie leer. Mit Muffin und Henni fehlen nun zwei ganz besondere Hühner. »Meint ihr? Meinetwegen. Jetzt im Herbst stehen die Chancen gut, dass wir zwei Hennen von Züchtern kriegen«, vermute ich.

Layla hat automatisch Hennis Position übernommen und ist die neue Chefin unserer Gruppe. Die Körner, die Tom ausstreut, picken alle mit gutem Appetit auf, aber wenn die Hühner sich zu nahe kommen, hat Layla Vorrang. Tom und ich gehen wieder ins Haus. Tom rast sofort in Emmas Zimmer, um ihr die gute Nachricht zu verkünden. »Wir dürfen zwei neue Hühner haben!«, ruft er. »Was? Echt?« Emma kann es kaum glauben und kommt angerannt. Ich nicke. »Welche Rasse sollen wir diesmal nehmen?«, frage ich. Emma schnappt sich gleich das Lexikon mit Hühnerrassen aus dem Regal. Begeistert wälzen die Kinder das Buch und machen eifrig Vorschläge, während ich einen alten Ausstellungskatalog mit Züchteradressen aus der Umgebung durchblättere. Neue Rassen kennenzulernen ist verlockend, aber es gilt, Bedingungen zu beachten. »Die neuen Hühner müssen gut getarnt sein. Also bloß kein Weiß! Und sie sollen schnell zutraulich werden. Dann habt ihr auch was davon. Selbstverständlich sollen sie ein natürliches Erscheinungsbild haben, also keine Locken oder Bommel oder anderen Tinnef, und robust müssen sie auch sein. Ach, und natürlich muss es sie in der Nähe überhaupt geben«, sage ich. Nach viel Hin und Her fällt unsere Wahl auf die hellbraunen Dresdner.

Am nächsten Wochenende machen wir drei uns auf den Weg zur Züchterin. Frau Pinneken präsentiert uns die Tiere: ihr ganzer Stolz. Außer Dresdnern züchtet sie noch Tauben, eine Katze streicht Tom um die Beine, und ein Mischlingshund lässt sich von Emma den Nacken kraulen. Wie bei allen Züchtern gibt es hier etliche Gehege, um die Hühner nach Rasse, Alter oder Geschlecht sortiert unterbringen zu können. »Ich mache nichts mit Chemie! Schon allein der Eier wegen nicht«, sagt Frau Pinneken. »Antibiotika kommen mir nicht in die Tüte. Apfelessig. Ich schwöre auf Apfelessig. Jeden Monat ein Schuss davon ins Wasser und keine Spur von Würmern. Nur natürliche Hausmittel gegen Hühnerwehwehchen benutze ich.« Sie hält eine Lobrede auf das Wundermittel Oreganoöl, redet von Salbei, gehackten Zwiebeln und Knoblauch gegen Schnupfen, schwärmt vom Einölen der Beine gegen Kalkbeinmilben, vom Einölen der Kämme gegen Pilze und vom Orangenöl gegen die Nordische Vogelmilbe. »Und nicht zu vergessen: ein Schuss Rapsöl für glänzendes Gefieder!«, sagt sie mit erhobenem Zeigefinger. Werner würde jetzt auf ein in Olivenöl gebratenes Hähnchen schwören, Emma insgeheim auf ihr neues Avocado-Haaröl, ich – Tierärztin undercover – nicke bei ihrem Vortrag bloß eifrig an den richtigen Stellen. Während die Kinder Katz und Hund mit Streicheleinheiten verwöhnen, höre ich Frau Pinneken höflich über die Vor- und Nachteile von Kieselgur- und Schwefelpulver im Staubbad der Hühner zu, und schon genießen wir das Privileg, uns zwei Hennen aussuchen zu dürfen, obwohl noch andere Leute vor der Tür stehen, die auch Hühner kaufen möchten, aber sicherlich nicht gleichermaßen Öl- und Essiginteressiert wirken.

»Die sehen doch alle gleich aus!«, sagt Tom. Und auch Emma guckt ein wenig ratlos drein, denn ein Ei (Huhn) gleicht dem anderen. »Nehmt diese beiden Hennen hier!«, empfiehlt Frau Pinneken. »Die haben schon einen kräftig roten Kamm. Die stehen voll im Saft!« Tom guckt mich fragend an, ich übersetze: »Sie legen schon Eier.« »Oh, das findet Papa gut!«, sagt er, also klare Präferenz von Werner. Da wird er garantiert nicht Nein sagen, wenn wir mit diesen Hühnern ankommen. Mir kommt es sowieso so vor, als sinke sein Hühner-Widerstand stündlich – entweder weil er einsehen musste, dass man gegen uns drei und den Haufen Hühner ohnehin nicht ankommt, oder weil er sich mit dem Federvieh mehr und mehr abfindet (oder gar anfreundet??). Tom und Emma tragen den Karton, in den Frau Pinneken die beiden »saftigen«

Hennen gesetzt hat, gemeinsam zum Auto. »Ich weiß schon, wie mein Huhn heißen soll«, teilt Tom sichtlich guter Dinge mit. »Ich auch!«, strahlt Emma. Ich öffne den Kofferraum für unsere neuen Gartenbewohner, die Kinder stellen ihren Schatz hinein, und ich erfahre, dass Fiffi Toms Huhn wird und Caramel Emmas. Werner kriegt die Eier, und ich gehe wie üblich leer aus.

Daheim erwartet die Neuen eine Sonderform der Sicherheitsverwahrung. Die erste Zeit halten wir sie von den anderen Hühnern getrennt im englischen Gehege. Da haben unsere Krawallhühner Pech, denn so mit Zaun dazwischen kommen sie diesmal nicht zum Zuge. Auf diese Weise können sich alle hinter Zaun und geschlossenem Türchen langsam aneinander gewöhnen. Fiffi und Caramel haben hier einen kleinen Holzstall und immerhin achtzehn Quadratmeter für sich. Sie erkunden jeden Winkel ihrer neuen Residenz. Tom, Emma und ich betrachten die beiden Schwestern bei ihrer Exkursion. »Fiffi ist ein bisschen länglicher als Caramel«, meint Emma. Sie versucht, Merkmale auszumachen, an denen sie ihr Huhn erkennen kann. So ohne Maßband sehe ich jedoch keinen Längenunterschied. »Caramels Kamm ist ein bisschen dicker als Fiffis«, findet Tom, aber eigentlich sieht man diesen Unterschied höchstens, wenn man mit einer Lupe rangeht. »Die sind so anders als unsere bisherigen Hühner. Die Stimme, so komisch vom Klang. Irgendwie tiefer und rauer«, sagt Emma irritiert. »Und guck mal, Fiffi ist ein Wildschwein!«, sagt Tom. Das haut hin. Innerhalb kürzester Zeit hat Fiffi den ganzen Boden umgescharrt. Sie verschwindet nahezu vollständig in den Löchern, die sie buddelt. Nicht mal eine kurze Pause legt sie ein. Caramel steht gelassen neben ihr und scharrt bequem in der herausfliegenden Erde. (An dem Trick, andere für sich arbeiten zu lassen, könnte ich mir bei Gelegenheit ja mal ein Beispiel nehmen, Werner!)

Ich versuche noch mal, einen optischen Unterschied der beiden Hennen auszumachen, komme aber zu dem Schluss, dass man die zwei nur anhand ihres Temperaments eindeutig unterscheiden kann: Eine hat ADHS, die andere nicht. Die ist eher das Gegenteil von hyperaktiv (Schlafpulver). »Wisst ihr was? Wir machen bei einem Huhn den Ring ab, bei dem anderen lassen wir ihn dran. Dann können wir sie sicher auseinanderhalten«, schlage ich vor. Züchter legen ihren Hühnern Ringe mit individuellen Nummern um die Beine. Jedes Jahr haben die Ringe eine andere Farbe. So verrät schon die Farbe, wie alt die Hühner sind. Fiffi und Caramel haben gelbe Ringe. »Wir machen Fiffis Ring ab, weil die wie versessen scharrt. Ohne Ring ist das sicherer. Sonst verheddert sie sich noch im Gestrüpp«, sage ich. Wir hatten noch nie Hühner, die wir partout nicht auseinanderhalten konnten. Bei den Schwestern Little und Tiny gab es immerhin Unterschiede am Kamm. Und wir hatten noch nie ein Huhn, das sich für ein Wildschwein hält. Genauso gut hätte ich den Kindern ein buddelwütiges Kaninchen kaufen können – ich warte noch darauf, dass Fiffi am anderen Ende ihres Tunnels aus der Erde krabbelt. Ich sehe schwarz für unser adrettes Gehege, wenn Fiffi auch dort den Boden in eine stolprige Huckelpiste verwandelt.

»Die sind doch wirklich irgendwie nicht ganz dicht«, sagt Emma. »Genau«, ruft Tom aufgeregt, »guck mal jetzt! Die findet den Vorwärtsgang nicht!« Wie angestochen streckt Fiffi den Kopf nach unten und läuft ein paar Meter rückwärts – sehr kurios für die Kinder. Dann ist der Spuk vorbei. Aber das ist noch nicht alles. »Ist euch auch schon aufgefallen, dass die beiden dauernd ihren Kopf schütteln?«, frage ich. »Ja, wie die alte Omma mit dem Wackelkopf!«, kichert Tom. »Ach, hör du doch auf!«, schimpft Emma. »Was haben unsere Dresdner denn? Juckreiz?« Eigentlich dürften sie nichts haben, bei all der Pflege und all den Mittelchen, die Frau Pinneken ihren Tieren zukommen lässt. Trotzdem. Sicher ist sicher. Ich schleiche mich an Fiffi ran und schnappe sie mir auf den Arm, untersuche ihr Gefieder, ihre Haut und schaue in jede Körperöffnung. »Astrein. Alles so, wie es sein sollte«, sage ich und setze Fiffi zurück auf den Boden. Sogleich vergräbt sie sich wieder in einem Loch. Danach ist Caramel an der Reihe. Auch bei ihr ist alles picobello. Dann wird es wohl Stress sein. Mal gucken, was die Züchterin dazu sagt. Ich gehe ins Haus und rufe Frau Pinneken an. »Ach, das Kopfschütteln, das ist nur so eine Marotte der Dresdner«, sagt sie. Mit anderen Worten: Inzucht-Macke. Aber das sage ich nicht. Das denke ich heimlich, denn wenn es um die eigene Nachzucht geht, sind Leute schnell mal beleidigt – ich behaupte, da ist es irrelevant, ob es um eigene Kinder oder Hühner geht.

Am Abend schüttelt dann Emma den Kopf. »Also so was!«, beklagt sie sich. Sie kommt vom Hühner-Zimmerservice zur Küche rein: Alle Federtiere sind im Bett und ihr Frühstück (klares Wasser, Buffet) schon mal vorbereitet. »Die neuen Hühner wollen nicht in den Holzstall! Sie setzen sich nur außen obendrauf. Ich musste sie reintragen!« Wie ungehörig! Emma ist empört. Schließlich sind wir diesbezüglich von unseren alten Hühnern verwöhnt. Die gehen abends alle von allein und zeitig in ihren Plastikstall – ohne Tamtam. Ohne Hilfestellung. »Wahrscheinlich gefällt den Dresdnern so ein altmodischer Holzstall einfach nicht«, sage ich. »Genau! Die stehen auf quietschgelb!« Das war Werner. Er ist immer noch nicht immun gegen diesen Farbton. Tja, dann müsste er halt öfter mal zum Hühnerstall gehen! Das härtet die Augen ab. »Haha. Unsere Dresdner sind bloß verdreht!«, widerspricht Emma. »Sicher gewöhnen die beiden sich bald an den Holzstall und gehen von allein rein. Sehr zum Ärger von Marder und Co.«, sage ich.

Allerdings gewöhnen sie sich keineswegs daran. So wie

manche Leute konsequente »Auf-dem-Rücken-Schläfer« sind, so sind unsere Dresdner beharrliche »Auf-dem-schrägen-Dach-Schläfer«. Was etwas lästig ist. Jeden Abend muss Emma Fiffi und Caramel vom Dach des Holzstalls pflücken und innen auf die dafür vorgesehenen (und prophylaktisch gegen Milben eingeölten!) Sitzstangen setzen. Verständlich, dass es Emma nach zwei Wochen an der Zeit findet, die beiden in die Gruppe zu integrieren, damit sie zusammen mit den anderen in den wahrscheinlich favorisierten Plastikstall gehen können.

Emma öffnet das Türchen des englischen Geheges. Gespannt harren wir der Dinge, die da kommen mögen. Alt und Neu begegnen sich zum ersten Mal zaunlos. »Was ist das denn? Das gibt's doch nicht!«, sagt Emma ungläubig. Die erste halbe Stunde herrscht Aufruhr, aber sehr gemäßigt! Unsere alten Hühner bringen den Dresdnern bei, dass sie als angestammte Ureinwohner Vorrechte haben. Hier ein Schnabelhieb, da ein angedeutetes Scheuchen, mehr nicht. Es läuft nicht gerade einträchtig, aber um Lichtjahre besser als sonst! Die zwei Wochen Sicherheitsverwahrung machen sich bezahlt. Sogar Kiki und Lulu sind vergleichsweise friedfertig. Stattdessen entpuppt sich jemand anders als kleine Giftnudel. Little, das halbe Portiönchen, das am Ende der Rangordnung steht, mag es anscheinend nicht, wenn sich jemand in der Schlange vordrängelt. Sie ist nicht bereit, die zwei Neuen vorzulassen. Wer will schon länger anstehen oder in der Rangordnung weiter absteigen? Sitzen Fiffi und Caramel gemütlich auf den Sitzstangen, kommt Little daher und beißt ihnen in die Füße, bis die beiden von den Stangen hüpfen und die Flucht ergreifen. Versuchen die zwei sandzubaden, ist es Little, die ihnen den Spaß verdirbt und sie mit Roter Karte vom Platz verweist. Little piesackt sie, wo sie nur kann. Durch gewagte Flugsprünge auf, gegen und über sie hinweg schüchtert sie sie derart ein, dass Little zum persönlichen Schreckgespenst der beiden avanciert. Fiffi und Caramel suchen bereits das Weite, wenn sie diesen Zwerg-Terrier aus der Entfernung ranschleichen sehen.

So ganz, wie Emma sich das vorgestellt hat, läuft es aber noch nicht. Fiffi und Caramel wollen zwar tatsächlich zur Nacht in den quietschgelben Stall, allerdings dürfen sie nicht. »Little verwehrt ihnen den Eingang! Diese bissige Kratzbürste hackt in ihre Füße und sogar in ihre Gesichter, sobald die beiden nur einen Fuß auf die Hühnerleiter setzen!«, beschwert sich Emma. Jeden Abend muss sie sich in den Run quetschen und Fiffi und Caramel in den Stall zu den anderen setzen. Nach kurzem Gezicke kehrt dann endlich Ruhe ein. »Das wird sich legen. Irgendwann dürfen die auch ohne deine Unterstützung mit in den Stall. Du wirst schon sehen«, verspreche ich Emma. Denn wenn die Rangordnung erst mal ausreichend eingebläut ist, gestaltet sich das Leben in einer Hühnerschar überaus harmonisch. »Ich weiß. Aber es dauert so lange«, seufzt Emma. »Dabei ist es bestimmt gar nicht normal, dass fremde Hühner in die Gruppe dazukommen. Für diese Zickereien jetzt können die gar nichts. Nicht mal Little! Eigentlich kommt der Nachschub doch wohl aus den eigenen Reihen. Voll logisch. Mit Küken von einer Glucke aus ihrer Herde läuft die Integration garantiert viel friedlicher.« Trotz erhöhten Arbeitsaufwandes lässt Emma kein krummes Haar (Feder) an ihren Hühnern. Gut so! Recht hat sie.

Immerhin läuft alles andere vortrefflich mit den Dresdnern. Die gesamte Hühnerschar kann inzwischen zusammen in den Freilauf, denn Fiffi und Caramel sind bereits zutraulich, fressen uns aus der Hand und hören auf Kommando, wenn man mit Mehlwürmern schüttelt. Caramel läuft sogar wie ein kleines Hündchen hinter uns her, wenn wir das Gehege betreten. Wir müssen aufpassen, ihr nicht auf die Füße zu steigen. Fiffi und Caramel kletten wie Zwillingsschwestern zusammen. Einträchtig unternehmen sie alles gemeinsam. »Little nein!«, schreit Emma unvermittelt. Little ist aus der Versenkung aufgetaucht, startet ihre Attacke, springt Fiffi an und pickt vehement auf sie ein. Durch Emmas Ansage lässt sie sich nicht von diesen fiesen Machenschaften abhalten. Da eilt Caramel herbei, verpasst Little einen ordentlichen Pick ins Gesicht, diese lässt wie geplant von Fiffi ab und schlägt ihrerseits Caramel in die Flucht! »Hut ab!«, sage ich. »Gut gemacht, Caramel!«, sagt Emma stolz. Schließlich ist Caramel ihr Huhn. »Obwohl Caramel selbst totale Angst vor Little hat und wusste, dass sie auch angegriffen wird, hat sie Fiffis Wohl über ihr eigenes gestellt und ihrer Schwester geholfen!«, sage ich anerkennend. »Caramel und Fiffi sind halt beste Freundinnen. Die helfen sich gegenseitig«, meint Emma.

»Kannst du dir das vorstellen, Emma? Angeblich sollen Hühner gar keine Freundschaften untereinander bilden«, sage ich. »WAS? Wie kommst du denn jetzt darauf?« Emma ist entgeistert. »Es gibt anscheinend gerade mal eine einzige wissenschaftliche Untersuchung zum Thema Hühnerfreundschaften. Komisch, oder? Dabei ist das doch echt spannend.« Die meisten Verhaltensstudien beziehen sich auf wirtschaftlich relevante Themen wie Federpicken und Kannibalismus. Solche Untersuchungen lohnen sich eher, aber das ist eine andere Geschichte. »Jedenfalls kommt diese eine Studie zu dem Schluss, dass Hühner vermutlich keine Freundschaften bilden.« »DAS KANN DOCH GAR NICHT SEIN!« Emma regt sich auf, denn alles, was wir bisher mit unseren Hühnern erlebt haben, beweist das Gegenteil. »Ich glaube das auch nicht, Emma. Die Studie weist Mängel auf. Du musst nicht nur auf das Ergebnis einer Studie gucken, sondern vielmehr auf den Versuchsaufbau. Die Forscher haben untersucht, welches Huhn sich in wessen Nähe aufhält. Aber stell dir vor:

Fünfzehn Hennen lebten dazu auf gerade mal drei Quadratmetern. Da musst du dir in etwa doppelt so viele Hühner vorstellen, wie wir haben, die permanent im mickrigen Run leben, ohne Gehege und Freilauf wie bei uns. Sie hockten also alle dicht aufeinander. Umherlaufen zum Erkunden der Umgebung und zur Futtersuche, so wie unsere Hühner das hier machen, war nicht möglich. Keiner konnte einem folgen. Wohin auch? Warum auch? Weit weg konnten sie nicht. Und geguckt, wer sich wo aufhält, wurde zum Einen morgens. Aber was machen Hühner morgens als Erstes?«, frage ich. »Fressen!«, sagt Emma wie aus der Pistole geschossen. »Genau! Die soziale Nähe ist in dem Moment nicht wichtig für sie. Da zählt nur, sich möglichst schnell den Kropf vollzuschlagen. Außerdem stammten die Versuchstiere aus einer Aufzucht von 20 000 Tieren. Da war vorher nix mit Freundschaften, denn bei solchen Anzahlen erkennen Hühner sich natürlich nicht mehr. Freundschaften waren die also gar nicht gewohnt.« Emma schüttelt den Kopf. »Natürlich bilden Hühner Freundschaften. Little leidet ja schon, wenn Goldi nicht in ihrer Nähe ist.«

»Unsere Hühner werfen Forschungsergebnisse sowieso gerne über Bord. Was meinst du, Emma, wie oft sandbaden unsere Hühner?« »Mindestens täglich, oft sogar zwei oder drei Mal am Tag, besonders bei gutem Wetter. Das finden sie total verlockend«, antwortet Emma. »Stimmt. Wenn sie sich allerdings an die Forschung halten würden, dürften sie nur alle zwei Tage baden.« »Nie im Leben!«, sagt Emma voller Überzeugung. Wortlos hängen wir unseren Gedanken nach und beobachten unsere Truppe, wie sie scharrt und pickt. Mir fällt auf, dass das Kopfschütteln unserer Dresdner nachgelassen hat und dass das Gehege trotz Fiffis Anwesenheit wider Erwarten gut aussieht. Fiffi hat aufgehört, ein Schwein zu sein. Vermutlich war das intensive Buddeln und Kopfschütteln anfangs eine ihrer Strategien, mit dem Stress der Umstellung umzugehen. »Vielleicht konnte Fiffi bei Frau Pinneken auch nicht genug scharren. Da war ja kaum Platz«, gibt Emma zu bedenken. Auch ein möglicher Grund. Vielleicht musste Fiffi sich zuerst richtig austoben. Genau wie Kühe. Nachbars Milchvieh galoppiert auch wie wahnsinnig über die Weide, wenn es nach einem langen Winter in Stallhaltung zum ersten Mal wieder frisches Gras unterm Euter hat.

»Jetzt ist Fiffi völlig durchgedreht!«, behauptet Emma ein paar Tage später. »Komm mal mit raus, Mama!« De facto werden wir Zeuge von etwas, was wir in all der Zeit bei unseren Hühnern noch nicht erlebt, uns aber insgeheim immer gewünscht haben. Schließlich wollen wir sämtliche Verhaltensweisen aus eigener Anschauung kennenlernen. »Guck mal, Fiffi schreit und sträubt ihr Gefieder, wenn ich nur ganz normal an ihr vorbeilaufe. Bei den anderen Hühnern macht sie das genauso! Und was gibt sie für komische Geräusche am Futternapf von sich? Fast wie ein Hahn beim Futterlocken!« Das ist echt witzig! Dabei stand in jedem Buch – und auch Frau Pinneken hat das bestätigt –, dass Dresdner nur äußerst selten brütig werden. Fiffi ist nicht jeck, sondern verhält sich völlig natürlich, wenn auch nicht gerade rassetypisch. »Emma, warte mal ab, es dauert nicht mehr lange und Fiffi wird sich ins Nest setzen und erst Mal nicht mehr rauskommen. Sie will Küken!« »Was? Ist sie gluckig?« Ich nicke und freue mich, dass wir endlich ein Huhn haben, das brüten möchte.

Den meisten Hühnern, insbesondere den Legehühnern, ist das Bedürfnis zu brüten abgezüchtet worden, weil ein Huhn, das brütet, keine Eier legt. Nun haben wir demnächst die Möglichkeit, eine natürliche Kükenaufzucht mit Glucke zu erleben – für die Kinder bestimmt ein tolles Erlebnis. Ups, Moment mal! Was habe ich da gerade gedacht? Habe ich gerade wirklich freiwillig an Küken gedacht? An die ganze

Arbeit? Und mich gefreut? Keiner muss mich überreden – weder die Kinder noch ich selbst? Keine Bettelei, *Mama, wir wollen Küken!* nötig? Als Emma damals sagte: *Mama, ich will einen Hund*, wer hätte damit gerechnet, dass es einmal so enden würde? »Kriegen wir bald Küken?«, fragt Emma mit leuchtenden Augen. »Nun ja. Es ist Herbst. Keine gute Jahreszeit für Küken. Wenn Fiffi im Frühjahr wieder brütig wird, ist das ein besserer Zeitpunkt. Warten wir´s ab.« Emmas Mundwinkel sacken ein Stück nach unten. Am liebsten will sie natürlich jetzt Küken. Dafür kribbelt die Vorfreude bestimmt nicht nur in meinem Bauch wie eine Schar aufgeregter Ameisen. Es ist nicht mal Winter, aber Emma kann den Frühling jetzt schon kaum erwarten – da bin ich mir sicher.

Fiffi ist optimistisch. Am nächsten Tag will sie wahrhaftig ihre unbefruchteten Eier bebrüten. Dick und flauschig hockt sie auf dem Nest. Schwer wie Blei macht sie sich, als ich sie hochnehmen möchte, und faucht mich an. Wenigstens zwickt sie nicht in meine Finger, obwohl das etliche Glucken machen, wenn man sie stört – liebe Fiffi. »Wir müssen sie leider am Brüten hindern«, erkläre ich Tom, der mich mit Fragezeichen in den Augen anguckt, »sonst brütet sie wochenlang, obwohl gar keine Küken schlüpfen können. Wenn Hühner brüten, fressen sie kaum und werden schnell von Milben und anderen Plagegeistern befallen. Brüten schwächt sie.« Züchter sperren brütige Hennen, die nicht brüten sollen, für ein paar Tage in eine nestlose Einzelbox, bis sie nicht mehr gluckig sind. Das will ich nicht so gerne, obwohl es weit schlimmere Methoden gibt, aber mein Plan ist, Fiffi einfach oft genug vom Nest zu nehmen, bis sie auf andere Gedanken gekommen ist. Nachmittags, wenn alle Eier des Tages gelegt sind, versperre ich zusätzlich den Eingang zum Nest. Mein Plan geht auf. Fiffi kehrt in den ursprünglichen Zustand zurück und wird schnell wieder die Alte – bis sie ein paar Wochen später bei frostiger

Kälte im November wieder auf den Trichter kommt, Küken ausbrüten zu wollen. Das gleiche Spiel, sie mehrmals täglich vom Nest zu nehmen, geht von vorne los. »Echt verrückt, oder? Bei dieser Kälte muss man doch nicht brüten!«, sagt Emma. Aber Fiffis Hormone sehen das anders.

Der Winter steht direkt vor der Tür. Und was machen unsere Dresdner? Federn abschmeißen! »Wie absurd ist das denn?! Hunde kriegen extra ein dickes Winterfell«, sagt Emma, »und ich zieh doch im Winter draußen auch nicht ein T-Shirt an!« Normalerweise mausern Hühner im ersten Lebensjahr nicht, zumal das in Anbetracht der aktuellen und bevorstehenden Kälte wahrlich keine gute Idee ist. Spätsommer und Herbst sind übliche und bessere Zeitpunkte, Federn zu erneuern. Beim Einkaufen treffe ich zufällig die Züchterin. Frau Pinneken beklagt, dass auch die anderen Geschwister von Fiffi und Caramel bei ihr wundersamerweise mausern. »Vielleicht, weil sie von Januar sind. Sie sind schon fast ein Jahr alt«, sagt sie. Tja, dann müssen wir da eben alle durch. Notfalls strickt Oma zwei Hühnerpullis.

»Die sind geschrumpft!«, amüsiert sich Tom, als er Fiffi und Caramel genauer in Augenschein nimmt. »Nur noch halbe Hühnchen!« »Stimmt, den Großteil unserer Plüsch-Dresdner machen die Federn aus!«, sage ich und finde Little im Vergleich gar nicht mehr so little. Kälte zieht über die abgeernteten Felder und Äcker. Wenn ich bibbernd, mit Schal vor der Nase, nach draußen gehe, bin ich froh, dass unsere Dresdner wenigstens nur stellenweise ihre Federn verlieren und nicht komplett nackig sind. Trotzdem hätte ich zurzeit ungern eine zerfledderte Jacke, durch die der Wind pfeift. Die Kühe stehen auch schon länger nicht mehr auf der Weide, sondern müssen die Tage im Stall verbringen. Die Bäume sind kahl, nur die Kiefern und Tannen tragen noch ihre grünen Nadeln. Oft entdecken wir jetzt morgens Rehspuren auf unserer

Einfahrt. Auf der Suche nach Nahrung kommen die Tiere in der Dämmerung aus den umliegenden Wäldern in unseren Garten.

Die Tage sind nun so kurz, dass die Hühner weniger Zeit zum Fressen haben. Darum gibt's auch weniger Eier. Der quietschgelbe Schlafstall ist doppelwandig isoliert, trotzdem lege ich wie jeden Winter zusätzlich eine Schicht silberne Autoscheibenfolie drum rum, damit die Wärme besser im Stall bleibt und die Hühner, die sich nachts eng aneinanderkuscheln, weniger Energie verlieren. »Das machst du nur, weil du selber so ein Frostköttel bist! Den Hühnern macht die Kälte doch nichts aus!«, behauptet Werner. Na ja, wenigstens bei einem Punkt liegt er richtig: Ich bin eine Frostbeule. Ich gebe zu, dass ich schon bibbere, wenn ich nur daran denke, wie die Hühner in dem eisigen Stall hocken. Aber warum sollte man es ihnen eigentlich nicht so angenehm wie möglich machen? Und Energie spart man am besten gleich auf allen Gebieten – das kommt auch dem kleinen Hühnerkörper zugute. Schließlich ist die Dunkelheit lang und der Magen genauso lang leer – Energie wird da schnell knapp. Obwohl die Büsche im Gehege bereits etwas Windschutz bieten, befestige ich zusammen mit den Kindern außen am Zaun des Geheges auf Hühnerhöhe einen Windschutz, denn der Ostwind fegt hier besonders unsympathisch übers Land. Außerdem krame ich die Winterausrüstung vom Dachboden: eine Luftpolster-Gewächshausfolie, die, um den Run herum gelegt, etwas wärmt und gleichzeitig Licht durchlässt. Obendrüber kommt unsere bewährte glatte Gewächshausfolie, damit unsere Flughühner bei der Landung mit ihren scharfen Krallen nicht die Luftpolster auf dem eingewickelten Run zum Platzen bringen. Tom kann im Run halbwegs stehen, also ist er unser Mann, ihn mit einer dicken Schicht Stroh auszubetten. Das tut er mit Begeisterung und testet sogleich sein Werk. Er legt sich rücklings ins Stroh und streckt sich genüsslich. »Gut so«, befindet er.

Kiki gesellt sich als Erste zu ihm, um den veränderten Stall unter die Lupe zu nehmen. Genau wie beim Stallputz. Da steht sie auch plötzlich mitten im halb auseinandergebauten Plastikhäuschen und begutachtet das verwandelte Innere. Jetzt folgen Layla und Lulu in die Strohlandschaft. Wie ein Verwüstungskommando wühlt unsere Hühnermannschaft das sorgfältig ausgelegte Stroh innerhalb von Sekunden komplett durcheinander. Nach erledigter Arbeit verschwinden die drei Tiere zufriedener Dinge. »Was für eine Unordnung!«, beschwert sich Tom und ordnet das überall verstreute Stroh wieder zu einer glatten Schicht, doch schon steht der nächste Trupp vor dem Eingang bereit. »Nein! Nicht schon wieder!«, plustert sich Tom auf. Meine Güte!, schmunzele ich in mich hinein, sonst ist Tom doch auch nicht so kleinlich, wenn ich an all die Autos, Legosteine und Papierschnipsel auf dem Boden seines Kinderzimmers denke! Jedenfalls beruhigend, dass die Hühner durch das Stroh gegen Bodenkälte geschützt sind. Bodenkälte. Emma merkt davon nichts. Wie im Sommer sitzt sie bei den Hühnern auf dem Boden. »Hey, steh mal wieder auf, damit du nicht festfrierst!«, erinnere ich sie und bitte um Bewegung. Aber wenn sie unter den Hühnern weilt, vergisst sie einfach alles um sich herum. Von Kälte spürt sie dann scheinbar nichts. Andeutungsweise rutscht sie ein paar Millimeter hin und her, bleibt aber inmitten der Hühnerschar sitzen. Da kann man wohl nichts machen.

Nach getaner Arbeit stellt der Run einen luxuriösen Aufenthaltsort für den Winter dar. Er enthält sogar zwei Sitzstangen, die Werner mit Tom gezimmert hat, damit die Hühner es sich auch hier tagsüber gemütlich machen können. Ich als Huhn im Winter würde den ganzen Tag hier verweilen. Alles ist da: Futter im Automaten, Wasser, Sitzstangen, Stroh,

Wind- und Wärmeschutz, Tageslicht. Wie ein richtiger Stall! Und alles einfacher, als einen richtigen Innenstall extra neu zu mauern oder zimmern. Zwar etwas klein, dafür aber auch wärmer. Also: perfekt! Zumindest aus Menschensicht. Die Hühner laufen trotzdem fröhlich weiter durchs Gehege oder im Freilauf und scharren herum, als wenn die Temperatur im grünen Bereich wäre – da kann es noch so bitterkalt und windig sein. Der warme Run: vergeudete Liebesmüh. Da freue ich mich ja fast über die Wetterprognose, die Schneechaos in weiten Teilen Deutschlands vorhersagt. Vielleicht gehören wir ja dazu. Wenigstens würde sich unsere Isolierungsarbeit am Run dann doch noch bezahlt machen.

Am nächsten Morgen liegt bereits eine dünne Schicht Schnee. Die Hühner gucken skeptisch aus dem Run und betrachten das weiße Zeug mit langen Hälsen. Ich will sie unter die Folie ins schneefreie englische Gehege locken und streue dort unwiderstehliche Mehlwürmer aus. Doch zwischen den Leckerbissen und den hungrigen Hühnern gähnt die offene Schneefläche. Was werden sie tun? Die Gier siegt: In Storchenmanier schreiten unsere mutigen Hühner über den unbekannten Untergrund. Nur Little traut sich nicht und bleibt allein und hilferufend im Run zurück. Während alle anderen Hühner Little in ihrer Verzweiflung links liegen lassen, macht sich Goldi, die ansonsten keinem Wurm widerstehen kann, auf den heldenhaften Rückweg. Mit vorsichtigen Schritten trippelt sie durch den Schnee, immer dicht am Zaun entlang, bis sie wieder bei Little ankommt. Es fehlte gerade noch, dass sie einige Würmer im Gepäck hätte. Little beruhigt sich augenblicklich. Für ihr soziales Verhalten hat Goldi eine Goldmedaille verdient – oder das Hühnerverdienstkreuz. Wer ist schon derart selbstlos? Und wer hätte ein solches Verhalten ausgerechnet von einem Huhn erwartet?

Ein paar Stunden später ist es, als würden unsere Hühner schon ihr Leben lang nichts anderes machen, als auf Schnee herumzulaufen. Auch Little wagt sich inzwischen drüber. Es soll genügend Hühner geben, die sich bei Schnee standhaft weigern, einen Fuß vor die Tür zu setzen, aber unsere stört das nicht mehr. Und Tom hat genug Schnee für einen kleinen Schneemann. Auch Emma, die dick eingepackt nach draußen gekommen ist, baut mit. Mit roten Nasen und eisigen Händen erschaffen sie für die Hühner einen neuen Mitbewohner, der auf einem Baumstumpf thront.

Aber die Knöpfe des Schneemanns halten nicht. Die Sonnenblumenkerne, die die Kinder dafür benutzt haben, schmecken den Hühnern viel zu lecker – und Hühner können hüpfen wie ein Tennisball! Mein besorgter Blick geht aber noch höher. Und zwar zum Netz. Die Blätter, die sich dort angesammelt hatten, sind längst weg, aber sie haben ihre Spuren hinterlassen. Die rissigen Fasern des Netzes sehen nicht mehr besonders vertrauenswürdig aus, und nun bildet sich dort oben eine Schicht Schnee, weil die Maschen zu eng sind. Das Netz hängt stellenweise durch. Da hilft nur noch die bewährte Blätter-Methode: von unten dagegenschlagen. Bei vierzig Grad Außentemperatur wäre der Schnee, der einem bei dieser Aktion in Gesicht, Hals und Ärmel rieselt, sicher eine willkommene Abkühlung, aber bei gefühlten minus achtzehn Grad kommt diese Freilicht-Dusche nicht so gut. Außerdem knackt das gefrorene Netz dabei manchmal so unheilverkündend. Oje. Ob das hält? Meine ursprüngliche Freude über das vorhergesagte Schneechaos hält sich mittlerweile in Grenzen. Für Mitternacht stelle ich mir den Wecker. Ich komme wohl nicht drum rum, nachts den neuen Schnee von unserem lädierten Netz zu schlagen, während alle anderen im warmen, kuscheligen Bett weiter schlummern.

Als ich aufwache, ist es sechs Uhr. Das Läuten um Mitternacht muss ich überhört haben, Tom dagegen ist nicht zu überhören. »Mama!«, ruft er direkt in mein Ohr. Er ist der verlässlichste Wecker, den man sich vorstellen kann. *Der Schnee!*, denke ich erschrocken, reibe mein gestresstes Ohr und springe aus dem Bett. Bei so viel Action folgt Tom mir begeistert. Ich ziehe die Jalousien hoch. Draußen ist alles dunkel. Tom schaltet das Licht auf der Terrasse ein. Keine Spur von Weiß. Wir haben Glück. Oder Pech. Oder Glück. Das Schneechaos hat uns wohl verschont. Die weiße Pracht ist offensichtlich inzwischen geschmolzen. Dann wird wohl immerhin das Netz heile geblieben sein. Wenn ich schon mal wach bin, kann ich nun genauso gut die Hühner wecken. Während Tom versunken ein Legohaus baut, stiefele ich gegen winterliche Temperaturen ähnlich gut isoliert wie der Hühnerstall nach draußen, die Stirnlampe auf dem Kopf. Irgendwie sieht heute alles anders aus beim Gehege. Im nebligen Strahl der Stirnlampe erfasse ich nicht gleich, was los ist. Doch dann wird klar: Das Netz hängt in Fetzen herunter und liegt teilweise am Boden des Geheges. Damit die Hühner sich nicht verheddern und damit der Raubvogel keine Chance hat, seinen Hunger zu stillen, müssen sie tatsächlich endlich einmal im mühevoll isolierten Run bleiben. Plan 1: Kaputtes Netz provisorisch flicken und wieder nach oben ziehen. Plan 2: Neues Netz bestellen. Gleich mit größeren Maschen und von besserer Qualität.

Und schon droht das nächste Wetterchaos: Sturm Friederike nähert sich bedrohlich. Wird unser Stall samt Tieren durch die Landschaft segeln? Ich beschließe, erst mal auf unser Glück zu vertrauen. Weil passend zur kalten Wetterlage unsere Heizung seit Wochen wie verhext ist und ihre Dienste immer wieder verweigert, quält sich gerade ein Lastwagen mit einem Ofen über unsere huckelige Einfahrt, schwankt im Wind und streift die Äste der Bäume. Abrupt schaltet der Wind eine Stufe höher. Ungnädig fegt er mit voller Wucht über das Land – das Unheil verschont uns leider nicht. Die Hühner! Sie müssen in Sicherheit! Und zwar sofort! Der Lkw-Mann muss warten oder allein zusehen, wie er den Ofen reinstellt. »Lassen Sie die Viecher doch einfach fliegen!«, ruft er gegen den Wind hinter mir her, aber ich renne unbeirrt über die Wiese und schnappe mir ein Huhn nach dem anderen. Im Gehege steht nichts mehr an seiner üblichen Stelle. Die total verschreckten Hühner suchen Schutz unter den wankenden Büschen. Little muss ich lange suchen. Sie finde ich als Letztes, völlig verängstigt, und trage sie – gegen den Wind ankämpfend – ins Haus.

Tom hält mir die Türen auf und hat inzwischen das Gästeklo vorbereitet. Der Boden ist mit alten Tüchern ausgelegt, Futter und Wasser stehen in Schüsseln bereit. Sogar an ein Nest hat er gedacht. Alle Hühner begutachten ihr neues Übergangszuhause, und Layla gibt ihre typischen hohen, lang gezogenen Töne von sich, die sie immer produziert, wenn sie aufgeregt ist. »Ist ja nicht für immer«, entschuldigt sich Tom. Bestimmt vermissen die Hühner matschige Erde und Regenwürmer unter den Füßen (aber das alles hole ich nicht rein!). Weil unser Gäste-WC irgendwie nicht mit huhngerechten Sitzstangen ausgestattet ist, entdecken Caramel und Fiffi den Klodeckel für sich. Tom und Emma beömmeln sich. Mit meinem Handy schießt Tom ein Foto davon, wie die beiden auf dem Klodeckel residieren. »Ein schönes Örtchen«, sage ich. Layla nutzt sogleich ein anderes Örtchen. Nämlich das Katzenklo. Nach getaner Arbeit schallt in unserem Gäste-WC ein ohrenbetäubendes Gackerkonzert der gesamten Hühnerschar. Tom setzt sich demonstrativ den Gehörschutz für Werners Motorsäge auf. »Da gackern ja die Hühner!«, sagt Emma. Bei dem Video dieser Aufführung bin ich versucht, es online zu stellen. Inzwischen finde ich, dass unsere Hühner ihren Aufenthaltsort wirklich ganz gut getroffen haben, denn draußen liegen mittlerweile Bäume quer, versperren Straßen, das Dach des Nachbarn ist abgedeckt, und das Hühnergehege sieht auch nicht mehr so aus, wie es sein sollte. Als der Spuk vorbei ist, repariere ich alles für den Umzug zurück ins Gehege. »Ich halte wieder alle Türen auf!«, bietet Tom an. »Und ich locke die Hühner nach draußen! Hühner, Popo zu!«, kommandiert Emma. Gute Idee. Bitte keine Hühner-Haufen unterwegs im Flur! Es reicht, was mir bevorsteht: eine gründliche Reinigung des Gästeklos. Hühner machen innerhalb kürzester Zeit beachtlich viel Dreck durch Federn, Staub, Ausscheidungen und überall verteiltem Futter. Trotzdem: Lieber Dreck als tote Hühner. Ich habe beides: Dreck und Hühner, die sich des Lebens freuen. Alles in ziemlich bester (Un-)Ordnung.

Der Winter will und will kein Ende finden. Zum Schluss legt sich eine lang anhaltende, eisige Kälte übers Land. Ich hasse Ostwind. Aber kann man mir das verdenken? Schließlich ist es seine Schuld, dass eines Nachts eins unserer Heizungsrohre platzt. Unter der Holzdecke vom Dachboden lässt sich nun duschen, bis endlich der überarbeitete Klempner kommt ... Wir sind nicht die Einzigen mit erfrorenen Leitungen. Da haben es die Hühner doch besser. Sollte man meinen. Nachts schließen wir selbstverständlich die Schiebetür des gelben Stalles, damit der Frost nicht ins Innere dringt. Als ich am nächsten Morgen zu den Hühnern gehe, hoffe ich trotz aller Gegenmaßnahmen, dass keines erfroren ist. Ich würde sie ja auch nicht abends zusammen in die Tiefkühltruhe stecken und hoffen, dass sie morgens noch leben – ähnlich kalt war es heute Nacht, dazu der widerliche Ostwind. Schon als ich aus der Haustür komme, höre ich Gackern. Komisch. Eigentlich müssten alle im Stall noch schlafen, bis ich sie rauslasse. Etwas näher beim Gehege sehe ich ein braunes Huhn, das aufgeregt durch die Gegend flitzt. Caramel! Ich vergewissere mich: Der Stall ist zu, alle anderen Hühner sind noch drin und wärmen sich vermutlich gegenseitig. Caramel muss diese furchtbare Nacht allein draußen verbracht haben. Das darf doch nicht wahr sein!

»Wie konnte das denn passieren?«, will Emma beim Frühstück wissen. »Wahrscheinlich hat Caramel sich abends irgendwo in einem Nest versteckt. Und weil inzwischen alle problemlos in den Stall gehen, hat keiner kontrolliert, ob wirklich jedes Huhn drin war, bevor wir die Schiebetür geschlossen haben«, mutmaße ich. »Verrücktes Huhn! Die machen so komische Sachen, die beiden Dresdner! Hat Caramel jetzt Schnupfen?«, fragt Emma. Zum Glück nicht. Als ob sie ein Eisbär wäre oder Antifrostschutzmittel durch ihre Adern rauschte, hat Caramel diese Nacht im Freien völlig unbeschadet überstanden. Nicht mal eine einzige Erfrierung quält sie. Was für ein Segen, dass Caramel eine Dresdner-Henne ist! Kämme von Dresdnern sind platt wie eine Pizza. Schönheit hin oder her, aber dadurch sind sie vor Erfrierungen weit besser geschützt als mit so riesigen Lappen, die wie

Fahnen im frostigen Wind herumflattern. Mehr noch: Trotz Kälteschock legt Caramel am nächsten Tag sogar wieder ihr erstes Ei, seitdem sie mit dem Mausern fertig ist! Des Rätsels Lösung: An dem Abend vor der Nacht unter freiem Himmel ist sie wohl wirklich im Nest gewesen und hat schon mal Probe gesessen für das Ei, das sich angekündigt hat.

Diese drolligen Dresdner bringen uns nicht nur immer wieder zum Schmunzeln, sondern auch zu der (eigentlich lange bekannten) Weisheit: Kontrolle ist eben doch besser! Ab jetzt checken wir jeden Abend, ob wirklich alle im Stall sind. Außer Kälte könnten ja auch Marder und Fuchs zuschlagen – nicht auszudenken!

Gluckenglück

Endlich liegt der sehnsüchtig erwartete Frühling in der Luft. Es duftet frisch und verlockend. Die Temperaturen klettern nach oben, die Sonne beginnt spürbar zu wärmen und lässt das Gras wachsen. Knospen sprießen an den Bäumen, Krokusse lugen aus der Erde. Mit zunehmender Tageslänge legen unsere Hühner wieder mehr Eier. Tom hält sich wieder gerne für Stunden draußen auf – am liebsten bei den Hühnern. Das Baumhaus im Garten kann mit seinen Federfreunden nicht mehr mithalten.

Mit seinen mittlerweile sechs Jahren darf (und will!) Tom die Hühner inzwischen allein versorgen. Voll bepackt mit Futter in der Dose und Wasser in der Gießkanne stolziert er dann über die Wiese zum Hühnergehege. Seine Schritte federn dabei, sein Gang ist aufrechter als sonst. So wirkt Tom gleich fünf Zentimeter größer. »Mama, ich kann das ganz allein!«, weist er mich zurecht, wenn ich dazukomme. Ich kann mich wirklich auf ihn verlassen: Das Wasser ist ordnungsgemäß erneuert, das Futter aufgefüllt, die Eier eingesammelt und die Hühnerhaufen im Eimer. Am liebsten lässt Tom die Hühner frei laufen. Dann strolcht er gemeinsam mit ihnen durch hohes Gras und Gestrüpp, baut Holzhäuser und Tipis und passt auf, dass kein Huhn abhandenkommt. Am Ende lockt er sie zurück und zählt gewissenhaft nach, ob alle wieder im Gehege sind. Werner ist auch schon aufgefallen, dass Tom innerlich gewachsen ist, seitdem er die »Hühner-Verantwortung« tragen darf – zumal Tom jetzt endlich darf, was seine große Schwester schon lange darf! Das mit der Verantwortung nehmen beide Kinder ernst. Niest ein Huhn, macht sich Tom oder Emma auf den Weg, um Medizin zu sammeln: Auf unserer Wiese pflücken sie Spitzwegerich, Schafgarbe, Salbei, Brennnessel und Löwenzahn, schnibbeln alles klein und versorgen ihre kleinen Freunde mit den gesunden Kräutern.

So langsam fängt alles wieder an zu wachsen, und das zunehmend gute Wetter erweckt auch bei Fiffi Frühlingsgefühle. Dick und breit hockt sie auf ihren Eiern. Verscheucht jemand sie vom Nest, rennt sie aufgeregt gluckend durch die Gegend, schreit, sobald ihr jemand zu nah kommt, und sträubt ihr Gefieder. Keine Frage, sie ist in Küken-Stimmung! »Mama, du hast doch gesagt, dass Fiffi im Frühling Küken kriegen darf, wenn sie wieder brütig wird!«, erinnert mich Emma an mein Versprechen. Doch das ist gar nicht nötig. Ich bin vorbereitet. Ich habe bereits ausgetüftelt, dass sich das Nest im gelben Stall zu einem Schlafbereich umbauen lässt. Ein Ersatznest wiederum könnten wir problemlos im Run oder Gehege installieren. Auf diese Weise hätten wir Platz für weitere zwei bis drei neue Hühner, ohne dass wir einen zusätzlichen Stall kaufen müssten, wenn die Küken ausgewachsen sind.

Eine einzige Frage bleibt: Wohin mit den männlichen Vertretern, die zwangsläufig schlüpfen werden? Erfahrungsgemäß ist das leider nicht die leichteste Angelegenheit. Aber ich habe da so eine Idee. In der Nähe gibt es diesen furchtbar netten Züchter der furchtbar süßen Zwerg-Australorps. Zwerg-Australorps sind Goldi in klein – genau das Richtige für unser Herz und unseren kleinen Stall. Ich rufe den guten Mann an und frage, ob er eine Lösung für überzählige Hähne hat. Er hat! Bereitwillig bietet der Züchter nicht nur an, uns ein paar Bruteier zu schenken, sondern sogar, die geschlüpften Hähne zu nehmen! Unserem Kükenprojekt steht also nichts mehr im Wege! »Zwerg-Australorps! Yeah!«, jubelt Emma, als ich ihr die frohe Botschaft kundtue. Es ist genau ihre Rasse, und auch Tom freut sich auf die Knopfaugen-Hühner. »Dann ist Little auch nicht mehr allein die Kleinste bei den Hühnern!«, sagt Tom. Selber wartet er schon lange darauf, irgendwann nicht mehr der Kleinste in unserer Familie zu sein – also muss es Little doch wohl ähnlich gehen. »Ja«, sage ich, »Little kann Unterstützung durch weitere Zwerg-Hühner sicher gut gebrauchen.« Spannend! Ich muss unbedingt Corinna informieren. Sie wird aus dem Häuschen sein, wenn sie vom geplanten Kükennachwuchs erfährt – zumal diesmal ihr Gästezimmer nicht in Gefahr ist – wir haben ja inzwischen das bewährte englische »Vogelgrippe«-Gehege!

Fiffi liegt wie ein schwerer Sack im Nest des gelben Stalles. Da hat sie wohl nicht gut über ihre zukünftige Kükenstube nachgedacht. Hier kann man doch bei bestem Willen keine Küken großziehen! Ich könnte zwar Stroh zwischen die Sitzstangen stecken, damit die Küken nicht in die Kotschubladen darunter plumpsen, aber dennoch könnten die Küken an der Schiebetür oben aus dem Stall purzeln. Oder vertraut Fiffi etwa darauf, dass ich ein flaches Brett an den Eingang baue? Denn die bestehende Hühnerleiter mit ihren Sprossen, die schon für erwachsene Hühner sehr weit auseinander sind, könnte kein Küken benutzen. Außerdem braucht Fiffi Ruhe vor den anderen. Das entspricht dem natürlichen Verhalten von Hühnern, die sich zum Brüten von der Gruppe absondern. Zu Recht, denn Kiki und Lulu machen sich einen Spaß daraus, Fiffi vom Nest zu vergraulen.

Aber wir haben eine Lösung. Emma, Tom und ich bereiten die Hundebox als Nestraum im englischen Gehege vor. Hier können wir Fiffi separieren, dennoch werden sich die Küken und unsere Krawallhühner durch den Zaun hindurch kennenlernen können – genau wie das anfangs mit Fiffi und Caramel lief. Weil es nachts noch empfindlich kalt wird, umwickeln wir die Box mehrfach mit silberner Isolierfolie und legen innen dicke Schichten aus Heu und Sägespänen aus. »Jetzt muss Fiffi das neue Nest nur noch annehmen«, sage ich zu den Kindern nach getaner Arbeit. Brütende Hennen umzusetzen verläuft nicht immer problemlos, weil sie lieber auf ihrem angestammten Platz bleiben möchten. Und auch Fiffi ist nicht zufrieden mit ihrer neuen Bleibe. Sie steht auf, und wir müssen sie immer wieder auf die sieben Bruteier, die ich heute Mittag abgeholt habe, setzen. In der Box hängen Futter und Wasser in Schälchen an der Tür. Fiffi ist also versorgt – guten Gewissens schließen wir die Tür, damit Fiffi sich an ihre neue Stube gewöhnt.

Bald sitzt Fiffi derart fest auf den Eiern, dass sie gar nicht mehr aufstehen möchte. »Da bleibt uns nichts anderes übrig, als Fiffi einmal am Tag vom Nest zu nehmen, damit sie frisst, trinkt und einen Haufen macht! Sandbaden und sich putzen kann sie bei der Gelegenheit auch«, erkläre ich den Kindern. Sie sind schon ganz gespannt, ob das mit den Küken was wird. Wer weiß, ob auch wirklich alle Eier befruchtet sind und ob Fiffi ihre Aufgabe gut erfüllt. Vielleicht hat Fiffi irgendwann die Nase voll und steht unverrichteter Dinge einfach auf. Da würden wir alle, Corinna eingeschlossen, dumm aus der Röhre gucken. »Mama, wann kannst du endlich mal kontrollieren, ob aus den Eiern was wird?«, fragt Emma bereits am nächsten Tag. »Am siebten Tag durchleuchte ich die Eier mit einer Taschenlampe«, antworte ich. »Darf ich dabei sein?«, will Tom sogleich wissen. »Klar kommt ihr mit!«

Aus leeren Klopapierrollen lässt sich so einiges basteln – es gibt angeblich sogar ganze Bücher dazu. Aber ich Bastel-Muffel muss lediglich ein Stückchen von einer Klopapierrolle abschneiden, um eine Schierlampe zu kreieren – dazu eine Taschenlampe und eine schwarze Jacke nehmen, fertig! Mit diesen Utensilien und zwei Kindern geht's auf zu Fiffi. Die werdende Mutter muss ihren Platz räumen. Davon, dass ich sie vom Nest nehme, ist sie natürlich nicht begeistert. Sie protestiert lauthals und sträubt ihr Gefieder, lässt es aber über sich ergehen. Sie hat ja selbst auch etwas zu erledigen: Als Erstes frisst sie ihr Körnerfutter (hauptsächlich die energiereichen Sonnenblumenkerne), anschließend trinkt sie, danach läuft sie durch das Gehege, um sich die Beine zu vertreten und einen dicken, stinkenden Haufen abzusetzen. Sie putzt ihr Gefieder und badet im Sand. Genug Zeit für mich, mich mit ihren Eiern unter der Jacke zu verstecken. Ich stecke ein Ei auf die Klopapierrolle und leuchte von der anderen Öffnung mit der Lampe in die Dunkelheit. Vorsichtig drehe ich das Ei, bis ich sehe, was ich sehen will. Das erste Ei sieht vielversprechend aus: mit einem Spinnennetz aus Blutgefäßen! Das zweite ist hell wie ein unbefruchtetes Ei. Ich sortiere es aus. Die anderen vier Eier sehen befruchtet aus, das letzte wiederum leuchtet hell und leer wie eine Glühbirne. Ich schäle mich aus der Jacke, schnappe nach frischer Luft und verkünde: »Fünf befruchtete Eier!« »Kriegen wir fünf Küken?«, fragt Tom. »Bis jetzt sieht es so aus! In ein paar Tagen durchleuchte ich die fünf Eier noch mal und gucke, ob sich auch alle gut weiterentwickeln.« Manchmal sterben die Embryos ab. Das wäre schade.

Doch diese Sorge war unberechtigt. Ich schiere erneut ... das ist ja wie beim Schwangerschaftsultraschall! Diesmal sind es nicht Kinderfüßchen und -fingerchen, die ich zum ersten Mal bestaune, sondern winzige Kükenpfötchen, die unter der Eierschale im Strahl der Taschenlampe strampeln. »Was ist, Mama? Was Schlimmes?«, fragt Emma, weil ich nicht aufhören kann zu quietschen. »Nein, das ist nur sooo süß! Du musst auch mal gucken!« Wir sind inzwischen ein paar Tage weiter, und in den Eiern hat sich ganz schön was getan. Ich überlasse Emma (Tom spielt bei einem Freund) Lampe, Klopapierrolle, Jacke und Eier. Sie probiert ein bisschen hin und her – schließlich ist unsere Klopapierrolle keine professionelle Schierlampe – aber schließlich erkennt auch Emma, was in den Eiern abgeht. »Süß!«, ruft sie.

Das werden die unvergesslichsten Ostern werden! Fiffis Timing ist perfekt. Der Schlupftermin nach drei Wochen Brutdauer liegt genau an Ostern! Wir freuen uns unbändig auf Osterküken und hoffen, dass jedes einzelne Küken den anstrengenden Weg durch die Schale schafft. Corinna, die Arme, sitzt derweil griesgrämig in Österreich in einem Luxushotel zum Skiurlaub – der gebuchte Termin ließ sich nicht mehr stornieren –, und Küken waren seltsamerweise kein Grund in der Reiserücktrittsversicherung, tssstssstsss. Ich musste Corinna versprechen, sie über WhatsApp mit Fotos, Videos und allen relevanten Küken-Aktualitäten zu füttern und über Wasser zu halten. Am Abend des Ostersonntags hat das erste Küken das Licht der Welt erblickt – entsprechend plingt wohl irgendwo in Österreich die erste Küken-WhatsApp auf Corinnas Handy. Ich jedenfalls erhalte prompt unzählige verliebte Kullerherzaugen von Corinna zurück.

Das Küken piepst lebhaft, die anderen piepsen noch im Ei. Ein paar Tage vor dem Schlupf verständigen Küken sich untereinander und mit der Glucke. »Was sagen die?«, will Tom wissen. »Wer weiß? Vermutlich verständigen sie sich über den Schlupfzeitpunkt, damit alle in etwa gleichzeitig schlüpfen«, antworte ich. Schließlich wäre es schlecht, wenn die Glucke mit den bereits geschlüpften Küken durch die Gegend spaziert und ein verspätetes Küken mutterseelenalleine aus der Schale kriecht – ohne die Mutter, die das feuchte Küken wärmt und beschützt. Also rechtzeitige Absprache untereinander und Anfeuern: *Komm schon, du schaffst das!*, durch »Gespräche«. Und so passiert es, dass sich am Ostermontag alle fünf Küken erfolgreich aus dem Ei gepellt haben – noch etwas wackelig auf den Beinen, aber gesund und munter sind sie. Fiffi denkt gar nicht daran, von den neuen Erdenbürgern aufzustehen. Sie will sie wärmen und wärmen. Die Kleinen zehren zunächst noch vom restlichen Eidotter, doch irgendwann wird es auch mal Zeit für eine Stärkung, oder?

Etwas misstrauisch, was Fiffis Mutterqualitäten angeht, sind wir ja. Schließlich ist Fiffi zum ersten Mal Mutter geworden (und ein wenig verrückt, wie Emma nicht aufgibt zu wiederholen). Doch irgendwann steht Fiffi tatsächlich auf und geht zwei Schrittchen bis zur Futter- und Wasserschale. Die Küken folgen ihr piepsend. Ups! Ein Küken schreit! Fiffi, der Tollpatsch, ist drübergelatscht. »Pass doch mal besser auf!«, weist Tom sie zurecht, aber Fiffi macht sich bereits unschuldig an der Schale mit eingeweichten Haferflocken zu schaffen. Währenddessen gibt sie typische Futterlock-Geräusche von sich, um den Küken zu demonstrieren, dass das hier essbar ist. Und die nehmen sich buchstäblich ein Beispiel an Fiffi. Die winzigen Küken nehmen winzige Häppchen und winzige Schlückchen – putzig! Verantwortungsvoll macht Fiffi nur diese wenigen Schrittchen zum Futter- und Wassernapf und begrenzt die Zeit für den ersten Ausflug auf das nötige Minimum. Schnell lässt sie sich wieder auf dem Nest nieder und gibt leise »Rückruftöne« von sich. Die Küken schlüpfen unter ihr Gefieder, und nach einer Zeit kehrt Ruhe ein. Die Küken hören auf zu piepsen. »Jetzt schlafen sie, um sich von der Anstrengung und den neuen Eindrücken zu erholen«, sage ich zu den Kindern und schlage vor, das junge Mutterglück eine Weile in Ruhe zu lassen.

»Komm, wir gehen zu den großen Hühnern, Tom!«, sagt Emma. Tom ist einverstanden. Die Kinder lassen die anderen Hühner laufen, und Tom nimmt sie mit zu seiner Stelle, wo er einen Graben buddelt. Caramel steht begeistert neben ihm und wartet auf die Regenwürmer, die Tom dabei ans Tageslicht befördert. Caramel lässt nach wie vor gern andere für sich arbeiten.

In den Osterferien gibt's genug Beschäftigung für die Kinder: Tom und Emma verbringen die meiste Zeit bei Fiffi und den Küken. Sie reden mit den Kleinen, damit sie sich an unsere Stimmen gewöhnen, sie füttern sie aus der Hand und streicheln sie. Emma ist selig, wenn ein Küken, von ihren beiden Händen umschlossen und darin eingekuschelt, die Äuglein schließt und vertrauensvoll einschläft. Tom kichert, wenn ein Küken mit seinen grazilen Füßchen federleicht über seine Hände trippelt. »Fiffi ist so friedlich«, staunt Emma, »sie lässt uns an ihre Babys! Dabei hat sie vorher schon geschrien und ihr Gefieder gesträubt, wenn wir uns nur ein bisschen bewegt haben.« Nun hält Fiffi uns scheinbar nicht mehr für eine Gefahr – im Gegenteil. Vielleicht registriert sie wohlwollend und rechnet uns zugute, dass wir ihrem Nachwuchs allerlei Leckereien bringen: Ihre Kinder stehen auf geriebene Möhrchen, klein geschnibbelten Löwenzahn und natürlich Haferflöckchen.

»Oh, wie süß!«, ruft Emma. »Fiffi gluckt ganz aufgeregt und lässt den Mehlwurm immer wieder fallen, damit die Küken lernen, ihn zu fressen! Selber frisst sie ihn nicht. Das besondere Futter überlässt sie ihren Küken! Früher hätte sie jeden Wurm sofort runtergeschluckt und sich mit den anderen drum gestritten!« Tja, was soll man dazu sagen? »So gut sind halt Mütter«, sage ich. Emma verdreht die Augen. »Ach, Mama!«, stöhnt sie genervt.

»Fiffi macht ganz andere Geräusche als früher«, stellt Tom fest. Das stimmt. »Und auch die Küken sprechen ganz anders als die erwachsenen Hühner. Sie haben ihre eigene Küken-Sprache«, sage ich. Das findet Tom gut. Er will auch eine Kindersprache erfinden, am besten eine, die nur er und Emma verstehen. Ich bin gespannt, wann sich die Küken- und Gluckensprache ändert, wie lange Fiffi ihre Küken führen wird, wann wir sehen, welches Küken Hahn oder Henne ist. Bei zwei Küken ist der Kamm vom ersten Tag an gelblicher, während die anderen drei Küken einen eher hautfarbenen Kamm haben. Wenn meine Spekulation richtigliegt, hätten wir zwei Hähne – das ginge ja noch. Der Züchter würde zwar alle nehmen, aber auf einen wartet bereits ein Zuhause ganz bei uns in der Nähe. Die Leute möchten einen Hahn von uns. Und den zweiten ..., ich meine, könnten wir den nicht vielleicht sogar behalten (ein zweiter Muffin-Versuch)? Wenn es nicht hinhaut, können wir ihn immer noch dem Züchter geben. Klappt es, hätten wir endlich den perfekten Hahn gefunden. Aber wer weiß. Vielleicht sind alles Hennen. (Oder – o weh – alles Hähne!)

Geduld ist gefragt. Derweil notiere ich wieder jeden Entwicklungsschritt der Küken (Werner wundert sich inzwischen über gar nichts mehr). Am vierten Tag putzen sich die Küken zum ersten Mal, am sechsten Tag starten sie erste Scharrversuche (entweder ich habe was verpasst, oder Kiki, Lulu und Geschwister waren damit früher dran: Die haben bereits mit vier Tagen gescharrt!), und am siebten Tag rennen sie schon Flügel schlagend durch die Gegend! Eine Sache fällt jetzt schon auf. Diese Zwerg-Australorp-Küken haben ein vollkommen anderes Gemüt als unser erster Durchgang Küken! Sie sind ruhiger, zutraulicher und vor allem friedlicher untereinander als die Kinder von Henni und Momo. Eigentlich kein Wunder, aber dennoch interessant zu sehen.

Fiffi macht ihre Sache wirklich gut. Immer seltener tritt sie auf eins ihrer Küken, sie zeigt ihnen Futter, wärmt sie zuverlässig und warnt bei Gefahr. Fiffi wäre nicht Fiffi, wenn sie ihren Küken nicht beibrächte, wie man standesgemäß scharrt. Bevorzugt arbeitet sie direkt am Rand des Geheges, bis sie dort derart tiefe Gräben geschaffen hat, dass die Küken zur anderen Seite hinausschlüpfen können. Dabei haben wir extra alles kükensicher gemacht: die Maschen so eng, dass sich kein Küken drin erhängen kann, den Wassernapf flach (Toms altes, erprobtes Playmobil-Schwimmbad), damit keins drin ertrinken kann, keine anderen gefährlichen Gefäße, in die Küken fallen können. Aber Fiffi schmeißt jegliche Vorsorge über den Haufen, indem sie Durchschlupfe kreiert.

Tom spielt an »seiner Baustelle« – direkt hinter dem Kükengehege. Unplanmäßig erhält er Besuch. Ein Küken ist mal wieder durch Fiffis Schacht in die Freiheit entwichen. Dabei möchte es nichts lieber als zurück unter Mamas schützende Fittiche! Doch in der Aufregung, dass Mama auf einmal wie unerreichbar ist, findet es den Rückweg nicht. Kein Problem. Tom ist ja da. Er fängt das verzweifelt piepsende Küken ein. Das quittiert diese Freundlichkeit mit aufgeregtem Quieken. Obwohl die Kleinen sich grundsätzlich gerne von uns anfassen lassen, findet das gerettete Küken das in diesem Moment nicht angebracht. Und jetzt wird natürlich auch Fiffi nervös, weil ihr Küken leidvoll um Hilfe ruft, und was macht Tom überhaupt mit dem Nachwuchs? Unruhig, mit gestreckter Haltung, tigert Fiffi vor dem Gehege auf und ab – sie passt nicht durch ihr Leck. Tom trägt das Küken schnell zurück ins Gehege und setzt es ab. Fiffi weiß wohl nicht so ganz, was sie von dieser Aktion halten soll. Nach dem Motto: Danke, dass mein Küken wieder da ist, aber warum hast du meinem armen Kind bloß so eine Angst gemacht? Eigentlich will sie Tom bestrafen. Aber so ganz ja auch wieder nicht. Sie handhabt ihren Zwiespalt so: Halbherzig deutet sie einen symbolischen Schnabelhieb in Richtung von Toms Hand an. So süß, so lustig! Und dann ist alles wieder in Butter. Mutter und Kind glücklich vereint. Tom flickt das Fluchtloch. Zum x-ten Mal.

Kükenkriegen ist offenbar ansteckend. Denn während Fiffis Küken fleißig wachsen und immer mehr befiedern, scheint auch Caramel auf den Gedanken gekommen zu sein, dass kleine Piepmätze ja eine ganz nette Sache wären. Genau wie Fiffi es gemacht hat, gibt nun Caramel Glucklaute von sich, schreit und sträubt ihr Gefieder, wenn wir oder ihre Artgenossen absichtslos an ihr vorbeigehen. Es dauert nicht lange, und schon nimmt sie ein Nest dauerhaft in Beschlag. Leider können wir ihr beim besten Willen keine Küken gönnen: Wir haben ja schon fünf! Also heben wir sie, sooft es geht, vom Nest, und auch die anderen Hennen vertreiben sie häufig von ihrem Vorhaben. Schade, dass diese Methode bei ihr nicht fruchtet. Hartnäckig versucht sie es weiterhin mit der Brüterei. »Wir müssen sie irgendwo ohne Nest einsperren!«, sagt Emma. »Eigentlich schon. Aber wo denn?«, gebe ich zu bedenken, denn sowohl die Hundebox als auch das englische Gehege sind ja gerade durch Fiffi samt Nachwuchs blockiert. Eine andere Separationsmöglichkeit haben wir nicht.

Die Hormone bringen Caramel komplett durcheinander. Wenn sie nicht gerade auf den Eiern ruht, läuft sie herausfordernd vor dem Zaun des Kükengeheges auf und ab. Sobald Fiffi in die Nähe kommt, geht's los. Garstig springt Caramel gegen den Zaun mit der Absicht, Fiffi anzugreifen. Aus innigster Geschwisterliebe ist harte Konkurrenz geworden. (Kommt das manchen Eltern bekannt vor?) Caramels Kinderwunsch ist so groß, dass sie auch nachts in einem der ausgelagerten Nester weilen möchte. Das können wir schon allein deswegen nicht zulassen, weil sie dort Opfer von Marder und Fuchs werden könnte. Also setzen wir sie jeden Abend zu den anderen in den gelben Stall. Morgens bleibt sie dort demonstrativ kleben, weil sie dazu übergegangen ist, dann halt auf den Sitzstangen (ohne Eier!) zu brüten. Sie brütet einfach überall, völlig egal, ob Eier vorhanden sind oder nicht.

Oma, die zu Besuch gekommen ist, findet, Emma könnte recht haben mit ihrem »verrückt«. »Das ist doch nicht normal!«, sagt Oma und schüttelt den Kopf. Aber Caramel ist nicht das einzige Huhn, das für Kopfschütteln sorgt.

Layla, schon öfter bekannt für ihre Hahn-Allüren, kräht momentan morgens und schlägt dabei imposant mit den Flügeln. Dadurch schubst sie manchmal aus Versehen andere Hennen von den Sitzstangen. Ihr Krähen klingt zum Schreien. Haushoch unprofessionell. Zum ersten Mal im Leben bin ich Tom dankbar dafür, dass er mich zuverlässig abartig früh aus dem Bett schmeißt. Täte er das nicht, würde ich Laylas Schauspiel verpassen. Aber nicht nur Laylas Schauspiel! Denn auch in der Hundebox geht morgens bereits die Post ab, kurz bevor ich Fiffi und die Küken rauslasse. Eins der vermeintlichen Hahn-Küken probiert jetzt schon, ein großer Hahn zu sein. Der kleine Piepmatz mit gerade mal ein paar Wochen auf dem Buckel kräht morgens mit Layla um die Wette. Er hört sich – na ja – lächerlich an. Dieses kleine Männchen kann noch nicht mal einen richtigen Kamm, geschweige denn Gefieder, vorweisen. Sein Auftritt wirkt, als würde eine Amsel, die Hals und Kopf gegen den Himmel reckt, kikeriki schräbbeln.

Trotz Hahnengehabe legt Layla Eier – eine runde Sache. Wir könnten Wetten abschließen, welcher unserer Kandidaten demnächst den Status »perfekter Hahn« einheimsen darf. Ich bin ja für Layla. Man kann sie nicht übertrumpfen: gutmütig (außer in der Mauser, aber mein Gott), lieb zu uns (welcher Hahn ist das schon?), legt Eier und die auch noch schokoladenfarbig – das ist das Gelbe vom Ei! Okay, streng genommen ist sie allerhöchstens eine Hähnin. Fairerweise bleibt es also durchaus möglich, dass das krähende Küken unser perfekter Hahn wird – wer weiß?

Ab und zu dürfen nun Fiffi und Küken auf einem abgetrennten Stück der Wiese vor dem Kükengehege zusammen mit den großen Hühnern laufen – Caramel haftet derweil selig, ungestört und friedlich auf dem Nest fest, die anderen Hühner verhalten sich zum Glück gutmütig. Die Großen kennen die Kleinen ja bereits vom ersten Tag an, weil die Gehege aneinandergrenzen. Außerdem scheinen die Küken von unseren Krawallhühnern gar nicht richtig ernst genommen zu werden. Für echte Konkurrenz sind sie glattweg noch nicht alt genug.

Nach so viel Beschäftigung mit unseren Dresdnern fragen wir uns inzwischen, wieso wir Fiffi und Caramel anfangs nicht unterscheiden konnten und warum wir einen Ring entfernen mussten, um sie auseinanderzuhalten. Dabei reicht ein Blick ins Gesicht! Es lässt sich nicht an konkreten Merkmalen festmachen, aber die Augen haben irgendwie einen anderen Ausdruck. Fiffi wirkt ernster, Caramel freundlicher. Dabei täuscht das ungemein – Caramel führt sich am Zaun Fiffi gegenüber ja alles andere als freundlich auf. Bevor Fiffi bald aufhören könnte, ihre Küken zu führen (mit fast sechs Wochen piepsen die Küken bereits seltener), haben wir beschlossen, alle Hühner ständig zusammenzulassen. So kann Fiffi ihren Küken im Gehege der großen Hühner noch alles zeigen und sie vor den anderen gegebenenfalls beschützen, bis alles »geklärt« ist. Als wir das Törchen öffnen, gilt meine größte Sorge der Begegnung zwischen den Schwestern. Frohen Mutes tapst Fiffi mit ihrem Nachwuchs hinaus ins große Gehege, schon stürzt sich Caramel wie eine Furie auf Fiffi. Man sieht nur noch ein Knäuel Federn, die Küken stieben schreiend auseinander. Fiffi setzt gnadenlos zum Gegenangriff an, bis Caramel erschöpft, am Kamm blutend und gluckend das Weite sucht. *Juchuu, vorbei!*, denken die Kleinen happy, wagen sich augenblicklich aus ihrem Versteck hervor und sausen hinter Caramel (!) her. Ein fataler Fehler, denn Caramel möchte zwar Küken, aber bitte schön eigene und schon gar nicht so große! Die Küken verstehen die Welt nicht mehr. Diese Henne gluckt doch und sieht wie Mama aus! *Wieso pickt die uns weg?* Na, weil es eben nicht die Mama ist! »Hä? Es steht doch in jedem Buch, dass Küken ihre Mutter erkennen, zum Beispiel an der Stimme!«, wundert Emma sich. Vielleicht war eben die Aufregung in diesem Tumult schlichtweg zu groß. Mit der Zeit klappt das Erkennen deutlich besser, und den Küken passiert es kaum noch, ihre Mutter mit der Tante zu verwechseln.

Bald bestätigt es sich: Wir haben tatsächlich zwei Männchen unter den Küken. Der eine Gockel ein ganz frühreifer, der andere weiß nicht mal, dass er ein Hahn ist. Der kleine Früh-Kräher nimmt es sich mit gerade mal sechs Wochen sogar raus, Layla, seine Kräh-Konkurrenz, die mindestens zehn Mal so groß wie er ist, anzugreifen. Layla guckt bloß verdattert nach unten, welcher Zwerg da vor ihren Füßen herumtanzt und sich wie ein aufgedunsener Möchtegern-Hahn aufspielt. Wenn sie könnte, würde sie ihn wahrscheinlich herzlich auslachen. Seine Attacke ist ja nicht ernst zu nehmen, ein Gegenangriff überflüssig, Layla frisst entspannt weiter. Das perplexe Hähnchen trollt sich unverrichteter Dinge. So harmlos können Hühner-»Kämpfe« auch mal ablaufen ... trotzdem weiß jeder, wo er (oder sie) steht.

Die Küken sind nun sieben Wochen alt, und Fiffi inspiziert bereits wieder die Legenester. Mutter und Kinder haben sich in letzter Zeit immer mehr voneinander gelöst, Fiffi seltener gegluckt, und die Küken sich stets weiter von ihrer Mutter entfernt. Dann ist es so weit. Fiffi legt ihr erstes Ei nach der Brutphase! Ab jetzt ist Schluss. Ihre Mutteraufgaben haben sich endgültig für sie erledigt. Vom ersten Ei an schläft Fiffi nachts wieder bei den Großen im gelben Stall. Und was machen die Küken jetzt? So ohne kuschelige Mama? Die beschließen, dann eben oben auf der Hundebox zu nächtigen, wenn Mama sie nicht mehr hineinruft. Sämtliche Räuber, die Küken zum Fressen gerne haben, hätten nun leichtes Spiel. Deswegen transportieren wir jeden Abend fünf Küken von oben nach unten in die Box. Das gefällt keinem so richtig, und wir gehen bald dazu über, die Küken abends oben von der Box zu sammeln und in den Run vor dem gelben Stall zu tragen. Nachts ist es inzwischen warm genug, sodass die Kleinen hier auf den Freiluft-Sitzstangen schlafen können. Die Schiebetür des gelben Stalles bleibt geöffnet – Groß und Klein haben sich im Blick – und auf diese Weise können die erwachsenen Hühner sich langsam darauf einstellen, dass die Kleinen demnächst ganz mit ihnen zusammen im gelben Stall schlafen werden.

Das englische Gehege ist nun frei und Caramel immer noch nicht davon überzeugt, das Brüten aufzugeben. Daher kommt sie hier für ein paar Tage in Einzelhaft. Und das ist es, was ihr endlich hilft. Sie hört auf zu glucken. Emma schnauft erleichtert auf. »Das hat aber lange gedauert!«, sagt sie. »Gleich ein paar Wochen hat Caramel gegluckt! Verrückt, oder?« Na ja, was soll man dazu sagen? Caramel ist nicht die Einzige, die unter ihren Hormonen leidet. Mit gerade mal achteinhalb Wochen meint unser frühreifer Hahn, dass er jetzt vollständig zu den Großen gehört: Er tritt Little! Die ist dermaßen perplex, dass sie sich das sogar gefallen lässt! Der andere Hahn dagegen kräht immer noch nicht. Je reifer die Hähne werden, desto besser lässt sich ihr Charakter beurteilen. Ich behalte beide scharf im Auge: Wird einer unser Hahn? Wenn ja, welcher? Oder bleibt Layla mit ihrer speziellen Frauenpower die beste Hahn-Alternative?

Wir sind dann mal weg

Die Sommerferien stehen vor der Tür. Nando ist inzwischen zu alt für größere Urlaubsreisen. Daher liegt alles in Omas Hand. Sie hütet nicht nur Haus und Hof, sondern auch Hund und Hühner. Vor unserer Abreise instruiere ich sie über die »Küken-ins-Bett-bring-Methode«, denn die Kleinen versuchen immer noch, oben auf der Hundebox zu schlafen. Wir nennen sie immer noch »Küken«, obwohl es schon junge Hühner sind. »Am besten«, erkläre ich, »schließt man rechtzeitig vor Einbruch der Dunkelheit das englische Gehege. Dann gehen die Küken von allein in den Run, weil sie keine Chance haben, auf die Box zu fliegen.« Ich vergesse das zwar häufig selbst, aber Oma hat sicher noch ein frischeres Gedächtnis. Dann muss sie nicht wie ich fünf Mal hin und her laufen, um jedes Küken in den Run zu tragen. Der ist für Oma sowieso viel zu klein. »Rein kommst du da bestimmt irgendwie – nur raus, das ist so eine Sache, wenn die Gelenke nicht mehr so geschmiert laufen«, warne ich. Oma schluckt. Sieht aus, als überlege sie, ob sie beleidigt sein soll. Aber als sie sich den Run genauer angeguckt hat, sieht sie ein, dass sie da wirklich besser nicht reinkriecht. »Immerhin verstehen Caramel und Fiffi sich wieder. Sie sind fast Freundinnen wie früher. Dann hast du wenigstens mit denen kein Theater«, verspreche ich. Ich zeige ihr alles, was sie wissen muss. Dass die Fliese lieber noch auf dem Trittbrett der Futterautomaten bleiben soll, weil die »Küken« den Mechanismus noch nicht kennen und die »Küken« womöglich noch nicht schwer genug sind, mit ihrem Gewicht die Futterklappe zu öffnen. Wie man den Stall reinigt, öffnet und schließt, wie der automatische Türöffner programmiert werden könnte, wie man die Hühner lockt und so weiter. Nach einer Weile sagt Oma: »Fahrt ihr mal! Ich kriege das schon hin.« Na, das will ich doch hoffen!

Und dann sind wir weg. Die erste Nachricht von Oma auf meinem Handy: *Bin ein Stück auf die Leiter geklettert, hab Hühnereimer über Zaun ausgekippt und dann kam Windstoß! (In meine Richtung!)* Dazu ein wütendes Emoji. Und ein lachendes dahinter. Zum Glück. Oma nimmt's mit Humor. Und wir auch. Trotzdem überlege ich, was wir Oma zur Entschädigung aus dem Urlaub mitbringen können. Vielleicht eine Poren-reinigende Meeresalgen-Gesichtsmaske?

Ich hatte Oma versichert, dass es absolut kein Problem sei, die Hühner frei laufen zu lassen. Die kennen das ja. Und so freut Opa sich, dass er fortan beim Zeitunglesen eine gefiederte Gesellschaft um sich hat. Die versammelt sich zu diesem Anlass öfter unter und neben dem Terrassentisch. Oje – und nun auch auf dem Tisch, wie Omas Foto bezeugt! Opa verzieht unsere manierlichen Hühner! Die klauen bestimmt sogar vom Teller! Aber dieses Hühnerglück währt nicht lange. Ich kriege ein Foto, wie Caramel auf der Straße herumspaziert. Wie ist das denn möglich? Die Hühner sind noch nie hinter das Tor auf die Fahrbahn gelangt! Oma hat sicher geschwitzt, das Huhn aus dem Verkehr zu ziehen. Von wegen laufen lassen ist kein Problem, schreibt Oma, das mache ich NIE wieder! Na, dann gibt's wenigstens keine Kekse mehr vom Terrassentisch zum Nachtisch ...

Weil es so heiß ist, lässt Oma die Hühner durch eine Klappe, die Werner am Gehege für extreme Sommertage angebracht hat, wenigstens ein Stück auf die schattige Einfahrt. Hier sind sie unter den hohen Bäumen hinter einem mobilen Zaun gesichert. Theoretisch. Denn seitdem wir weg sind, gelingt es immer wieder einem »Küken«, über diese Absperrung zu gelangen. So langsam muss Oma ja glauben, dass ich ihr Ammenmärchen erzählt habe! »Das haben die noch nie gemacht«, versichere ich Oma, »wirklich!« Leider entpuppt sich der kleine Ausreißer als widerwillig, was das Einsperren angeht. Die Mehlwurm-Schüttel-Methode fluppt bei Oma irgendwie nicht. Jetzt muss sogar Opa ran. Zusammen treiben sie das »Küken« wieder hinter den mobilen Zaun, nachdem sie zuvor die anderen Hühner im Gehege gesichert haben, damit die wiederum durch den geöffneten mobilen Zaun nicht komplett in die Freiheit entweichen können. Bei den Mittelmeer-Temperaturen ein zweifelhaftes Vergnügen für die älteren Herrschaften – so viel Hin-und-Hergelaufe auf unserem großen Gelände!

Dennoch hat Oma offensichtlich auch ihren Spaß. Ihr Selfie beweist das: Auf ihrer Schulter thront Kiki, die keck in die Kamera schaut – Oma grinst bis über beide Ohren. *Muss mich nur bücken, schon habe ich ein Huhn auf dem Rücken!*, schreibt Oma mit einem Smiley. Noch ein Selfie. Diesmal ist es die dicke Goldi, die auf Omas Schulter hockt und Oma zum Strahlen bringt. Goldi ist so groß, dass sie Omas Kopf überragt. Einen Tag später schon schickt Opa ein Video davon, wie die Hühner Oma aus der Hand fressen – früher wäre das undenkbar gewesen! Was für rasante Fortschritte Oma macht! *Sensationell!*, plus Daumen hoch, antworte ich sofort. Aus der Hand füttern wollte Oma ja nie. Die Berührungsängste waren zu groß. Man wächst halt an seinen Aufgaben.

Little sei ihr Lieblingshuhn, nichts gehe über Little, schreibt Oma. Little verfolge sie auf Schritt und Tritt und »rede« mit ihr, sanft piepsend. Endlich mal jemand, der es geschafft hat, der scheuen Little näherzukommen. Ausgerechnet die hühnerunerfahrene Oma! Vielleicht hat Oma sich ja in die Herzen der Hühner gekocht. Denn da Oma aufgrund unserer Abwesenheit nicht für uns kochen kann, verwöhnt sie halt Hund und Hühner mit ihren Kochkünsten. *Die Hühner lieben gekochten Reis und gekochte Möhrchen!*, hat Oma letztens freudig geappt, *dazu frische Wassermelone bei diesen Temperaturen! Nichts bleibt übrig!* Oje, hoffentlich erwarten die Hühner nach dem Urlaub nicht von mir solche Menüs. Zwar würden die Hühner wenigstens garantiert nichts übrig lassen – egal, wie meine Kochkünste sind, aber mir reicht es, für meine Familie Essen auf den Tisch zaubern zu müssen.

Leider wird Oma richtig auf die Probe gestellt, was ihre aufkeimende Hühnerliebe angeht. Caramel meint erneut, dass sie jetzt endlich auch mal dran sei mit Küken. Sie gluckt schon wieder. Ich lege Oma nahe, Caramel auf der Stelle im englischen Gehege einzusperren, weil Caramel brutmäßig ein schwieriger Fall ist. Oma tut, wie ihr gesagt, und nach zwei Tagen lässt sie Caramel wieder zu den anderen – sie gluckt nicht mehr. Gut gemacht, Oma! Aber seitdem habe Caramel wohl einen Dachschaden, meint Oma mit zwinkerndem Emoji. Nachts will sie nicht mehr in den Stall, sondern zieht es vor, oben auf dem quietschgelben Dach zu schlafen. *Vielleicht um aus dem Quietschgelb ein Schmuddelgelb zu machen?*, postuliert unsere Hühnersitterin. Denn das, was sie nachts da obendrauf hinterlasse, habe das Potenzial dazu! Wenn Regen angesagt ist, hat Oma fortan das Vergnügen, Caramel vom Dach zu fangen und in den Stall reinzusetzen. Caramel ist natürlich schneller als Oma (`tschuldigung, Oma!), darum muss Caramel dann halt manchmal im warmen Sommerregen nächtigen. Und es bleibt zu hoffen, dass der Marder nachts keinen Hunger hat …

Ich bekomme ein schlechtes Gewissen, was Oma mit den Hühnern am Hals hat: ausgebüxte Hühner, brütige Hühner, »Küken«, die auf der Hundebox schlafen wollen, Hühner mit Dachschaden und schließlich auch noch Hühner, die sich kabbeln: Die beiden Hähne messen ihre Kräfte. So was ist nichts für Omas Nerven, zumal im Kampf wohl schon ein Tropfen Blut floss – Oma in absoluter Alarmbereitschaft. Sie stampfe und schreie, wenn es zu wild wird, aber das nutze nix, schreibt sie. Zum Glück erwacht bald die interne Hühnerpolizei: Ausgerechnet Caramel avanciert zur Streitschlichterin. Sobald sich die Hähne mit gesträubtem Halsgefieder voreinanderstellen, sich schlecht gelaunt fixieren und dabei den Kopf gleichzeitig rauf und runter bewegen, geht Caramel fortan dazwischen. Die pöbelnden Streithähne haben keine Chance mehr, aufeinander zu springen, und so kehrt Ruhe ein. *Bin mit Caramel wieder ein bisschen versöhnt,* schreibt Oma. Caramel macht durch ihre Hilfsbereitschaft bei Oma einiges an Weglauf-, Gluck- und Dach-Anstrengungen wieder wett.

Leider kommt es zum Schluss ganz hart. Unsere liebste Goldwing bekommt erneut Kropfprobleme. Oma traut sich zwar, ihr den Kropf zu massieren, kocht ihr Brei und gibt diverse andere Mittelchen, die ich ihr anrate, aber bei dem Vorschlag, Goldwing zum Erbrechen zu bringen, weigert Oma sich. Verständlich. Das muss nicht jeder können und ist tatsächlich zu riskant – so gut kennt Oma sich noch nicht aus und nicht, dass das Zeug noch in Goldis Atemwegen landet. Oma sucht den Tierarzt auf, aber nach ein paar Tagen muss er unsere allerliebste Goldwing erlösen. Die traurige Info darüber behalte ich für mich. Die Kinder sollen die restlichen Ferientage ungetrübt genießen.

Dafür geht es Nando, unserem Hund, wunderbar, als wir zurückkommen. Oma hat ihm täglich Futter gekocht, und so schiebe ich es einfach darauf, dass er uns nur ganz gelassen begrüßt. Scheint nicht, als habe er uns sonderlich vermisst. Warum auch. Er hatte ja Oma. Und ihre Menüs. Aber irgendwie hat sich in der Zwischenzeit noch etwas bei ihm getan. Ich traue meinen Augen kaum. Ich stehe draußen, die Kinder sind im Haus und zeigen den Großeltern ihre Mitbringsel aus dem Urlaub. Nando tapert Richtung Hühnergehege. Die Hühner haben »halben« Auslauf: Sie sind vor dem Gehege auf der großen Wiese hinter einem mobilen Zaun, denn sie sollen nicht mehr auf der gesamten Wiese laufen, weil ich dort dieses Jahr riesige Inseln aus Wildblumen für Bienen, Schmetterlinge und andere Insekten angepflanzt habe – nicht, dass die Hühner alles aufessen und noch meinen Hummelschwärmer aus Versehen verschlucken. Der Hummelschwärmer sieht aus wie eine genetische Mutation, die einem irren Professor aus seinem Labor entkommen ist – wie eine Mischung aus Schmetterling, Hummel und Kolibri. Faszinierend, welche Insekten, glänzende Käfer und Co. man bei sich entdeckt, sobald man statt glatt gemähtem Rasen eine Blütenpracht gedeihen lässt. Zufrieden stelle ich fest: Oma hat alles gut im Schuss. Die Blumen blühen nach wie vor, Oma hat alles fleißig gegossen – schön! Nando bleibt vor dem mobilen Zaun stehen. Was hat er vor? Langsam hebt er eine Pfote, drückt damit das Netz des Zaunes auf den Boden, und mit einem kleinen Satz ist er bei den Hühnern. Das hat er doch noch nie gemacht! Zielstrebig spaziert er zum Wassernapf. Und trinkt und trinkt. Nando hat eine Vorliebe für Wasser, das nicht aus seinem eigenen Wassernapf kommt. Erstaunlicherweise bleiben die Hühner gelassen. Sie verfolgen ihre Alltagsgeschäfte, als wenn nichts wäre! Und dann – oh Wunder – gesellt sich Layla zu Nando und trinkt mit ihm gemeinsam aus einem Napf! Ausgerechnet Layla, die immer den größten Bammel vor diesem schwarzen Wolfsabkömmling hatte! Vor zwei Wochen noch hätte sie gackernd den Rückwärtsgang eingelegt. Jetzt gehört Nando wohl zur Standard-Ausstattung des Geheges.

Ich gehe rein. »Oma, Oma, WAS ist hier alles passiert in der Zwischenzeit? Verrate deinen Trick mit Nando!« Aber das tut sie nicht. Sie sagt nur »Tja« und zuckt geheimnisvoll die

Schultern. Tom und Emma sitzen mit Oma und Opa auf der Bank am Esstisch, genießen inzwischen Omas selbst gebackenen Streuselkuchen und erzählen von ihren Urlaubserlebnissen. Noch ahnen die Kinder nichts davon, dass Goldwing nicht mehr lebt. Sollen sie erst das Wiedersehen mit Oma und Opa genießen. Ich werde es ihnen später versuchen, möglichst schonend beizubringen. Das wird ein schwerer Schlag. Besonders für Emma.

Gockel gut, alles gut

Vor unserem Urlaub war ich mir so sicher: Unser frühreifer Hahn wird unserer. Nicht nur, dass er der Schönere der beiden ist, sondern auch der Gelassenere und Zutraulichere. Fasst man ihn an, findet er das immer gut, während der Spätzünder erst mal erschrocken quietscht, bevor er sich beruhigt. Jetzt nach dem Urlaub sind sie alt genug, und wir können einen abgeben – aber bloß nicht den Falschen bzw. den Richtigen! Um ganz sicherzugehen, observiere ich die beiden mit Argusaugen. Der frühreife, von mir bisher bevorzugte Hahn hat vor dem Urlaub abends auf den Sitzstangen seinen Schwestern manchmal rabiat ins Gesicht gepickt. Das gibt leider Punktabzug – die Hennen haben fürchterlich geschrien. Warum der Hahn das tat, war mir nie klar. Platz gab es genug, und darum schien es nie zu gehen. Ich frage Oma: »Hat der das in den Ferien auch gemacht?« Oma verneint. Ihr sei das nicht aufgefallen. Vielleicht war das ja nur so eine pubertäre Marotte von vorübergehender Dauer. »Der ist so hübsch, der Frühreife! Und guck mal, jetzt lockt er die Hennen«, sagt Emma. Unmittelbar kommt eine seiner Schwestern herbeigeeilt und dann ... ja, dann wundern wir uns genauso wie seine arme Schwester: Die Herbeigeeilte wird vom Frühreifen verprügelt! »Erst locken und dann war das gar nicht so gemeint? Das ist ja voll fies!«, macht Emma ihrem Ärger Luft. Die Schwestern sind zwar noch nicht legereif, ihnen Futter anzubieten lohnt sich also nicht, aber trotzdem nicht gerade die charmante Art. »Megafies«, wiederholt Emma. Ich bin froh, dass sie wieder bei den Hühnern ist. Die ersten drei Tage, seitdem sie von Goldwings Tod erfahren hat, hat sie sich kein einziges Mal bei ihnen blicken lassen. Zu schmerzhaft, zu den Federfreunden zu gehen und nicht von der knuddeligen Goldwing sanft murmelnd begrüßt zu werden. Goldis Ring, den Opa zur Erinnerung für Emma abgemacht hat, liegt auf ihrem Nachttisch. Genauso wie zwei von Goldwings Federn und mehrere Fotos. Herzerschütternd, wie Emma abends vorm Schlafen den Ring in die Hand nimmt und über die Federn streicht. Vielleicht gut, dass die Machenschaften der Hähne für Ablenkung sorgen.

Kämpfen die beiden Hähne miteinander, geht immer der Frühreife als Sieger hervor (falls Caramel nicht in der Nähe ist und vorher dazwischengeht). Normalerweise hat der ranghohe Hahn das Vorrecht, sich mit den Hennen zu paaren, und Hennen bevorzugen meist ranghöhere Hähne. Inzwischen ist auch der Nachzügler-Hahn so weit, dass er die Hennen tritt und kräht (zwar noch etwas schief, aber er hat ja noch nicht so lange Übung wie der Frühreife). Wider alle Angaben paaren sich beide fröhlich nebeneinander mit den Hennen und krähen im Echo, ohne aneinanderzugeraten. Das mit dem Paaren versuchen sie jedenfalls mühevoll. So richtig will es nicht klappen. Kein Wunder, die beiden sind nicht nur Zwerg-Hähne, sie sind noch nicht mal vollständig ausgewachsen. Meine Feststellung: Vom Spätzünder lassen sich unsere Krawallhühner das Treten erstaunlicherweise besser gefallen, obwohl der ja rangniedriger ist. Den Frühreifen dagegen picken sie weg, schütteln ihn vom Rücken oder gehen durch, wie damals bei Muffin, wie ein Pferd mit unerwünschtem Reiter. Also hat er seine Taktik geändert. Logisch. Da steht der Frühreife wieder, hinter einer Mülltonne versteckt, und lauert auf seine Gelegenheit.

Bis eine ahnungslose Henne des Weges kommt. Layla watschelt guter Dinge in seine Richtung. Schwups springt er hervor, greift sich von vorne ihren Kamm und zerrt ihn kräftig. Layla schrillt wie eine Alarmglocke und versucht, sich in die Gegenrichtung loszureißen. »Aufhören!«, schreit Emma. »Gleich ist der Kamm ab! Oder Layla zweigeteilt!« Irgendwann lässt der Frühreife los, und Layla trollt sich völlig fertig. So was macht der Kerl immer öfter. Es ist schon seine dritte fiese Eigenart. »Das geht gar nicht«, sagt Emma, »so ein Tauziehen! Das tut den Hennen richtig dolle weh!« Und mit der Paarung wird es auf diese Weise erst recht nichts. Ein bisschen mehr Anstand bitte schön! Und nicht von vorne ...
»Ich will *den* Hahn behalten«, sagt Emma und zeigt auf den Spätzünder. »Wieso?«, will ich von ihr wissen, auch wenn ich selbst schon zu neunzig Prozent zum Spätzünder umgeschwenkt bin. »Guck doch mal, Mama, wie nett der ist! Dauernd lockt er mit Futter, viel mehr als der andere, und auch seine Schwestern dürfen das gefundene Futter fressen. Und jetzt, guck, jetzt legt er sich unter den Busch und macht ganz süße Geräusche. Bestimmt will er, dass eine Henne da ein Ei hinlegt. Er sucht ihnen Nester!« Emma zweifelt kein bisschen, welcher Hahn der richtige für uns ist. Ich dagegen will noch einen Tag abwarten und die letzten Zweifel ausräumen.

Am nächsten Tag begeht der Frühreife einen fatalen Fehler. Er greift Tom an, als ich danebenstehe. Wenigstens gibt es jetzt nichts mehr zu überlegen. Der zuerst Präferierte, der Frühreife, zieht um. Zu hundert Prozent. Gut, dass wir abgewartet haben, bis wir sein wahres Ich erkannt haben. Vielleicht benimmt er sich bei anderen Hennen besser. Vielleicht hat er sich nur bei uns so viel Quatsch angewöhnt, weil unsere Hennen so selbstbewusst und intolerant sind. In einer anderen Umgebung verhalten sich Hähne oft anders. Er hat zumindest eine Chance verdient, zumal er wirklich ein absolut Hübscher ist. Seine traumhaften Kuller-Knopf-Augen dunkel und kreisrund, der Kamm leuchtend rot zum glänzend schwarzen Gefieder, das grünlich schimmernde Schwanzgefieder fällt elegant – eine Augenweide. Aber Oma weiß: »Es sind schon viele auf schöne Augen hereingefallen. Schönheit blendet. Es kommt auf die inneren Werte an.« Das hat sie mir früher schon immer eingebläut. Vermutlich sind es zeitlose Einsichten (Werner hat wunderschöne meeresblaue Augen – was sagt mir das?).

Der Frühreife zieht zu Bekannten, der Spätzünder bleibt vorerst bei uns und bekommt endlich einen Namen. Blacky heißt er, weil er so schwarz ist (ausgesprochen originell, ich weiß). Er wird Toms Huhn. »Aaaaber«, warne ich die Kinder, »Blacky muss sich noch weiter beweisen, bis er endgültig bleiben darf! Abwarten, ob er so friedlich bleibt, wie er momentan ist.« Schließlich ist er nicht mal ganz ausgewachsen und wer weiß, wozu seine Hormone ihn noch anstacheln. Noch steht er nicht an oberster Stelle der Gruppe. Mit zunehmendem Alter und einer gewissen Reife kann das freilich kommen. Die großen Hennen verscheuchen ihn hin und wieder halbherzig, akzeptieren ihn aber ansonsten bereits gut. Sie lassen mittlerweile sogar die drei kleinen Zwerg-Australorp-Hennen abends mit in den Stall und verhalten sich ihnen gegenüber ausgesprochen freundlich. Die Sache mit den Zwerg-Australorps läuft! Die Integration lief niemals zuvor so harmonisch bei uns. Unsere erwachsenen Hühner ärgern sie kaum.

»Toll!«, sagt Corinna am Telefon. »Aber woran liegt das? Weil die Alten die Zwerge von klein auf kennen und die Zwerge als Küken mit der Mutter in die Gruppe hineingewachsen sind? Weil ihr jetzt so viele Zwerg-Hühner habt? Oder weil sogar Kiki und Lulu alt und weise und ruhiger werden?« Ich würde ihr das gerne eindeutig beantworten können. »Ich denke, hauptsächlich das Erste, aber vielleicht ist von allem ein bisschen dabei«, antworte ich. »Auf jeden Fall buche ich vorerst keinen Urlaub mehr!«, sagt Corinna. »Erst mal komme ich zu euch und gucke mir endlich die Küken an.« Das ist ein Wort. »Tu das! Du wirst begeistert sein. Die kleinen Hennen sind bezaubernd. Und so zahm«, sage ich. Auch Blacky macht sich gut. Seine Hahn-Aufgaben übernimmt er absolut zuverlässig. Abends ist er total geschafft vom ganzen Aufpassen, Locken, Treten, Nestanbieten und den Abholdiensten. »Guck mal, Mama«, sagt Emma, als wir eines Abends die Hühner gemeinsam ins Bett bringen, »Blacky ist wieder als Erster im Stall und schließt bereits seine Äuglein. Die meisten Hennen strolchen noch draußen herum, und Layla und Lulu rücken unruhig im Stall hin und her, um erst noch den richtigen Platz zu finden.« Ich blicke in den Stall. Blacky schläft tief und fest. Niedlich, unser kleiner, erschöpfter Mann! Unser Hahn. Unser Hahn?

Während ich draußen im Garten die letzten Zeilen auf dem Laptop schreibe, liegt Emma rücklings auf dem Rasen. Layla pickt an Emmas Knöpfen, Kiki sitzt auf ihrem Bauch und hebt ihre Flügel. Übersetzt heißt das: Bitte endlich hier drunter streicheln! Natürlich folgt Emma diesem Wunsch gern. Tom hockt ein paar Meter weiter und mahlt mit einem Stein Mehl aus Roggenkörnern. Neben unserem Wald am Rand der Kuhweide wachsen wilde Roggenpflanzen. Die hat er ausgerissen, um aus dem Getreide Knäckebrot zu backen. Aber das könnte heute schwierig werden, denn Lulu will permanent fressen. Geschwind schnappt sie sich das eine oder andere Körnchen und zupft an den Ähren. Natürlich merken auch die restlichen Hühner, dass Lulu eine Futterquelle aufgetan hat. Sie versammeln sich um Toms Arbeitsstelle herum und tun sich an seinem Mehl gütlich. Tom, der Schauspieler, tut so, als ob ihn das ärgert, aber ich kenne ihn: Er findet das total ulkig und genießt die gefiederte Gesellschaft um sich herum. Eine von den noch namenlosen Hennen unserer drei »Küken« hat heute ihr erstes Ei gelegt. Tom hat die Eier eingesammelt und gestaunt, wie winzig es war! »Bald können wir die Küken doch am Kamm unterscheiden. Dann kriegen sie Namen, und jeder bekommt eine Henne, oder?«, fragt Tom zwischen der Schar Hühner. Ich blicke von meiner Arbeit auf und nicke. Schließlich kriege ich dann endlich auch mal wieder ein Huhn zugeteilt, selbstverständlich das, welches die Kinder mir übrig lassen – also wahrscheinlich nicht das begehrte lustige, das gerade einen armen Spatzen jagt. Vermutlich ist es dasselbe vorwitzige »Küken«, das uns neugierig und quasselnd bei allen Tätigkeiten im und am Stall verfolgt, Frischluft-bedürftig im Stalleingang oben vor der Leiter nächtigt und sich manchmal charmant auf Emmas Kopf einnistet.

Im Übrigen habe ich gestern beobachtet, wie Werner heimlich den Liegestuhl von der Terrasse die vierzig Meter zum Hühnergehege geschleppt hat. Natürlich habe ich aus der Tür gespäht, weil ich wissen wollte, was er vorhatte, und habe meinen Augen kaum getraut: Werner hat sich zu den Hühnern gesetzt! Erst nach einer Stunde kam er wieder rein. Vollkommen erholt und entspannt. Und ich ahne, dass Werner das fortan öfter tun wird, denn den Liegestuhl hat er beim Gehege stehen lassen. Mein Herz hat einen kleinen Freudenhüpfer gemacht, wirklich! Leider werde ich ihn auf WhatsApp blockieren müssen, wenn er nicht langsam damit aufhört, mich mit zahllosen Hühnervideos, die es ihm scheinbar nun dermaßen angetan haben, zu fluten – das sprengt doch meinen Speicherplatz!

Vom Golden Retriever hat übrigens schon seit Ewigkeiten keiner mehr ein Wort verloren. Außer Zweifel steht: Emma würde ihre Hühner nicht mal gegen das neueste iPhone austauschen. Das sagt eigentlich alles. So fürs Fazit. Natürlich ist ein Huhn ein Huhn und ein Hund ein Hund. Aber: *Hühner sind harte Konkurrenz für einen Golden Retriever,* tippe ich in meinen Laptop und gucke zufrieden auf diese Zeile, weil ich eine Antwort auf die Frage aller Fragen gefunden habe. Aber Emma, der das bestimmt schon die ganze Zeit über bewusst war, brennt eine ganz andere Frage auf der Zunge. »Und was ist jetzt eigentlich mit Blacky? Darf er endgültig bleiben?«, will sie wissen. Oh, ich habe ganz vergessen, den Kindern meine Entscheidung mitzuteilen. Mittlerweile ist genug Zeit ins Land gegangen. Blacky streckt sich stolz und kräht mit seiner inzwischen wie geölten Stimme. Dann marschiert er los und – alle Hennen folgen ihm. Das ist das allererste Mal! Als ob mich das in meiner Entscheidung bestärken sollte. Emma wartet auf ihre Antwort und guckt mich erwartungsvoll an. Ich räuspere mich und verkünde: »Blacky bleibt.« Unsere lange Suche nach dem perfekten, echten (sorry Layla!) Hahn ist beendet. Tom und Emma jubeln. Und das sagt doch noch viel mehr, so übers Große und Ganze, oder?

Hier müsste jetzt ENDE stehen, doch ein Ende ist nicht in Sicht – das mit den Hühnern geht immer weiter.

Nachwort

Man möge mir so einiges nachsehen.

Zum einen mein mangelhaftes Gedächtnis. – Nein, meine lieben Kinder, ihr habt bestimmt nicht so oft geweint, Unfug angestellt oder Kacke weggemacht – es kommt mir doch nur so vor. Euch muss nichts peinlich sein – nicht mal eure oberschlaue Fragerei. Ihr wisst doch: Mütter übertreiben immer. Andauernd! (Aber eins täuscht mich nicht: Ihr hängt an den Hühnern!) Danke, dass ich euch als meine Figuranten nehmen durfte!

Zum anderen die mangelnde Wissenschaftlichkeit (und das ausgerechnet bei einer Tierärztin, die noch dazu über das Verhalten von Hühnern promoviert hat!). Aber genau genommen ist das ja nicht meine Schuld. *Ich* wollte ja ein wissenschaftliches Fachbuch schreiben rund um das Wesen Huhn und die Hühnerhaltung, so wie sie ist und wie sie stattdessen sein sollte. Doch meine strenge, aber wunderbare Agentin Christine Proske entgegnete ernüchternd: »Ein Fachbuch wird den Hühnern nicht weiterhelfen – wer liest so was schon? Ein unterhaltsames Buch über Ihre Hühner und Ihre Familie, das wäre was!« Und so kam es. Es ist also *ihre* Schuld, dass ich Sie nicht mit Fachbegriffen zu Tode langweilen durfte, sondern mit unwissenschaftlich vermenschlichten Hühnern bei (nicht auf) der Stange halten musste ... Wissenschaftliche und private Grundsätze hin oder her – Hauptsache, die Hühner erreichen die Leser. Alles nur für den guten Zweck! Frau Proske hat ja so recht.

Literatur

Nicol, Chr. J. (2015): The behavioural biology of chickens, CABI

Danksagung

Zuallererst möchte ich meiner ausgezeichneten Agentin Frau Proske für ihren zielstrebigen Einsatz und ihre warmherzige, kompetente Unterstützung rund um unser gemeinsames Projekt »Huhn« danken!

Dem gesamten Team des Knaur-Verlages danke ich für die gute Zusammenarbeit und die Verwirklichung des Buches.

Der lieben Frau Fichtl danke ich für das tolle Lektorat.

Frau Mark sei für ihre originellen Illustrationen gedankt.

Ich danke meiner geliebten Familie, die mir so wunderbar als Modell gedient hat, vor allem aber meinen Kindern, die mir unendlich viel bedeuten.

Sehr wohltuend waren meine Freundinnen und Freunde, die auch bei der x-ten Titelidee nicht die Geduld verloren. Schön, dass es euch gibt!

Katrin Sewerin